LOCUS

LOCUS

LOCUS

LOCUS

from

vision

from 136
全球化的過去與未來
從舊石器時代到數位時代，地理、技術與制度如何改寫人類萬年的歷史
The Ages of Globalization: Geography, Technology, and Institutions

作者／傑佛瑞・薩克斯 Jeffrey D. Sachs
譯者／魏嘉儀、洪世民、林琳
責任編輯／陳怡慈
美術設計／林育鋒
排版／薛美惠

出版者：大塊文化出版股份有限公司
www.locuspublishing.com
臺北市 105022 南京東路四段 25 號 11 樓
讀者服務專線：0800-006689
TEL：(02) 87123898　FAX：(02)87123897
郵撥帳號：18955675
戶名：大塊文化出版股份有限公司
法律顧問：董安丹律師、顧慕堯律師

總經銷：大和書報圖書股份有限公司
地址：新北市新莊區五工五路 2 號
TEL：(02) 89902588　FAX：(02) 22901658

初版一刷：2020 年 11 月
定價：新臺幣 480 元
Printed in Taiwan

全球化的過去與未來

THE AGES OF GLOBALIZATION

GEOGRAPHY, TECHNOLOGY, AND INSTITUTIONS

從舊石器時代到數位時代，地理、技術
與制度如何改寫人類萬年的歷史。

JEFFREY D. SACHS
傑佛瑞・薩克斯
全球經濟發展權威

魏嘉儀、洪世民、林琳——譯

目次

第九章　在二十一世紀領導全球化

Foreword

推薦序

重新想像人類社會的基本秩序

（蔡宏政，中山大學社會系教授兼東南亞研究中心主任）

一九七九年英國首相柴契爾夫人為因應石油危機的停滯性通貨膨脹（stagflation），逆轉戰後凱因斯主義對市場機制的干預，首先實施強調市場效率的供給面經濟學。隔年美國總統雷根踵武其後，開始全球性的新自由主義政治經濟學，對各國貿易施加去管制的壓力。這波浪潮到一九九五年成立的世界貿易組織（WTO）達於頂峰，WTO不只強調自由貿易，同時也要求各會員國對阻礙投資、設置非關稅貿易障礙與妨礙智慧財產權等管制措施在期限之內漸次撤除。

伴隨這個結構性的轉變，「全球化」這個名詞在一九九〇年代也開始風行於政學界，強調各種商品、資本、資訊與人力在穿透國界管制上的流動。這種以全球為單位來研究人類各式活動的觀點後來更進一步延伸其時間向度，認為全球化不止是一個一九八〇年代之後的現象，而是具有歷史的深度與內在的結構，從而在一九九〇年代之後形成一種「全球史」的學術潮流。

傑佛瑞．薩克斯在今年出版的這本書可以說是全球史的最新著作之一。為了涵蓋從舊石器以來七萬年的全球歷史，薩克斯對全球化下了一個最寬鬆的定義，也就是各式各樣互異的社會，以貿易、金融、企業、移民、文化、帝國與戰爭等方式，跨越廣大的地理位置相互聯繫。他認為推動全球化變遷的主要動力來自地理、技術與制度的交互作用，據此將全球化的歷史分為七個階段，在接續的每個階段中，人類一次又一次地意識到與聯繫了更寬廣的世界範圍，全球化的歷史因此是一系列規模不斷擴張的轉變過程。

這個規模擴張的趨勢可以由三個相互關聯的基本事實來說明。首先是人口增加在海洋時代（一五〇〇年）之前的緩慢增長，之後加速，然後在工業時代呈現井噴式成長。其次是大量人口的增加又集中在都市之中，所以都市化程度也呈現相同的歷史發展模式。最後，人口規模增加與都市化支撐了更進一步的生產分工、技術創新與經濟規模，讓人均生產量以同樣的趨勢增長，使得人類社會得以不斷逃脫馬爾薩斯詛咒。

雖然薩克斯強調地理、技術與制度三者的交互作用才能完整地解釋全球化的動力，但綜觀全書，地理因素在他的解釋中占有相當決定性的位置。他深受賈德．戴蒙與伊安．摩里士的影響，認為在整整七萬年中，直到一五〇〇年的海洋時代開始之前，歐亞大陸的「幸福緯度」區域一直都是全球人口、技術與財富的集中區域，也正是因為這個區域從新舊石器時代、馬背時代與古典時代的長期技術與財富的累積，才能開創出之後的海洋、工業與數位時代。我們也可以說，只有當人類走過工業革命的爆發性技術成長之後，人類才有能力逐漸擺脫千萬年來地理條件強加的限制。但如此一來，工業革命為何帶來爆炸性的技術進展，制度因素如何解釋這一歷史性的關鍵轉變，就應該要占有更大篇幅。

以一本三百多頁的書籍來處理七萬年的全球歷史，無論如何都會遺留許多重大議題需要進一步辯難。本書在處理工業革命為何發生在英國而非具有相同條件的中國（頁一四一起）、中國與印度的工業化失敗、日本為何能成為亞洲唯一工業化成功的國家（頁二〇〇起），都需要更深入的分析。另外，作者把中國GDP增加計入開發中國家，來跟已開發國家對比，從而得出全球貧富差距縮小的結論，這點具有誤導性。其實中國國內具有嚴重的的貧富差距（官方吉尼指數〇．四七，民間有人估計〇．六以上），如果我們不分國別，把全球人口依照收入五等分或十等分來分組（想想六億人的月所得在一千人民幣以下），那麼中國因素的加入實際上是會增加，而不是減少全球貧富差距。關於美中貿易與技術戰爭，目前因為都已經有相當精細的分析文獻指出，中國技術專利數並非關鍵技術，而華為5G產業的補貼與強制技術轉讓也非單純的私人公司行為。薩克斯對中國趨同發展的判斷其實有很大的商榷餘地（頁二四二至二四七）。

儘管如此，本書最主要的貢獻是提供一個深具啟發性的世界圖像。薩克斯身為世界頂尖的經濟學者卻能從宏觀的七萬年歷史長度，來剖析全球化的發展趨勢。這麼廣大的時空範圍必然涉及到幾乎無止境的資料搜集，不同觀點的爭論與整合，最後才能提煉出一個貫穿歷史的洞見。本書既利用了數位時代所帶來的跨領域知識流動與整合，同時也是通過這種整合來重新想像人類社會的基本秩序。這種恢宏的見識讓薩克斯可以持之有故地說出：「在自由貿易的理論中，政府應避免涉入市場力量，讓供給和需求自己發揮作用。前文曾強調，這個信條無法解決市場力的分配問題，進而可能導致許多人陷於貧窮。同時，這也未能描述資本主義的現況，未如實呈現資本主義打從一開始的樣貌。資本主義企業不僅常殘酷無情地追求利益，甚至一貫地動用國家的力量將自身的利益擴至最大，同時把損失轉嫁予他人，有時是同胞，更常是其他社會的弱勢族群。」（頁一六五）這段話對當前臺灣的政學界與主流意見依然具有振聾發聵的作用。

本書的深度既可以作為歷史學、經濟學、政治學與社會學的良好教材，它深入淺出的寫作與圖表也可以是一本激發社會大眾創造性思考的精彩書籍。我強烈推薦給大家，因為它一定會對你過往的世界觀帶來很大的衝擊。

前言

就在本書即將出版之際，新冠肺炎（COVID-19）流行疫病爆發。這場最為全球化的現象在一夕之間掀起了極度在地化的反應：隔離、社區封鎖，以及國際邊境與貿易的關閉。短短三個月，病毒從中國武漢向外蔓延超過一百四十個國家。十四世紀時，淋巴腺鼠疫（bubonic plague）花了十六年的時間（一三三一年至一三四七年），自中國向義大利擴散成黑死病（Black Death）；而在我們的時代，病原體隨著一架架不間斷的班機，以數天的時間從武漢進入羅馬。

本書談論的是全球化的複雜性，全球化不僅擁有改善人類現況的強大能力，同時伴隨著不容忽視的威脅。地球上的人們相互連結，讓我們能分享彼此的想法、享受多元文化，甚至在幅員遼闊的地理位置之間交換多元且獨特的物品。我們在早晨享受的咖啡，不僅是來自對街的咖啡店，更源於衣索比亞、印尼與哥倫比亞等地的熱帶山丘陡坡。我曾經造訪過這些地方，沉浸於他們豐富的文化與宏偉的絕美景色。我的工作與前往各地參訪的經驗，都讓我了解到無論我們彼此背景與物質條件多麼不同，人類的善良、我們對孩子的期望，以及我們對於生命的享受，都是整體人類同享的共同價值。

近日的新冠病毒讓我們再次認知，全球貿易與旅行的種種益處，皆伴隨著全球規模的疾病擴散。本書將會與各位討論現代經濟學之父亞當．斯密（Adam Smith），如何看待哥倫布（Christopher Columbus）與達伽馬（Vasco da Gama）的發現：他認為發現這些從歐洲行經美國再到亞洲的海路，是人類歷史最重要的事件，海路將全球各區域連結成一張巨大的運輸與貿易網絡，其中蘊藏著龐大的利益；但是，亞當．斯密也沮喪地寫到，新海路的發現亦使歐洲征服者對當地社會進行大規模的壓迫。

由於羅伯．科霍（Robert Koch）、路易．巴斯德（Louis Pasteur）、喬凡尼．格拉希（Giovanni Grassi）、羅納德．羅斯（Ronald Ross）與馬丁努斯．貝傑尼克（Martinus Beijerinck）等人在亞當．斯密過世的一世紀之後，才對細菌與病毒疾病傳播做出詳盡研究，因此他無法得知美洲原住民社會的毀滅過程中，舊世界的病原體扮演著多麼關鍵的角色。哥倫布帶到美洲的不僅是征服者，還有一場大規模的生物交換。歐洲人為了農作，將馬、牛與其他植物及動物運向美洲，也運進了許多新的傳染疾病，包括天花、痲疹與瘧疾，同時也為歐洲帶回馬鈴薯、玉米、番茄等農作物與牲畜。「哥倫布大交換」（Columbian exchange）以貿易連結了整個地球，也以新的財富與權力不平等分化了整座世界。

舊世界疾病造成美洲原住民極高的死亡率，幾近毀滅。原住民在舊世界病原體面前如同孩童般毫無防備。同樣地，在橫掃全球的新冠肺炎面前，人類在免疫方面亦是毫無防護，也像孩童般脆弱。儘管新冠肺炎的病況與死亡率極有可能遠不及十六世紀蹂躪美洲原住民的流行疾病，但現今的流行疫病正以前所未見的方式，影響全球政治與社會情勢。

我們其實無須回到十四世紀的黑死病與十六世紀哥倫布大交換的現場，才能理解疾病是如何嚴重影響了社會與經濟。直到十九世紀晚期，非洲因瘧疾所承受的負擔，反而成為某種防止歐洲帝國征掠的防護：因為瘧疾使得前往西非的歐洲士兵產生極高的死亡率，也因此讓此地有了「白人墳場」的稱號。直到英國從安地斯山脈金雞納樹（cinchona tree）樹皮提煉出抗瘧疾的解方「奎寧」，這道阻止征掠的屏障才應聲倒下，含有奎寧的琴通寧（gin and tonic）更因此成為帝國征服者的一種飲品。儘管如今已有新藥與預防性措施讓人類得以反擊這道古老的災罰，但是，非洲的瘧疾反而成為當地孩童存活率與經濟發展的阻礙。

自此，導致愛滋病（AIDS）的人類免疫缺乏病毒（human immunodeficiency virus，HIV）成為另一個造成全球浩劫的殺手病原體。如同新冠肺炎，人類免疫缺乏病毒也是一種人畜共通傳染病（zoonosis），意即動物的病原體經過某種基因交互作用或基因變異後，一躍進入人類這個物種。愛滋病很可能經由被宰殺為野味的西非猿類闖入人類族群；而今日的新冠肺炎目前最有可能的來源可能是蝙蝠。在愛滋病的例子中，此病毒似乎在二十世紀中期於非洲境內擴散了數十年，接著在一九七〇與一九八〇年代早期於國際間流傳。愛滋病或人類免疫缺乏病毒首度被診斷，是一九八〇年代早期的美國舊金山，也就是此病毒進入人類族群的數十年之後；而數以百萬計的非洲人早已感染，甚至死亡。

無論是以對人類的摧殘或啟發為角度，愛滋病都是另一項重要的全球化事件。愛滋病的致死人口迅速地攀升至千萬，並伴隨巨大的苦痛，許多受到人類免疫缺乏病毒感染的人，都是社會邊緣族群：極度貧窮、少數民族、LGBT社群與靜脈注射藥物使用者等等。因此，除了公民團體外，政府的反應遲滯，而展開最前線行動的人往往是感染人類免疫缺乏病毒者，他們一步步引領世界各國政府有所行動，儘管數十年的延遲已經付出了巨大的代價。

另一方面，科學領域的進展令人印象深刻，它們快速地做出關於病毒本質、致病情形與對抗方式等基本研究。在人類免疫缺乏病毒成為新型人畜共同傳染病大約十幾年之後，科學家已發現多項抗病毒藥物，讓人類免疫缺乏病毒的感染從幾乎百分之百致死，扭轉為慢性且可控制的傳染疾病。不可否認地，全球化在這些突破與新藥的普及度上都扮演了極重要的角色，因為科學發現是全球性的，因此各項新知都能在所有大陸之間迅速傳播。

同時，新藥的普及也必須經過全球的協作。其中最為著名的就是「全球抗擊愛滋病、結核病和瘧疾基金會」（The Global Fund to Fight AIDS, Tuberculosis and Malaria）的建立。公共意識與公民社會運動領袖的崛起，讓政策執行與公共衛生突飛猛進。

而今日，新冠肺炎似乎使全球化突然來到結算日，各國政治都必須在促進正面影響的同時還須限縮負面後果。對抗新冠肺炎疫情的早期階段，勢必包括關閉國際貿易與旅行，甚至必須約束人們在國家內不同城市間的移動。義大利文中「隔離」（quarantines）一詞的原意為四十天（quaranta giorni），當時的威尼斯人命令疑似帶有瘟疫的船隻在進港前隔離四十日；如今隔離措施再現。如同愛滋病危機，在執行對抗新冠肺炎疫情的同時，我們也必須對社會正義保持大量關注。

「也許開放式貿易就是過於危險，也許我們應該再次關閉國家邊境，重返各國自給自足的模式。」這樣的想法最近似乎蔚為主流，但這僅是幻覺而已，雖然隔離措施的確限縮了疫病的擴散，但幾乎不可能完全停止病原體的蔓延。另一方面，確實執行隔離措施也會付出極高昂的成本，終止貿易會引起災難，起點就是大規模地損失經濟輸出與生計。綜觀人類歷史，我們應了解孕育自全球化的威脅（疾病、征掠、戰爭與經濟危機等等），並正面直視這些威脅；這並非意味著斷絕所有與全球化相關的益處，而是應該善加利用國際合作，控制全球規模互動的負面後果。

這代表我們必須創造出新型態的全球合作，這也是本書最重要的主題之一。自十八世紀晚期開始，哲學家、政治家、政客與社會運動者始終在尋找控制全球化的新方式，以達到正面影響，同時削減潛在的危害。這波流行疫病的對抗已隱約可見許多合作努力。一八五一年至一九三八年召開的國際衛生會議（International Sanitary Conferences），就是全球科學與政治密集合作的早期成果之一，這番努力也讓世界衛生組織於一九四八年成立。世界衛生組織隸屬於一九四五年第二次世界大戰後建立的聯合國，也是聯合國最早成立的組織。在現今全球對抗新冠肺炎過程中，世衛立於中心，統整病原體的科學資訊與疫情控制方式，並監控及協調全球疫情，希望達到疫情的控制與終結。

全球化也讓世界不同區域得以相互學習。當某國成功控制了新冠肺炎的擴散，世界其他區域就能迅速將目標放在學習這項新方法，同時思考這些方式是否能應用於當地的脈絡。如同過去對抗人類免疫缺乏病毒，新冠肺炎的新藥與疫苗，同樣是全球同步發展：新的候選藥物與疫苗的臨床試驗，牽涉到遍布於全球的研究者；而新藥與疫苗的分送與使用，也一樣必須經過全球規模的協作。

疾病掌控並非現今全球合作唯一攸關生死的重點。在全球合作與世界體系的尺度下，還有許多緊急要項，包括了：控制人為造成的氣候變遷；生物多樣性的保育；大規模空氣、土壤與海洋汙染的掌控與復原；網路的適當使用與管理；防止核子武器擴散；防止大規模人口被迫遷移；以及避免從未間斷的武力衝突。

以上所有挑戰都必須由我們這座常常顯得過於分化、猜疑與無法聚焦的世界正面迎擊。而如今，這座世界正全神貫注地對抗一種突然轉變成新流行疫病的人畜共通傳染病。

本書不會為各位提供這些苦痛與威脅的簡單解答。全球化的歷程是一段人類成就輝煌、但也殘酷與自我傷害的歷史，也是一場在危機中帶著極度複雜性不斷邁進的歷程。我們將會見到，全球化包含地理、制度與技術的相互交織。新冠肺炎曾經是一種身體現象，但突然間入侵至我們的政治與社交生活，並成為科學發現的焦點。同時，新冠肺炎也是一種全球化的現象，而全球化自人類物種現身開始，就一直存在於我們的歷史中。希望本書能為各位照亮長時間來全球如何相互交織的歷程，以及全球化在形塑人類生命之間扮演著何種角色。

Chapter 1

七大全球化時代

大約七千年前，當現代人類從非洲開始向外擴散，全球化的腳步就從未停歇。但全球化在不同時代扮演的角色不盡相同，之間的轉變常常來得突然且猛烈。在二十一世紀，我們必須讓全球化的轉變維持和平明智；在核武時代，一旦全球戰爭爆發，我們可能不會擁有任何贖罪的機會。我們能透過全球化歷史的研究，好好預測二十一世紀的全球化，得知如何成功地回應。

從過去的歷史直到今日，我個人將此期間畫分為七個全球化的時代。在每一段全球化時代中，都因為自然地理、技術與制度的交互作用，讓全球變遷逐漸浮現。此處提到的地理代表了氣候、動植物、疾病、地形、土壤、能源、礦物沉積物，以及各種影響生物生存條件的地球變化。技術則包括了我們生產系統中的硬體與軟體。制度囊括政治、法律，以及引領社會的文化概念與實踐。地理、技術與制度都受到環境變遷與高度易變性之影響，它們也在不同時空中，以強大的交互作用形塑出一個個社會。

了解地理、技術與制度的交互作用是理解人類歷史的基礎。了解這三項的互動也是掌握二十一世紀變化趨勢的基石。爬梳全球化的歷史，能讓我們為自己的社會與經濟做出更有智慧的決定。

長久以來，哲學家、歷史學家與神學家不斷探討一項議題：歷史是否有特定走向？變化是長期的或僅僅是不斷一再重演？歷史是否有長期進展？我認為，是，歷史的確有特定的方向。人類在每一個全球化時代中，一次又一次地意識到了更寬廣的世界，技術的發展（尤其是在運輸與溝通交流領域）與人口規模與結構的轉變，也都強化了全球規模的互相依賴與覺察。結果，政治從原本的區域性，逐漸變得國際化，而我們這一時代的國際化已達到最高峰。

因此，讓我們將目光焦點放在以下五大問題。首先，全球規模的變遷其主要因素為何？第二，地理、技術與制度如何彼此交互作用？第三，單一區域的變遷如何擴散至其他地區？第四，這些變遷如何影響全球的相互依賴？第五，我們如何從每一個時代中汲取精華，幫助我們面對今日的挑戰？

七個全球化的時代

全球化意指各式各樣互異的社會，跨越廣大的地理位置相互聯繫。這些連結包括了技術性、經濟性、制度性、文化性與地緣政治性。透過貿易、金融、企業、移民、文化、帝國與戰爭等方式，世界各地的社會有了互動連結。

接下來，我將為各位描述這七個時代，一一追尋全球化的歷史：舊石器時代（Paleolithic Age），當人類仍為狩獵採集者的史前時代；新石器時代（Neolithic Age），農耕活動開始出現；馬背時代（Equestrian Age），此時的人類開始馴化馬匹，並發展出原始文字（proto-writing），因而有了長程貿易與溝通；古典時代（Classical Age），大型帝國首度建立；海洋時代（Ocean Age），帝國第一次跨越海洋，越過家鄉熟悉的生態區；工業時代（Industrial Age），以大英帝國（Great Britain）為首的少數社會步入產業經濟的世界；數位時代（Digital Age），也就是我們的時代，幾乎整座世界都能以數位資訊在同一時間互相交流。

我將舊石器時代定義在西元前七萬至前一萬年，因為一小群人從一地遷移至另一地，遷徙因而成為長距離互動的主要方式。這些人群會帶上他們的工具、知識與文化一同遷移。當智人（*Homo sapiens*，解剖學的現代人）進入新區域時，便必須找到養活自己的新方法，他們必須對抗其他人類物種（這邊指人屬的其他物種），例如尼安德塔人（Neanderthals）與丹尼索瓦人（Denisovans），與新的掠食者及病原體、新的生態條件（例如生活在高海拔地區）競爭，當然，競爭對象也包括其他同為現代人的群體。種種競爭刻印在我們的文化模式，至今依舊。[1]

當上一次冰河期逐漸進入尾聲，氣候逐漸轉暖，全球化因而進入下一階段：新石器時代，我將時間定義為西元前一萬至前三千年。此時，農耕活動就是最根本的突破，其中包括耕種作物與畜牧。狩獵採集轉變為農耕之後，遊牧生活（nomadism）讓位給了村落的定居生活。人類互動的範圍從原本的家族，拓展到村，再到村與村之間的政治與貿易。尤其是寶石、貝殼、礦物與工具等珍貴物品，其貿易距離甚至可以長達數百公里。

馬匹的馴化則讓我們進入了第三段全球化時代：馬背時代，我將這段時間定義在西元前三千至前一千年。這段時期通常會稱為青銅器時代（Copper and Bronze ages），不過，比起礦石，我個人比較喜歡強調馬匹的重要性。成功馴服馬匹之後，陸地的遠距離運輸與溝通很快變得可行。畜力牽引（animal traction，意即馬力）、溝通（也就是傳遞訊息）與軍事（即騎兵）是當時馬匹所扮演的幾項基本角色。以現代用語而言，當時的馬匹馴化就是「破壞式創新」（disruptive technology），如同蒸汽引擎、火車頭、汽車與坦克的綜合體。從政治方面來說，因為馬匹能大幅擴張政府管理能力與強制力，因而加速了國家的生成。

下一個時代則是所謂的古典時代，我將時間範圍定在西元前一千年至西元一五〇〇年，此時正值大型陸上帝國的崛起與相互競爭。大約在西元前一千年開始，美索不達米亞（Mesopotamia）的新亞述帝國（neo- Assyrian state）或緊接其後的波斯（Persia）阿契美尼德帝國（Achaemenid state）等國家，開始進行範圍遼闊的國土擴張，進而提升了軍事與政治統治。而對於正在崛起的帝國而言，思想至關重要。各個主要帝國都受到新宗教與哲學思想的刺激，例如希臘羅馬世界的新哲學思想便形塑了當時的社會觀點。這段帝國時期開創了跨越歐亞大陸的貿易，例如西方羅馬帝國與東方中國漢朝，便順著印度洋與地中海沿線畫出一條條路上與海上的貿易路線。

到了大約西元一千四百年，航海與軍事技術的提升引領世界進入下一個時代：海洋時代，我將此時間範圍定在一五〇〇至一八〇〇年。眾帝國在這個新的全球化時代首度跨越海洋，溫帶氣候區的歐洲帝國強權持續向熱帶地區的非洲、美國與亞洲進行征服與殖民。全球貿易接連出現革命性的轉變，例如出現跨國企業、拓展越洋貿易範圍，以及有數以百萬計的巨量人口進行跨洋區的遷移，其中包括數百萬名非洲人被強行運至美洲，被奴役於採礦與農耕工作上。政治也首度進入全球規模，迎向了數大洲同時爆發的第一次全球戰爭。

工業時代是另一個大幅加速全球變遷的時期，我定為一八〇〇至二〇〇〇年。從前必須歷時數世紀或甚至千年以上的轉變，如今僅需幾十年。工業時代帶來幾波驚人的科技發展，以及科學與技術結合的強大聯盟。當我們打開石化燃料的源頭，蒸汽引擎與內燃機有了誕生的可能，工業製造便也開始一飛沖天。當糧食生產因此有了大規模增長後，全球人口數量同時一路飆升。海洋時代讓跨洋帝國崛起，而工業時代則孕育了第一個全球霸權：大英帝國，以及其後的美國。兩大強權以空前的軍事、科技與經濟權勢駕馭了整座地球。然而，就如同曾經的大英帝國，即使是坐擁全球頂端之位的霸主，仍能在短時間內步下高峰。

現在，我們進入了自二〇〇〇年至今的數位時代，成果就是我們驚人的數位科技：電腦、網際網路、手機與人工智慧等等。

農業	工業	運輸	軍事	管理
採集、狩獵	石器	雙足、木筏、獨木舟	石製武器、弓與箭	家族
作物、畜牧	青銅器、銅器	雙足、帆船	青銅製武器	村落
犁田	鐵器、輪子、推車	馬、驢、帆船	騎兵	國家
大規模穀物貿易	工程、公共建設	馬、道路網絡、帆船	步兵、騎兵、火槍	帝國
全球作物貿易	航海術	遠洋帆船	大砲、步槍	全球帝國
化學肥料使用	蒸汽引擎、紡織、鋼	遠洋輪船、鐵路	機槍、空戰、坦克、核子武器、太空	全球帝國、憲政政府、高度資本主義
精準農業	數位網絡	虛擬、太空	網路戰	全球律法？

全球數位資訊的傳遞遍布各地，電腦的性能增長了數千兆倍，資訊科技同時也滲入了世界經濟、社會與地緣政治等每一個領域。我們正逐漸從霸權時代進入數個區域強權共存的多極世界。無所不在的資訊流使經濟與政治全球化的程度比工業時代更直接且更急迫，我們就曾經見識世界經濟體系因某一區域的風吹草動，在短短數天之內成為一場全球規模的金融恐慌與經濟崩潰，這個例子就是二〇〇八年九月十四日，美國華爾街投資銀行雷曼兄弟（Lehman Brothers）的破產。

表 1.1　全球化時代：時間與突破

全球化時代	大約時間	主要能源	資訊與媒體
舊石器時代：全球遷移	西元前七萬至前一萬年	人力、海流	語言、岩畫
新石器時代：農耕與村落	西元前一萬至前三千年	牛	象形文字
馬背時代：以馬匹為基礎的國家	西元前三千至前一千年	馬	早期書寫系統、石碑
古典時代：帝國規模的管理	西元前一千至西元一五〇〇年	風車、水輪	字母系統、書
海洋時代：全球帝國	西元一五〇〇至一八〇〇年	海洋、風	印刷出版
工業時代：大量工業製造	西元一八〇〇至二〇〇〇年	石化燃料：煤、石油、天然氣；水力發電	電報、電話、廣播
數位時代：連結、計算與人工智慧	二十一世紀	太陽、風	網路、人工智慧

表1.1總結了七大全球化時代的間隔時間、主要的技術轉變與統治規模。

全球變遷加速度

在人類歷史的黎明時分，所有人類都是狩獵採集者，以打獵與採集食物維生。當時沒有城鄉差距，不僅沒有村落，更別說城市了。新石器革命的農耕活動讓農村與定居生活成形，幾乎取代了狩獵採集與遊牧生活（但不是全部）。一直到工業化起始之前，數千年來所有人類都居住於農田間，絕大多數以農耕活動維生。每一戶農家都在填飽家人肚子之間掙扎，若有盈餘，也相當棉薄，農人會選擇將盈餘拿去市場販售或當作稅賦交納。

直到二十世紀，世界絕大部分區域，以及現今的貧困國家，農業生產依舊極為貧乏，導致饑荒與大規模飢餓的風險一直存在。一七八九年法國大革命（French Revolution）起義的部分原因就是遍及各地的飢餓，人民的飢餓源於政府強制增加賦稅以償還公債。一八四〇年代愛爾蘭大饑荒，官方宣稱的死亡人數有一百萬人。到了十九世紀下半葉，相同的大規模饑荒又在英屬印度與其他殖民地上演，造成了千萬人喪命。[2]

工業化以及伴隨而來的農業機械化、以及農耕知識的增進，讓工業經濟之下的每位農民食物生產量都大幅提升。從前，幾乎每一戶人家都必須從事農耕才能填飽所有人的肚子，當時僅能以更小且比例逐漸下降的人力餵飽全數人口。而食物產量的增長，急遽降低了發生饑荒與大規模飢餓的風險。被農場機械取代的「多餘」農民，離開田野，進入城市尋找工作。世上第一座工業社會不列顛，在一八八〇年左右已有超過一半的地區成為城市，而當時世界其他地區依舊是一片片的農田。雖然世界各地的工業化程度不均，但隨著工業化的擴張，都市化與生活水準都開始漸次上升。

驚人的是，儘管花費了如此漫長的時間，人類終於擺脫無所不在、環繞一切的貧窮與飢餓。綜觀人類綿長的歷史，幾乎所有經濟與人口變遷都在過去兩百年間發生，相較於人類物種立於地球大約三十萬年，兩百年幾乎如同一眨眼。因此，長期全球變遷的第一重點就是它呈超級指數成長，也就是轉變的速率越來越快，而我們眼前經歷的變化最為劇烈。

我們能用以下三個層面討論長期變遷。首先是人類整體數量，其二為都市化（全球人口居住於城市的比例）的程度，第三是全球的人均產量。關於人口與全球化的程度，我們有Hyde（全球環境歷史資料庫）3.1計畫作為參考，此龐大的計畫是以區域資訊來建立人口與全球都市化的估算，時間範圍跨越西元前一萬年至今。[3]這是一項相當令人驚豔的成就，也是極為重要的證據。另一方面，人均產量的估算則由已故的經濟歷史學家安格斯·麥迪遜（Angus Maddison）完成了同樣驚人的研究成果。

關於過去一萬兩千年來的整體世界人口估算，各位可參見圖1.1（見頁三十一）。新石器時代的西元前一萬至前三千年，人口約從兩百萬上升至四千五百萬人，每年人口成長率大約是〇·〇四%。西元前三千至前一千年，馬背時代，人口成長率約略提升為〇·〇五%。自西元前一千年至西元一五〇〇年的古典時代，人口成長率再度稍稍上升至〇·〇六%。一五〇〇年至一八〇〇年的海洋時代，每年人口成長率大幅提升至〇·二五%，全球人口數估計從原本的四億六千一百萬人，增加為九億九千萬人。接著，在一八〇〇至二〇〇〇年的工業時代，人口成長率躍升為〇·九二%，全球人口數增加了超過六倍，從原本的九億九千萬人，暴增為六十一億四千五百萬人。人類歷史絕大部分的歲月中，每一年或甚至每一世紀的人口增加其實難以察覺，一直到了海洋時代與工業時代，全球人口數才如直指天際般竄升。

全球都市化程度的估算請參見圖1.2，而且圖1.2看起來與圖1.1幾乎一致。圖1.2從新石器時代開始，此時幾乎所有人類都依舊是狩獵採集者，都市化的現象近乎於零。然而，即使一萬年後的西元一年，絕大多數人類皆定居於小型農耕聚落，生活於城市的人口仍僅占一％。時間再向後移動一千年，到了一〇〇〇年，都市化已到了三％。一五〇〇年，都市化程度僅些微上升至三・六％。直到相當近期的一九〇〇年，都市化的程度才上升至一六％。如今，我們剛剛進入二十一世紀，但全球已有超過一半的人口居住於城市（二〇二〇年的都市化程度估計為五五％）。即使我們都曾驚豔於雄偉的古羅馬城遺跡，也曾讚嘆佛羅倫斯與威尼斯文藝復興時期的耀眼城景，但直到非常近期，城市才變成全球人類的家。

麥迪遜估算西元一年至二〇〇八年的全球人均產量，整理於圖1.3（見頁三十二）。我們同樣看到與人口成長及都市化幾乎一致的曲線，全球人均產量在一五〇〇年之前，幾乎看不到任何差異，每年的成長量僅〇・〇五％；接著，工業化現身，一八二〇年至二〇〇〇年間，每年人均產量毅然轉向，一路向上飆升。在這一百八十年中，全球人均產量大約成長了十一倍，全球極端貧困人口比例也因此成斷崖式陡降，從一八二〇年約九〇％，降至二〇一五年的一〇％。[4]

這三項指數性的成長都相當戲劇化。我們的世界自工業化之後，便不斷經歷著驚人的變遷。不過，這並不代表一八〇〇年之前的全球社會沉滯，直到工業化現身之前，那段漫長的時

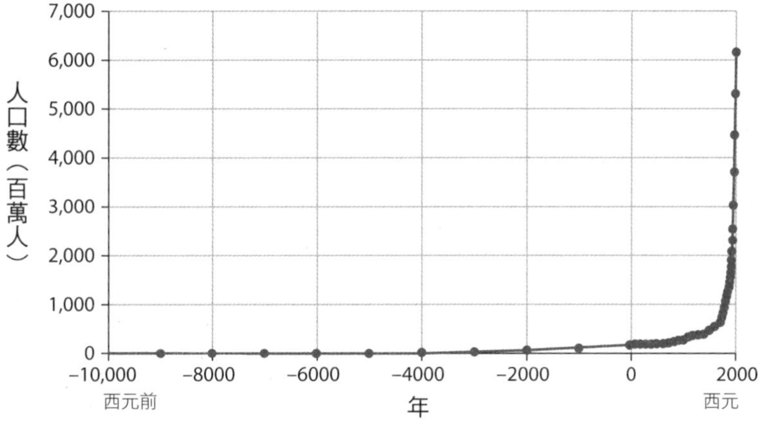

圖 1.1　西元前 10,000 年 - 西元 2000 年的全球人口數

資料來源：Kees Klein Goldewijk, Arthur Beusen, and Peter Janssen. "Long-Term Dynamic Modeling of Global Population and Built-up Area in a Spatially Explicit Way: Hyde 3.1." *The Holocene* 20, no. 4 (2010): 565–73

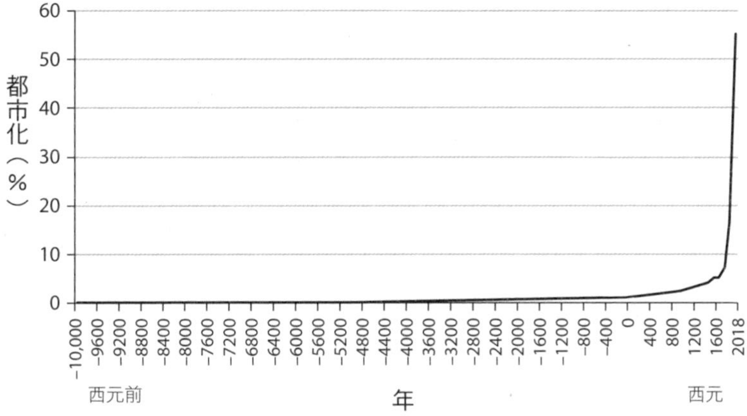

圖 1.2　西元前 10,000 年至今的全球都市化程度

資料來源：Kees Klein Goldewijk, Arthur Beusen, and Peter Janssen. "Long-Term Dynamic Modeling of Global Population and Built-up Area in a Spatially Explicit Way: Hyde 3.1." *The Holocene* 20, no. 4 (2010): 565–73.

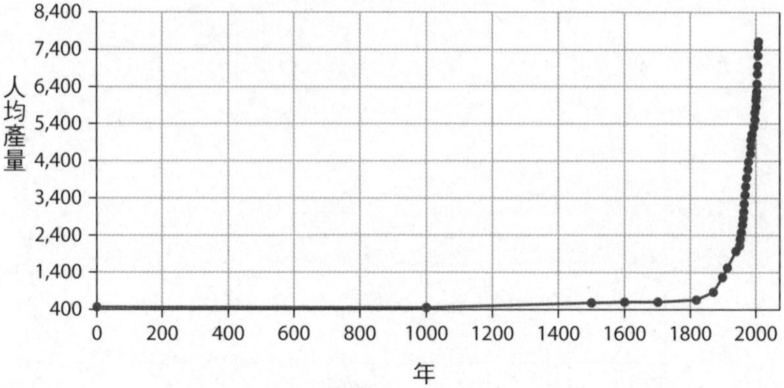

圖 1.3　西元 1 年 -2008 年的全球人均產量，以 1990 年的國際元（International Geary-Khamis dollars）估算

資料來源：Angus Maddison. "Statistics on World Population, GDP and Per Capita GDP, 1–2008 AD." *Historical Statistics* 3 (2010): 1–36.

間就像是在助跑般蓄積能量。這段時期為科學、技術、統治管理、商業規則與純粹的野心建造了關鍵的基礎，最終推動了工業時代。

經濟規模與變遷的步伐

經濟領域的基本觀念之一，就是更大型的市場能創造更高的收入與成長率。越大型的市場就能擁有更多專精細分的工作，每一塊經濟活動領域（如農業、建築、製造、運輸與醫療保健等等）的人力，都發展出更好的技術與更純熟的技巧，同時讓產品成本逐漸下降。因為能觸及更大量的消費者，因此大型市場也代表了有更多刺激能發展新產品，產生更多發明。

一八〇〇年左右經濟飛躍的最基本原因，就是規模。全球人口在一八〇〇年時已接近十億人，全體人類的互動透過貿易、運出、移民與政治等因素持續增加。當然，世界某些地區的確是新規模的最大受益者，尤其是北大西洋；而某些地區則處於帝國征服者的殘暴與迫害，例如撒哈拉（Saharan）以南的非洲與印度。儘管如此，一萬年前的人類規模完全比不上一八〇〇年，因為當時散布全球的人口加起來也不過兩百萬人。

因此，我們也可以將全球化的歷史視為一系列規模不斷擴大的轉變。在舊石器時代，現代人遷徙至世界各地，擴大了人類定居的規模，然而，多數人的一生都只會生活在四十到五十人的群體中。[5]到了新石器時代，全球人口大約上升了二十二倍，從西元前一萬年的約兩百萬人，在西元前三千年已是四千五百萬人，人們開始住在容納數百人的村落裡。馬背時代，人口從西元前三千年的四千五百萬，到了西元前一千年已是一億一千五百萬人，歐亞大陸大量人口在東西向的交流越來越頻繁；此時，人類不再僅是居住於散落的村莊中，而是首度建構出國家。到了古典時代，全球人口在西元一年竄升至一億八千八百萬，接著是一〇〇〇年的兩億九千五百萬，然後是一四〇〇年的三億九千萬；人類開始居住在幅員遼闊、容納眾多民族與宗教信仰的帝國，例如羅馬、中國漢朝、孔雀（Mauryan）、波斯（Persian）、拜占庭（Byzantine）、伍麥亞（Umayyad）與蒙古（Mongol）等帝國。各大帝國不僅相互征戰，也橫跨遙遠的距離相互貿易。

隨著哥倫布與達伽馬啟航，我們也進入了海洋時代，規模再度擴張，人類透過海上航行再次連結舊世界與新世界。各品種的食材越過海洋交換，全球人口因此再度陡升，例如舊世界的小麥來到了美洲，而美洲的玉米亦傳到了舊世界，食物生產與人口數大幅增加。到了一八〇〇年，全球人口數已是九億九千萬人；工業時代亦堅定地強化全球互動，透過鐵軌、遠洋輪船、汽車、航空飛行、電報、電話、衛星，以及最後的網際網路，全球人口也隨之再次躍升。此時，人類史上首次出現能夠左右全球的政治霸權，首先是大英帝國，接著是二戰過後的美國。隨著進入數位時代，全球國際權勢再度轉移，國際互動間的張力持續累積，這一次，我們添增了能即時傳播地球各處的數位資訊。

在此觀點之下，全球化時代能解釋為何全球的互動規模提升，同時也能被互動規模的提升所詮釋：每一次全球規模的推進，皆導致了人口擴張與新技術的出現；而每一次提升規模後，也都依序改變了統治管理與地緣政治的本質。然而現今的我們正經歷著一場反撲，並伴隨著此時代獨特的現象：二〇二〇年，全球人口數為七十七億人，每一年的人口成長是七千五百萬至八千萬人，每年人均產量約為一萬七千美元（以購買力平價〔purchasing-power-adjusted prices〕估算），人類的活動正持續危害環境，如氣候、水、空氣、土壤與生物多樣性，人類的規模已經龐大到我們會危害上述事物。我們稍後會進入此主題。

雖然規模是生產與創新的關鍵，但決定規模的經常是地理環境。經濟體的規模，或相互連接的一群經濟體的規模，取決於貿易的能力，因此也取決於貨物、人口與知識流通的地理條件。而偏遠或孤立地區在此方面的能力，遠差於能與外界流通的地區，例如，地球東西兩大半球歷經一萬年的隔絕，終於在一五〇〇年以海路連結時，美洲的技術演進便遠遠落後舊世界。距離主要大陸或運輸航線遙遠的偏山或小島社會，其技術演進往往遲於沿海或交通較便利的區域。長久以來，歐亞大陸的發展規模都比美洲、非洲與大洋洲擁有更具優勢的地理環境條件，也具備更大量的貿易連結、更容易的溝通交流，另外，歐亞大陸各國的角色分工，也更容易彼此傳播科技、制度與文化。

馬爾薩斯詛咒

到目前為止，我們認知的歷史，似乎是一個逐漸前進的過程（儘管不斷重複著不平等與極度暴力）。然而，前進的過程必須重現永續概念，這樣的警示也未曾中斷。現代經濟思維中最具影響力的悲觀主義者，當屬在十八世紀晚期至十九世紀初期發聲的英國牧師，托馬斯・羅伯特・馬爾薩斯（Thomas Robert Malthus）。馬爾薩斯最著名的警告，就是反對改善大範圍的貧窮，甚至反對長期的經濟發展。他認為任何提升生產力的行為，最終都會使世界面臨更多貧困人口，而且沒有任何能應對貧窮的長期解方。其極具影響力的悲觀主義逐漸成為知名的馬爾薩斯詛咒（Malthusian curse）。但也正是馬爾薩斯讓這項基礎問題浮上臺面：要如何長久不斷地提升生活水準？

馬爾薩斯的理論表示，假設農人學會了讓產量倍增的技術，每個人似乎因此能得到兩倍的食物量，而飢餓與貧窮的狀態將隨之迅速消弭；但是，當人口也同時倍增而農地面積不變時，每個人分得的食物量會與原本相同，因此，即使人口倍增讓更多孩童得以生存並長大成人，但他們真的能建立自己的家庭嗎？另一方面，若是當人口增加了不只一倍（也就是人口數超載），生活水準就會落於標準之下，直到一場饑荒或疫病改變人口超載。

馬爾薩斯的觀點相當具影響力，只不過其結論過於悲觀。當全球生活水準在十九與二十世紀開始上升時，越來越多人選擇移居城市，而每戶家庭養育後代的平均數量也逐漸變少，並選擇將資源投入孩子的教育、營養與保健。以人口統計學的術語而言，父母的育兒觀念從「重量」轉為「重質」。當全球的生活水準、人民素養與都市化不斷提升時，世界絕大多數地區的生育率也持續下降，人口替代率（replacement rate）為每一名母親平均生育兩名孩子以下。[6]因此，生產力的發展並不會因為人口上升而抵銷。不過，依舊有少數高生育率的區域（例如撒哈拉以南的非洲）尚未讓生活水準提升至貧困現象消失。當這些區域都市化的程度更高、且學校教育時間拉長（尤其是女性教育），我們能預期高生育率將開始下降。

但是，對今日的我們而言，馬爾薩斯悲觀主義仍舊極為重要，他的警告尚未完全解除。今日，我們的星球居住著近八十億人口，預計將在二〇五〇年達到九十七億，我們同時面臨重大的環境危機（氣候變遷、生物多樣性流失與重大汙染等等），現在，我們依然見不到任何能夠永續成長的跡象。我們的目標不僅必須減少全球汙染，同時對環境的重大危害也必須停止。我們得使用再生能源與永續農耕，並採用能回收所有廢料的循環經濟。直到我們終於完成了這些轉變之前，馬爾薩斯的幽靈將一步步向我們逼近。

城市生活的逐漸成形

綜觀所有全球化時代，除了人口、經濟產量與政治規模皆持續擴大之外，也伴隨著人類從農村生活轉變為城市生活。近數十年，定居於城市並過著非農耕活動的人口，占據了人類相當可觀的比例。轉變的原因，我們可以透過進一步探討經濟架構來理解。

經濟活動可畫分為相當實用的三大產業，分別是第一、第二與第三級產業。第一級產業包括食物與飼料作物、畜產品、其他農業（如棉花、木材、魚與植物油），以及礦業（如煤、油、銅、錫與貴金屬）；第二級產業又稱為工業產業，涉及的是將第一級產物製成最終產品（如建築、機械、加工食品與電力）；第三級產業則是支持生產活動的服務（貨物運輸、倉儲與金融）、個人福利（如教育、健康與娛樂），以及管理（如軍事、公共行政與法事）。

第一級產業中，每一名勞工須配有大量土地與海洋資源，因此主要區域為農村地區，這類地區的人口密度相對較低。另一方面，又稱為服務產業的第三級產業，則需要人與人當面的密集互動，因此主要在城市地區，人口密度也因此相對較高。工業產業則可以設在農村地區（像是靠近礦區的冶煉廠），也可以建立在城市地區（例如建築工地或靠近消費者的製衣廠）。

產品製造（第一級與第二級產業）與服務（第三級產業）都需要人力與機械。人力主要為純體力，例如人工除草整地、伐木或認知方面（例如，醫師診斷疾病或法官判定案件）。大致而言，體力勞動需要健康的身體、年輕的活力、師徒制的訓練與經驗。

隨著時間人類開始建造越來越多強大的機器，逐漸取代人類的肌肉。在古代社會中，幾乎所有產品都是在小型工具的幫助之下靠勞力完成，這些工具包括燧石、錐子、弓與箭、容器以及錘子。運輸則由人類實際帶著貨物，由一地搬運到另一地。而溝通的方式則是口耳相傳。今日，幾乎絕大多數費力的勞力活動都被機器取代，依據人類思維判斷的工作也能逐漸交由機器，聰明的機器們勢必在未來的幾十年內取代這類工作。

經濟學家已從經濟活動的三大產業，找出一個基本的循環模型。在舊石器時代，所有人類都須從事第一級產業，生產活動包括狩獵與採集；僅有極小的比例屬於工業產業，例如製造工具與武器、建造庇護地、編織衣物與準備食物；服務產業的活動則發生在家庭與家族內。到了農耕誕生的新石器時代，大約有九成的人類依舊從事第一級產業，約有一成的人口為工業產業（建造與冶金）與服務產業（宗教與公共行政）。在人類歷史絕大多數的時間中，第一級產業約占據了人類活動八成以上，剩下則分至工業與服務產業。

當十八世紀的農業有了科學幫助（包括早期的機械化及土壤營養的科學知識）之後，第一級產業的勞動人口比例便開始下滑。原因很簡單，一個社會必須擁有餵養所有人口的充足勞力。當農耕活動在早期發展階段時，每一個家庭將精力花費在餵養自身之後，幾乎沒有多餘力氣從事非農耕活動，因此，每一戶人家都必須為了生存而進行農耕；而當農耕開始現代化，且每一名農民的產量提升之後，單一家庭的生產量除了能餵養自家，還能供應更多人。以目前的美國來說，一名農人的產量就能養活七十個家庭，因此農業就業人口僅占整體勞力的一．四%。

圖1.4（見頁四十）呈現了每個全球化時代的就業比例，為了呈現重點，數值皆採大約值。在舊石器時代，所有工作（狩獵與採集）都屬於第一級產業。今日，第一級產業（農業與礦業）的就業人口約占全球二八%，第二級產業約二二%，第三級產業、也就是服務業，約占五〇%。未來，第一級與二級產業的比例預計會持續下滑，而工作將繼續轉換為服務性質。在美國，第一級產業就業人口轉換至第三級產業的現象又更為強烈，美國第一級產業僅占總就業人口的二%，工業產業（建設與製造業）約為一三%，而服務產業竟高達八五%！[7]二十一世紀，全球就業人口將持續轉向服務經濟產業，而機械將一步步取代農業、礦業、建設與製造等工作。

地理、技術與制度共舞

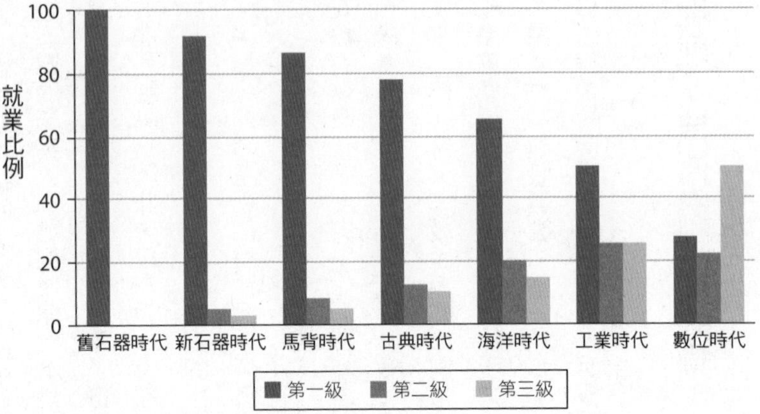

圖 1.4　七大全球化時代三大產業就業比例

任何時間、任何地點的經濟體系都建立在三項基礎之上，分別是地理、技術與制度。當然，這三大層面各自獨立。讓我們以工業時代最重要的發明來舉例，即是燃煤蒸汽引擎。蒸汽引擎為工廠與交通運輸提供了絕佳的新型動力，進而推動了工業化，最終大幅增進了生產力與生活水準；但同時也短暫地取代了部分人力，使許多人陷入貧困。十八世紀的英國之所以能發明蒸汽引擎，地理環境是關鍵因素，尤其因為英格蘭的煤礦開採與運輸成本十分低廉。同時，蒸汽引擎的發展也仰賴英國的經濟制度。現代蒸汽引擎的發明者詹姆斯．瓦特（James Watt）推出此機器的目標是為了營利，當時的英國提供了智慧財產的法律保障、以及能販售商品的市場，這些因素皆推動了發明的進展。瓦特為自己的發明申請了專利，也成功阻止了其他企圖以其發明牟利之人。另外，企業家之所以會購買並裝設瓦特的蒸汽引擎，也因他們打算依英國

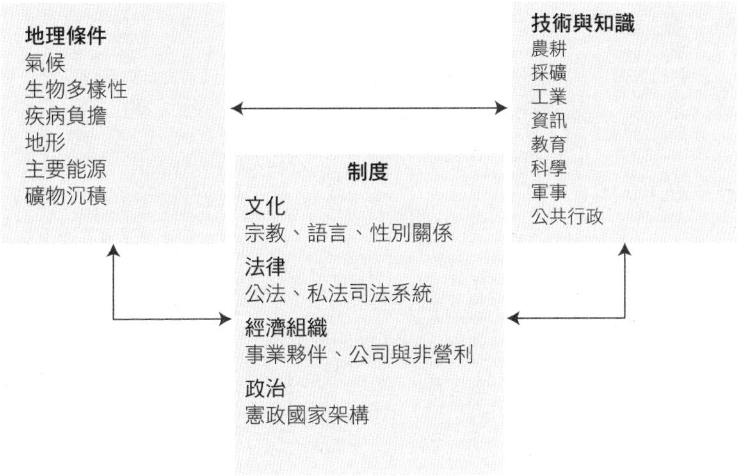

圖1.5　地理、技術與制度

的法律建造自家工廠。

經濟福祉與進展究竟該歸功於地理、技術或制度？這是經濟學家長久以來爭辯的議題。某些經濟學家會強烈表示制度才是關鍵：若少了專利制度，便不會有蒸汽引擎。某些聲音表示技術才是重點：如果少了瓦特的才智與精匠般的技術，根本不會有這項專利，也不會有工業革命。另外，也有人認為地理才是決定性的因素：沒有能夠直接開採的煤礦，瓦特的才智頂多也只能停留在理論。

很明顯地，這些爭論都被誤導了，工業革命的誕生是這三者交互共舞的產物。它們彼此間複雜的交互作用，正是工業革命能發展成非凡事件的原因。唯有眾多因素的結合，方能讓蒸汽引擎在商業領域獲得巨大的成功。不過，若要一探此動態轉變的過程，我們還須從地理、技術與制度三端點的互動開始設想（見圖1.5）。正因這三大領域彼此依存，我們在理解經濟歷史與經濟轉變的過程中，實在無法避而不談任何一項因素。

讓我們仔細討論一下地理、技術與制度的細部層面。首先，地理至少包括六大因素。第一項因素為氣候，意即一年內氣溫與降雨的典型模式，氣候形塑了可生產的作物、可育養的禽畜，以及人類工作與定居的合適度。第二項是生物多樣性，包括特定植物與動物物種的存在或消失。第三項為疾病發生、傳播與盛行的模式，而這項因素也會受到氣候、生物多樣性、人口密度，以及演化與歷史事件的影響。第四項為地形，以及與海岸、河流和隘口的距離。第五項為主要能源的取得性。第六項為銅、鐵、錫與金等金屬的沉積物。

在討論技術時，必須考量到地理環境的因素。經濟必須奠基於物質資源，以及如何使用自然資源的知識之上。由於各個全球化時代以知識的進展作為特色，因此地理的角色也將隨著知識的演進而轉變。例如，草原區廣大的草地在馬匹馴化之後，變得更為重要；同樣地，煤礦與油田資源也分別在蒸汽引擎與內燃機發明之後更顯關鍵。未來，當我們發明了低成本的太陽能發電後，沙漠中的強烈日照想必也會變得更為重要。

這類例子對人類歷史過程影響至深。早期人類在學會控制火之後，便能移動至較寒冷的生態群區（biomes）；世界各地區各自發明出農耕後，人類開始密集居住於沖積平原；馬匹的馴化讓農耕地區逐漸擴大；哥倫布航行的發現，最終演變為歐洲人大量移民至美洲；蘇伊士（Suez）與巴拿馬（Panama）運河深深轉變了全球貿易的成本與模式，如今在全球暖化之下，新的北極海（Arctic Sea）貿易航道也將帶來相同的影響；英國為控制瘧疾而大量生產的奎寧，讓歐洲人得以征服非洲熱帶地區；鐵路則開啟了內陸食物生產與貿易的大門。地理之於經濟的重要性，隨著知識與技術的轉變，不斷轉型再轉型。

我們要記住，在長期變遷的過程中，地球的物質地理環境本身就是一個主體，而且人類的確在二十一世紀對物質地理環境造成了危機。人類物種的演化與全球化時代皆因為物質地理環境的自然變遷，形成了根本性的變化。前次冰期的結束（因地球軌道特性的周期變化），開啟了農耕、定居與文明發展之路，同時也因為海平面上升而淹沒了連結亞洲與非洲的白令陸橋（Beringian land bridge）。西元前五千年至前三千年，非洲沙黑爾（Sahe）的乾旱形成了廣大的撒哈拉沙漠，也可能是人類開始沿著尼羅河（Nile）密集定居的原因，而古埃及文明因此逐漸茁壯。歐洲於一六〇〇年代進入小冰河時期，可能就是這個原因誘發了歐洲的三十年戰爭（Thirty Years' War）與其他政治巨變，而這場小冰河時期的降臨，也許是因為美洲原住民人口於十六世紀的驟降，森林進一步重現後，使大氣層的二氧化碳濃度下降。[8] 其他人類社會因環境變遷遭遇衝擊的例子，包括過度開發農地使得土壤養分流失、病原體擴散至新的族群、人為導致的植物與動物物種滅絕（例如美洲的馬）、河流淤塞與其他河流轉變，以及自然海灣的遷移。

第三項社會轉變的關鍵因素為社會制度，包括日常生活中的文化、法律、組織與政治規範等。文化的實行包括宗教儀式、使用語言、哲學思想，以及性別關係等。法律實行則像是商事法

（例如成立事業與訂定合約）、私法（如婚姻與繼承）、公法（如公共行政），以及衝突調節與法律執行的系統。經濟組織則包括事業夥伴、公司與非營利協會。政治規範則例如憲法，憲法定義了政府機關的權力，若以韋伯（Max Weber）的話來說，國家「壟斷正當武力的使用」以實行憲法。制度的創新當然也是決定人類歷史的重要關鍵，如同技術創新，制度也會在全球流轉，由移民、征服者的軍隊、還有學者、外交官與遊客傳播，甚至也寫在間諜記錄世界其他地區發展的報告中。

優勢地理

不公平的是，世界上的某些地區，的確在所有全球化時代中，占據著較有利經濟發展的地理位置。比起非洲、美洲與大洋洲，歐亞大陸就占有較好的優勢。溫帶氣候區比其他地區更為先天優良具，沿海地區也比內陸有利，擁有主要能源的地區同樣也較具優勢。接下來，讓我們依序逐一討論。

歐亞大陸的優勢

歐亞大陸包括歐洲與亞洲，約占全球陸地面積的四三％（不包括南極洲），目前居住著全球約七〇%的人口。過去兩千年來，歐亞大陸一直是全球大約八〇%人口的家鄉，僅在一九八〇年落到了七五%。直到美國在十九世紀晚期崛起之前，歐亞大陸在人類歷史絕大多數的時間裡，持續扮演全世界技術創新與經濟活躍的角色。依據安格斯・麥迪遜的產量估算（見圖1.6，頁四十六），在西元一年至一八二〇年的長時間中，歐亞大陸的生產量始終占全球約九〇%。[9]一八二〇年美國工業化之後，歐亞大陸的全球產量占比在一九五〇年下滑至五八%；接著在二戰過後，東亞與南亞的發展再度上升，在二〇〇八年抵達六七%（依據麥迪遜的最後一筆資料）。

直到近期，在絕大部分的人類歷史裡，美洲、非洲與大洋洲等世界其他地區，皆落後於歐洲與亞洲在技術與經濟發展方面的領先地位。當海平面在最後一次冰期後上升，美洲與歐亞大陸在一萬年間皆毫無聯繫，直到哥倫布啟航。一〇〇〇年，歐亞大陸的人口約占全球七七%，此時的美洲人口僅約占八%，人數過少且過於分散，幾乎不可能接近歐亞大陸技術發展的腳步。非洲人口也只占全球一四%，雖然此時非洲北部與非洲之角（Horn of Africa）與歐亞大陸的互動積極，但撒哈拉以南的非洲被廣大的沙漠阻斷，更別提當地特有的瘧疾與錐蟲病（trypanosomiasis，使牲畜與人類深受苦痛的睡眠疾病）等生態屏障。大洋洲同樣與歐亞大陸斷失聯繫，人口僅占約全球的一%。

美國則是歐亞大陸法則的例外。今日，美國是世界最為富裕的經濟體，但綜觀人類歷史絕大多數時間，北美洲都處於貧困且人口分布零散的狀態。北美洲擁有空前豐饒的地理環境，因地

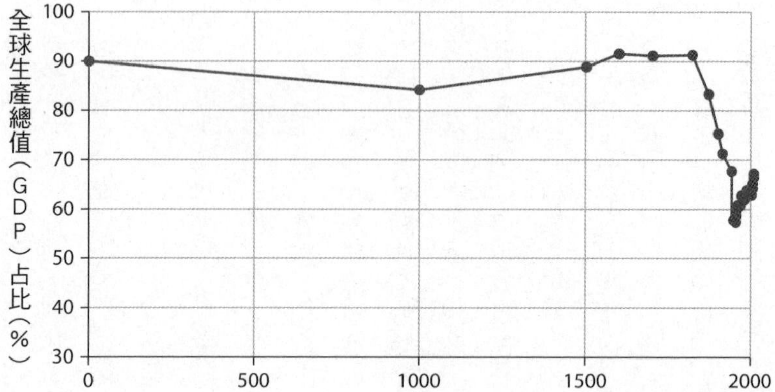

圖1.6　西元1年-2008年，歐亞大陸全球生產總值占比

資料來源：Angus Maddison. "Statistics on World Population, GDP and Per Capita GDP, 1-2008 AD." *Historical Statistics 3* (2010): 1–36.

處溫帶氣候，擁有廣大且肥沃的大地、船隻能夠航行的河川、綿長的海岸線，以及巨量的礦藏與能源。不過，若是少了舊世界的技術（馬匹、冶金、小麥種植、書寫系統、科學與數學等等），此地發展將停留在狩獵、採集與些許農耕活動。哥倫布航行之後，越來越多歐洲殖民者定居於北美洲，當歐洲殖民者擴散至整片大陸時，美洲原住民歷經了慘無人道的迫害。到了十九世紀末期，美國以其豐饒的地理環境，成為全球最富裕的經濟體，而一切獲利都進入了歐洲移民與他們後代的手中。

溫帶氣候的優勢

根據柯本氣候分類系統（Köppen-Geiger climate system），全球氣候可以分為六大主要氣候帶：熱帶、乾燥、溫帶、寒帶、高地與極地氣候。熱帶氣候區終年炎熱，擁有能從事農耕的適中雨量；乾燥氣候區則終年乾燥，因此形成沙漠或草原，適合牲畜放牧，但難以進行作物生產（除了河川流經的河谷地區）；溫地氣候區擁有冬季與夏季，以及能生產作物的適中雨量；寒帶氣候區具備漫長、嚴寒的冬季；高地與極地氣候區因位於高海拔及高緯度（靠近南北兩極區），人口稀少。

這些氣候帶分布整理於圖1.7（頁四十八）。讓我們從赤道開始，自熱帶氣候區（圖中的紅色與粉紅色區塊）一路向極地氣候區（北半球朝向北極，南半球則向南極前進）討論。首先，我們會經過乾燥氣候區（黃色與米黃色），接著穿越溫帶氣候區（綠色），然後經過寒帶氣候區（藍色），最後進入極地（灰色）。高地氣候區（或山區）則以深灰色表示。

相較於其他區域，綠色的溫帶氣候區長久以來享受著驚人的經濟發展優勢。擁有冬季、夏季與適中的年雨量，位於中緯度的溫帶氣候區是進行穀類作物（小麥、玉米與米）與農牧混合系統（結合糧食作物與畜牧業）的絕佳地區。對於馬匹或其他負重型牲畜（例如驢與牛）而言，溫帶氣候區也是相當舒適宜居的環境。這兒的冬季能截斷蟲媒傳染病如瘧疾的散布。歐亞大陸絕大多數的人口都集中在溫帶氣候區，例如中國東部、印度北部與歐洲西部。

冬旱溫帶（Cw）季風氣候區特別值得一提。季風氣候區涵蓋了亞洲南部、東南部與東部絕大部分地區，其特色便是最潮濕的夏季其雨量會是最乾燥的冬季的十倍以上。這般的季風雨是亞洲高產量稻米耕作的命脈，同時更餵養了許許多多的人類。這也是為何在二〇二〇年的今日，南

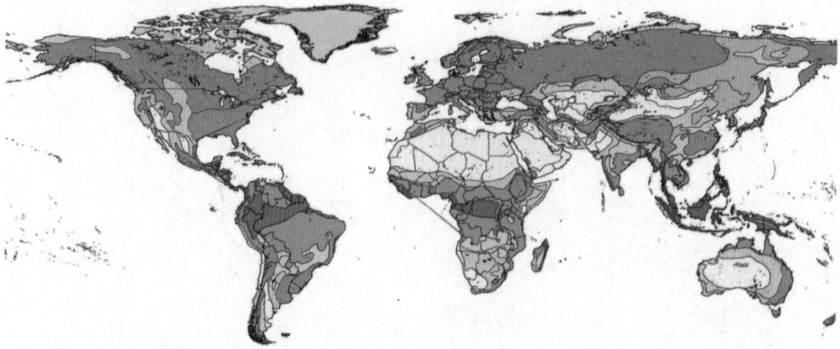

圖 1.7　柯本氣候分類系統

亞、東南亞與東亞的溫帶季風氣候區，人口數占了全球約五五％。

熱帶氣候區是雨林與莽原（savannas）的所在，也是非洲古代人類的家鄉。然而，這類地區的終年高溫使經濟體的長期發展遭遇許多困難：包括高溫下的沉重勞力、蟲媒傳染疾病終年於人類（例如瘧疾）或牲畜（例如錐蟲病）之間擴散，另外，病原體也容易於食物和水中增生。再者，許多熱帶氣候區的土壤養分很容易流失，因為土壤中的有機物質會快速地分解。在人類歷史上，這些熱帶氣候區的劣勢對於非洲而言尤其沉重，因為非洲多數區域都落在熱帶氣候區。

乾燥氣候區對於大部分的作物而言都過於乾旱，除非施行灌溉，或是種植低產量的短期作物（比如高粱或小米）。因此，此類氣候區的人口密度通常都比較低，除了尼羅河、底格里斯河（Tigris）與印度河

（Indus）等流域除外，這些地區能以河水灌溉，土壤養分也能藉由沖積土補充。而除了河谷地區，大部分乾燥氣候農耕地區都會在較潮濕的旱地養殖牲畜，這類地區稱為半旱草原（steppes）或草原。歐亞大陸的半旱草原就是野馬的家鄉，也是馬匹開始被馴化的起源地。在進入工業時代之前，約有一千年的時間，半旱草原都扮演著由馬匹運輸與溝通的東西向「高速公路」，我們稱之為絲路（十九世紀便是以此名稱呼這些古老的貿易路線）。

寒帶氣候區的生長期過於短暫且氣溫過低，難以培育高產量作物，除了比較適合作物生長的小麥生產區如加拿大與俄羅斯。與乾燥氣候區相同，此類地區的人口密度也偏低。耕作之外的農耕活動包括伐木、獵捕動物毛皮、漁獵與牧養馴鹿。

高地氣候區的特徵鮮明，此類地區的運輸成本高昂，由於高山氣候與陡坡，種植作物的難度也較高，不過，咖啡與茶葉等特殊作物經常在高海拔地區生長繁盛。更有利的是，山區往往蘊藏豐富的礦脈，而且在面對低地區域的攻擊時，山區社群常擁有決定性的防禦優勢。高地氣候區的人口密度通常較低，文化也跟低地族群差距頗大，小範圍的地理區域就可能擁有多種語言或方言，也通常擁有獨立且較戲劇性的傳統，同時受到採礦活動的強烈吸引。這個氣候區在二十世紀適合發展低成本的水力發電，例如瑞士。

人口密度是不同氣候區農業生產力的簡易指標。比起生存較艱困的氣候區，較宜居的氣候區其每平方公里的土地能育養更多人。讓我們以歐亞大陸為例，看看以下四個時間點中，不同

表 1.2　歐亞大陸氣候區人口分布

時間區段	西元前三千年	西元一〇〇年	西元一四〇〇年	西元二〇一五年
	密度（每平方公里人數）			
A	1	4	11	243
B	1	2	3	66
C	2	10	17	252
D	0	1	1	29
E+H	0	2	2	33
總計	1	3	5	94

資料來源：作者以HYDE 3.1計畫與國際地球科學資訊網絡中心（CIESIN）之資料整理。詳細數據請參見附錄。

氣候區的人口分布狀態：西元前三千年、西元一〇〇年、一四〇〇年與二〇一五年（見表1.2）。這四個時間點能分別代表新石器時代的尾聲、羅馬與中國漢朝的古典時代高峰、哥倫布大發現的前夕，以及現代。在每一段時期，溫帶氣候區（C氣候帶）的人口密度都高居第一，接著是熱帶氣候區（A氣候帶）、乾燥氣候區（B氣候帶）、高地與極地氣候區（E+H氣候帶），以及最後作物產量低且嚴寒的寒帶氣候區（D氣候帶）。即使歐亞大陸在西元前三千年至西元二〇一五年之間，人口密度上升超過一百倍（從每平方公里的一人上升至九十四人），不同氣候區的人口密度排序依舊維持不變。

近沿海與流域的優勢

經濟的繁盛必須倚靠貿易，因為沒有任何一

地能自行生產所有的產品與服務。同時，貿易的可行性又取決於低運輸成本。長久至今，水路依舊是大量貨物運輸成本最低廉的方式。即使在古代，餵養或儲藏於羅馬帝國的穀物也是以船隻穿越地中海運送。內陸運輸的花費昂貴得多，不僅需要考慮運輸成本（馬、車、卡車、火車），也必須建設公共設施（道路、鐵路），還得考量運輸途中的安全。

因此，水路（包括河川、湖泊與海洋）航行的沿線區域始終較有利於經濟發展，距離水路遙遠的土地則面臨極大的不利，而內陸高山地區幾乎可以確定經濟發展受阻（部分美國高地文明則是例外）。亞當・斯密在《國富論》（*The Wealth of Nations*）的著名段落便如此寫道：

> 在所有類型的產業中，相較於單純陸運，水運能開啟更為寬廣的市場，因此位於海岸與航運河岸邊的任何產業，自然而然地都會進行更精緻的畫分與提升，而且通常無需太長的時間，這些提升就能讓產業進一步朝向國家內陸發展。[10]

定居於河谷地區還有另一項關鍵優勢：農產量。河川能提供新鮮的灌溉用水，在傳統的河岸農耕系統中（如尼羅河、底格里斯河與幼發拉底河），每年的洪水氾濫都從山上為河谷帶來細小的沉積物，補充土壤養分。世上最早誕生的國家就建立於具備雙重優勢（低成本運輸與高食物產量）的河岸邊，例如西元前三千年的歐亞大陸，居住於河川二十公里之內的人口約占三〇%，而這些河谷地區僅占歐亞大陸全境面積的一八%而已。換句話說，近河川流域地區的人口密度大約是其他遠離河流地區的兩倍。

從古代至今，世界絕大多數的主要居住地與城市，的確都建立於河岸或海岸。河岸城市通常是農業中心，而海岸城市則是工業、貿易與創新產業聚集處，也是全球知識與文化網絡的熱點。二〇一五年，全球約有三八%的人口居住在海岸一百公里之內，約有二八%的人口住在距離河川二十公里內，儘管接近海岸區域的面積僅約二〇%，而近河岸地區的面積只有大約一六%。回溯至少到西元前三千年，全球約有三〇%的人口居住於靠近海洋的地區，也約有三〇%的人口生活在靠近河川的區域。[11]

各大陸的沿海區域與河流盆地的範圍都不盡相同。以此層面討論，歐洲實為得天獨厚，約有五一%的土地都位於距離海洋一百公里以內，也有二五%的土地距離河川二十公里之內。二〇一五年的數據顯示，約有八〇%的歐洲人口生活在近海岸或河岸的水路地區。歐洲不僅擁有溫帶氣候的優勢，其水路運輸也極為有利。另一方面，今日的獨立國協（Commonwealth of Independent States，CIS），基本上便是前俄羅斯帝國（Russian Empire），僅有一六%坐落在距離海洋一百公里之內，而距離河流二十公里內的土地則約占一九%。獨立國協居住於近海岸的人口只有一四%，但生活在近河岸的人口接近總人口的一半，達到了三九%。獨立國協位處北方、寒冷且距離海路遙遠，而俄羅斯的貿易路線則大多循著河川或陸路。此特徵對俄羅斯歷史的影響相當深遠。而在亞洲地區，約有四〇%的人口生活在海岸附近，有三〇%的人口居住在河岸邊，情況剛好介於歐洲及獨立國協的中間。

主要能源的優勢

經濟發展會受到能運用能源多寡的限制，其中包括工業（例如冶煉）、農產（例如犁田）、運輸與溝通。主要能源資源如生質能源、石化燃料（煤、油與天然氣）、風力、水力、太陽能、地熱、核能（鈾）與海洋電力。當然，如何取用這些資源需要科技知識。在人類絕大部分的歷史中，能源一直依靠著動物與人類勞力，因此也取決於人類維生的食物，以及餵養負重牲畜的穀物飼料。在馬背上攻城掠地的歐亞大陸帝國，便建立在能夠捕捉太陽能的廣大草原上，讓數以千計的騎兵軍隊得以茁壯。

另一方面，我們從古代開始便利用風力揚帆，以及建造風車與水車推動磨坊與水輪。自蒸汽引擎誕生之後，石化燃料在十九與二十世紀成為經濟強勢資源，而幸運地擁有具開採經濟效益煤礦的地方，便更早開始工業化。到了二十一世紀，我們必須轉換為零碳能源（如風力、太陽能、水力、地熱與海洋電力），以避免石化燃料造成全球暖化，各地區的地理環境優勢也將再度移轉。當然，我們同樣會強烈地依靠科技知識，例如透過光伏（太陽光電）的太陽能運用。

地緣政治與全球化

自從非洲大遷徙之後，人類便為了領土與自身基本生存（包括水、食物、庇護處與礦物）不斷相互征戰（當然，還在非洲境內時想必也是如此）。人類的本性便是從領土競爭的熔爐中淬煉而出。深埋在我們的基因與文化中的，有驚人的團隊合作能力，但也有群體之間（包括種族、宗教、語言、國家和其他認同等）衝突與不信任的強烈傾向。

從至少西元前兩千年開始，全球化就帶有帝國之間強烈的地緣政治、經濟與軍事競爭。西方第一位歷史學家希羅多德（Herodotus），就描述了希臘城邦與波斯帝國之間的競爭。自此，全球化就一直挾帶著帝國在競爭過程的崛起與殞落：亞述、亞歷山大大帝的馬其頓（Macedonia）、希臘各國、羅馬、波斯、中國各朝代、印度各帝國、阿拉伯各帝國、歐洲各帝國、蘇聯、美國。一六〇〇年起，歐洲列強逐步增加世界其他地區的統治，到了工業時代，英國與美國開始成為全球霸權。

地理、技術與制度之間的關鍵連結之一，就是軍事科技在地理環境、政治與制度之間的交互影響。[12]技術創新成為各個全球化時代的指標，這些技術包括運輸、溝通、能源、食物生產、公衛、建設等領域，以及其他通常包括軍事科技與相關能力的顯著改變。掌握創新技術者，經常在軍事能力上擁有決定性的優勢（雖然時間相對短暫），並開始透過軍事征戰引發全球勢力動盪。一般而言，新技術或早或晚都會慢慢擴散至敵方陣營，隨之出現的經常就是征服與被征服者的命運翻轉。

當然，軍事科技牽涉多重面向且高度複雜，涉及攻擊與防禦；海、陸與空等戰事；輕武器、重武器與現在的核子武器；戰術、後勤物流、運輸、通訊、欺敵、心理戰等等。接下來我們偶爾會提及是哪些軍事技術協助我們進入新的全球化時代，比如：馭馬戰車讓美索不達米亞城市成為城邦，也讓埃及王國統一並掌控上、下埃及；希臘與羅馬大量的步兵、方陣與從旁協助的騎兵，達成許多陸上重要戰事的勝利；添加了薩里沙長矛（sarissa）新技術的馬其頓方陣，給予亞歷山大大帝征服亞洲的決定性優勢；希臘與羅馬裝上船槳的槳帆船（galleys）極有效率地衝破敵方海軍；馬背上飛馳於遼闊草原的弓手，更是如風一般橫掃敵方步兵。

數世紀後，中國發明了裝進鳥銃與其他火器的火藥，逐漸扭轉了弓兵的優勢；以火藥擊發的大砲幫助了鄂圖曼（Ottoman）、蒙古與帖木兒帝國獲得驚人的成就；當西班牙、葡萄牙、荷蘭與英國等大西洋列強，成功地將大砲的威力嵌進海上艦隊後，便進一步掌控了印度洋貿易路線；英國早期的工業化使其軍事能力得到巨幅提升，例如透過蒸汽驅動的海軍、大量製造的槍枝與重型大砲、機槍、後勤物流，以及鐵路與電報為基礎的運輸支援，還有二十世紀初期的裝甲運兵車與坦克；二十世紀前十年發明的動力飛行，讓戰線出現了戰機轟炸，首度現身的就是一九一二年的第一次巴爾幹戰爭（Balkan War），其規模更在第一次世界大戰大幅提升；第二次世界大戰引進了彈道飛彈，而一九四五年更出現了原子彈。

軍事技術的重大轉變，總是不可避免地引領政治制度的根本改變，此現象在人類歷史上不斷反覆出現。例如，擁有新軍事優勢的大型帝國，經常轉變成新的政治統治型態，以便管理更大量的人口與領土。相較於小型國家，必須編列大量國家預算的武器系統對於大型國家較為有利；而相反地，某些低成本的軍事技術創新，對於小型或較貧困的國家而言，則將更有助益。

二十一世紀初期，我們再度進入新的地緣政治時代；勢力分散最顯著的現象，便是亞洲加入了西歐與美國在科技、經濟與軍事的競爭行列。中國、印度、北韓與巴基斯坦現今也都擁有核子武器。以大方向而言，數位科技的新時代將促使全球勢力關係產生轉變，一切會經由即將到來的新型態網路戰事展開。

地緣政治最顯著的現象，就是全球情勢的轉變竟能如此迅速。各個帝國以驚人的速度崛起並殞落。一九一四年，英國仍統領全世界，但到了一九六〇年，大英帝國基本上已在地球消失，而蘇聯似乎正與美國爭奪霸權地位。接著在一九九一年十二月，蘇聯一樣從世界地圖中被擦去。到了我們的時代，中國崛起、印度迅速茁壯、非洲人口飆升，都在在意味著二十一世紀的世界已經多麼不同。就像鮑伯·狄倫（Bob Dylan）的這段歌詞：

今日敗寇，

明日成王，
時代不斷地轉變。

向後望見未來

許多關鍵轉變都由技術創新起始，它同時創造了權勢的不平等，進而引出新的戰爭。這是全球化真實的一面，也是我們必須思考的基礎。然而，我們經不起另一場世界戰爭，我們現今擁有的科技，已經意味著這般規模的戰爭，將成為我們物種的末日。

一九六一，年美國總統約翰．甘迺迪（John F. Kenned）曾在就職典禮說出這段足以定義我們現代真相的話語：「今日的世界已經十分不同，人類以凡人之軀，掌握能滅除一切人類苦痛與生命的能力。」這就是全球化的真相。我們無法承受任何過去曾經歷的崩毀，這次，我們恐怕會失去一切。

以此為基礎，我希望我們在回顧歷史、求取未來洞見之時，為我們的時代思考三大重要問題：首先，世界是否能在第七個全球化時代中，找到一條繁榮共享、社會包容與環境永續的道路？我將此稱為永續發展的挑戰。第二，英美時代似乎進入終點，而我們正走向多極世界，我們該如何將全球管理組織化？我將此稱為多邊管理的挑戰。第三，如果全球和平是可行的，我們該以什麼樣的知識與倫理道德模型成就世界和平？我將此稱為統一價值的挑戰。

一次次的全球化時代不僅擴展了我們的視野，也深化了我們彼此的依存，讓我們學會以全球規模思考。當我們進一步了解彼此共同的歷史與脆弱之處，便能挖掘出共通的利益與價值，如此一來，我們必然能找到共享繁榮與和平的道路。

註釋

1 關於以演化生物學視角做出的人類文化與行為分析，可參見這份令人驚豔的研究。Edward O. Wilson, *The Social Conquest of Earth* (New York: Liveright, 2012)。

2 關於十九世紀晚期饑荒，可參見這本迷人的書籍。Mike Davis, *Late Victorian Holocausts* (Brooklyn: Verso, 2001)。

3 Kees Klein Goldewijk, Arthur Beusen, and Peter Janssen, "Long-Term Dynamic Modeling of Global Population and Built-up Area in a Spatially Explicit Way: HYDE 3.1," *Holocene* 20, no. 4 (2010): 565–73。

4 極端貧困代表一種貧乏的程度，即無法確保能擁有基本人類需求（飲食營養、安全用水、環境衛生、衣物與庇護所等等）。世界銀行會定期公布計算極端貧困的指標。目前，世界銀行訂定的貧困界線是人均消費低於每日一・九美元，物價標準取用二〇一一年的購買力平價（purchasing-power parity，PPP）交換率。學術領域針對貧困的歷史過程研究也提出了一份貧困界線，以求與世界銀行數據有所連結。

5 關於狩獵採集社群規模，可參見 Tobias Kordsmeyer, Padraig Mac Carron, and R. I. M. Dunbar, "Sizes of Permanent Campsite Communities Reflect Constraints on Natural Human Communities," *Current Anthropology* 58, no. 2 (2017): 289–94。

6 其實，人口替代率稍稍高於每一名母親生育兩名孩子，因為下一代的死亡率會略微低一些。

7 二〇一八年美國就業正式數據應能在此網址尋得：https://www.bls.gov/emp /tables/employment-by-major-industry-sector.htm。請留意，內文的第三級產業人口估算有加入「非農業自僱者」。由於有經過數值簡化，所以總和為99.9。

8 David McGee and Peter B. deMenocal, "Climatic Changes and Cultural Responses During the African Humid Period Recorded in Multi-Proxy Data," in *Oxford Research Encyclopedia of Climate Science*, 2017。

9 Jutta Bolt, Robert Inklaar, Herman de Jong, and Jan Luiten van Zanden, "Rebas-ing 'Maddison': New Income Comparisons and the Shape of Long-Run Economic Development," GGDC Research Memorandum 174, January 2018。

10 Adam Smith, *An Enquiry Into the Nature and Causes of the Wealth of Nations* [1776] (New York: Random House, 1937)。

11 關於這些數據與本書其他數據資料來源的詳細資料，請參見書末附錄。

12 羅納德．芬德雷（Ronald Findlay）與凱文．歐洛克（Kevin O'Rourk）兩位頂尖經濟學家在他們的著作《Power and Plenty: Trade, War, and the World Economy in the Second Millennium》，對全球貿易、技術與軍事歷史有詳盡描述，時間橫跨一〇〇〇年至二〇〇〇年。

Chapter 2

舊石器時代

（西元前七萬～前一萬年）

我們智人物種的演化足跡可回溯至大約六百萬年前的非洲，當時，我們的猿類祖先血脈岔分為兩道分支，一條逐漸演化成現代人，另一條則演化為今日的黑猩猩與倭黑猩猩（bonobos）。人屬（*Homo*）大約在四百萬年前現身，人類的生物祖先於此時開始用雙足行走。人族（hominins）首度從非洲出發的大遷徙，約略可追溯至兩百萬年前甚至更早，早期的人屬物種離開非洲之後，到了歐洲與亞洲。現代人之前的尼安德塔人與丹尼索瓦人持續在亞洲與歐洲演化，直到解剖學定義的現代人來到此處。廣布歐洲與亞洲的史前遺跡證據，顯示了人們早在幾十萬年前就開始使用石製工具。這是史上第一次全球化，不過主角還不是我們現代人。

人屬歷經的重大演化之一，就是大腦能力的大幅提升，尤其是認知相關的額葉皮質（frontal cortex）。此演化過程稱為腦化（encephalization），可能因為當時人屬物種發現了狩獵與烹煮食物等更好的飲食方式，大量濃縮能量的注入，讓認知能力經過強化，而使較大的大腦能夠運作。人族大腦是貪婪的能量吞噬者，與高科技電腦的高耗能數據處理核心沒有什麼差異。現代人（或智人）的大腦重量約占總體重的二%，但能量代謝的占比約為二〇%。

目前證據顯示，二十萬年前智人首度出現於非洲草原，此時也是所謂舊石器時代中期的開端。不過，我必須強調的是，基因與化石的發現，依舊不斷地更新著我們對於年代的估算。[1]根據生物演化學者艾德華・威爾森（E. O. Wilson）的論點，人類天性的基本特徵是：在群體內部有合作能力（他稱為「真社會性」〔eusociality〕），以及針對外部不同群體展現出鮮明的侵略性，這些可能是在群體必須相互爭奪領地的非洲草原演化生成。因此，不同的智人群體可能在此時期便經歷了團體等級的天擇。舊石器時代的人類通常生活於二十五到三十人的狩獵採集群體中，是以營火為中心的營地組織，並隨季節遷徙。[2]

威爾森認為，天擇讓人類有了特定的行為特徵，包括語言與群體合作，兩者皆能用於防護營地。不像其他猿類，智人如同某些昆蟲社會，具備真社會性或高度社會化；再者，群體內的社會性也剛好搭配了群體對外的侵略性，群體內的相互合作也因為對外戰爭而再度強化。更大型的大腦、更高的食肉量、相互合作，還有以營地為基礎的狩獵社會，漸漸演化且形塑了我們人類獨有的天性。

第一次全球化時代

近期的證據顯示，智人從非洲開始向外遷徙的時間早在十八萬年前（或甚至更早），他們抵達紅海（Red Sea）沿線，也可能延伸至現今以色列一帶的地中海岸。[3]不過，第一批從非洲向外遷徙的群體似乎並未成功生存。第二次向外擴張就是著名的非洲大遷徙（Great Dispersal），從五萬至七萬年前開始，這次他們存活了下來，並且繼續向外遷移至世界各地。人類在大遷徙中越過了紅海，進入阿拉伯，並通過埃及的狹窄陸橋，來到了地中海東岸。早期人類從阿拉伯與黎凡特（Levant）擴散至亞洲與歐洲，在大約四萬五千年前抵達歐洲。一路上，人們遇上了其他人族，也就是如今已滅絕的尼安德塔人與丹尼索瓦人。

圖2.1（見頁六十四）總結了一些近期關於非洲大遷徙的理論。我們在圖中可見現代人類物種大約在五萬至六萬年前到達近東（Near East），大約四萬五千年前進入歐洲與澳大拉西亞（Australasia），而在一萬五千年前抵達美洲。[4]然而，人類向外擴張的準確時間點為何，至今依舊是專家們激辯的主題，遺傳學家、人類學家、考古學家等都以各自領域的證據與技術為重。除此之外，某些基本問題也有待解決，例如人類向外擴散是否為一次性的主要遷徙，還是經歷過數次？離開非洲的人類後裔是否有部分再度重返非洲？踏出了非洲的現代人在何時與何地遇見其他人族？

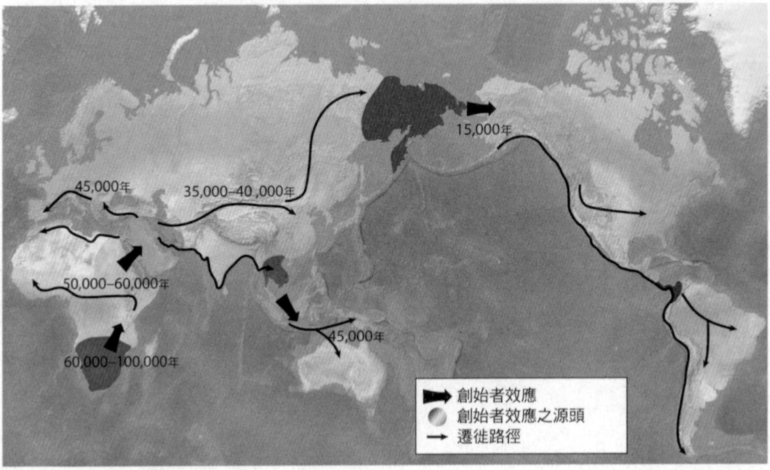

圖2.1　人類在舊石器時代的擴張

資料來源：Brenna M. Henn, L. L. Cavalli-Sforza, and Marcus W. Feldman. "The Great Human Expansion." *Proceedings of the National Academy of Sciences* 109, no. 44 (2012): 17758–64. doi:10.1073/pnas.1212380109.

當人類在大約四萬五千年前抵達澳洲時，初來乍到的狩獵採集者們，很快地就將大型動物群（megafauna，體重為四十四公斤以上的大型動物）獵捕殆盡。[5]人類抵達不久後，此大陸約八五%的大型哺乳動物物種步入滅絕，鳥類與爬蟲類也經歷了一定程度的滅絕。而近來科學界爭辯，當時的大規模滅絕是否僅因人類的過度獵殺？或者其實是狩獵與氣候變遷的綜合影響？不過，最近的研究證據顯示，即使不是百分之百，但獵人們的過度捕殺仍舊是最主要的原因。[6]

大約在三萬三千年之後，美洲同樣經歷了類似的事件。狩獵採集者們經過白令陸橋來到美洲，導致許多物種滅絕，包括毛茸茸的猛獁象（mammoth）、乳齒象

（mastodon）、沙斯塔地懶（Shasta ground sloth）、劍齒虎（saber-toothed cat），以及最重要的野馬等等。美洲的大型動物群滅絕似乎是濫捕與氣候變遷相互加成的結果。野馬與猛獁象的滅絕原因，最有可能是人類為了食用而過度獵殺；劍齒虎的滅絕因素則比較間接，可能是因為其獵物被人類捕殺而數量下降所導致；巨大的地懶與乳齒象等其他大型動物的滅絕，人為因素可能較少，主要是由於更新世（Pleistocene）末期氣候驟降（一萬兩千九百至一萬一千七百年前），稱為新仙女木事件（Younger Dryas），此時也是全新世（Holocene）的前夕。

野馬的滅絕對於美洲人的影響極為巨大。[7]因為這代表美洲原住民在接下來的一萬年之間，都無法藉由馬匹獲得運輸與畜力牽引的好處。等到美洲原住民再次見到馬兒的時刻，正是坐在馬背上的歐洲征服者靠岸之時，一切為時已晚。歐洲人帶著壓倒性的強大軍事能力到來，其中便包括了馬匹，另外還有擊潰原住民的舊世界病原體，歐洲人因此能以少量兵力征服數量驚人的美洲原住民。

而且，智人的擴張似乎也造成了尼安德塔人與丹尼索瓦人的滅絕，他們正是與我們血緣最靠近的物種。智人與尼安德塔人在歐洲及亞洲一同生活了大約一萬年，大約是距今四萬至五萬年前。到了約四萬年前，尼安德塔人滅絕，不過確切時間點與背後的原因仍舊成謎：有一說認為為了爭奪領土，智人以武力攻擊尼安德塔人；但也有一派認為，因為智人狩獵採集的能力太強，因而奪去了尼安德塔人的生存所需，生態學家稱此過程為競爭互斥（competitive exclusion）。尼安德塔人擁有已經生存了好幾十萬年的智力與適應力，因此智人得以勝出的特質為何，仍然不明確。不過，原因可能包括語言能力、更好的控火技巧、以及更優秀的合作能力等等。目前還有太多不確定的因素。

不過，我們能夠確定的是，智人與尼安德塔人曾經交配過。尼安德塔人的基因進入了生活在非洲之外的人類基因體中，就是他們與在歐洲與亞洲的智人相遇的證據。現代歐亞大陸人約有二%的基因體承襲自尼安德塔人。同樣地，澳大拉西亞原住民約有五%的基因體遺傳自丹尼索瓦人。西藏人的部分基因也源自丹尼索瓦人，智人顯然也曾在高聳的西藏高原遇見丹尼索瓦人。[8]儘管如此，如今的人屬只剩下一個物種，那便是智人，而我們體內也確實包含著遠祖親戚的血脈。

文化發展加速度

在上一次冰河時期（更新世晚期），智人生活於關係緊密的小型群體中，經濟活動主要以遊牧生活的狩獵採集維生。人口密度勢必非常低，每平方公里可能僅有一人。在漫長的遊牧生活期間，人類社會從大約五萬年前開始有了進展，背後的原因結合了生物演化與文化演變。

研究顯示，舊石器時代中期至晚期，人類的文化發展開始大幅加速。人類學的證據認為此時出現了藝術、語言與宗教習俗，或至少在這些方面有了長足的進展。當時，人類達成的重大成就包括建造營地、庇護地與儲藏坑；繪製洞穴壁畫與岩畫；雕刻雕像；捕魚；開始使用骨頭等新的材料；漸漸發展出不同的工具與裝飾身體的飾品；以及長距離交換珍貴物品。

引發演變的原因仍屬未知且充滿爭議。[9]部分神經科學家推測此時的語言迸現與其他文化突破，依靠的是人類神經解剖方面的生理轉變，換句話說，也就是物種演化。[10]其他科學家則對此結論有所質疑，他們認為舊石器時代晚期的變革本質其實是文化演變，並非生物層面，同時舉了新石器時代另一個類似的例子，也就是下一章會討論的農業變革：新石器革命應是源自文化與生態因素，而非任何人類的生物層面轉變。

無論成因為何，舊石器時代晚期的人類，在語言、藝術與宗教等文化方面皆實現了「現代性」，同時人口也有所增長。但人口與文化轉變可能互為因果：當人口密度變高，可能會增加群體之間為求生而引發的競爭，一旦競爭開始激化，就會加速群體內文化與生物層面的演變，而文化轉變又會引領出許多領域的發展。這之後，人類繼續遷徙至新的區域，包括歐亞大陸遙遠的北方，最後終於越過了白令陸橋（或沿著白令陸橋的太平洋海岸前行），大約在一萬四千至一萬六千年前來到北美洲。[11]

我們可以帶著某種程度的自信說，語言是更新世晚期最偉大的「技術」突破。語言為人類開拓了更為複雜的社交生活，社會發展的集體記憶因此能透過口耳相傳跨越世代；同時，勞力也開始出現分類。簡而言之，群體內部的高度社會化、複雜的文化、知識的進展與跨越世代的知識，自此成為人類物種獨有的特色，而這些都是因為語言才有了發展基礎。

舊石器時代晚期的人類社會

舊石器時代晚期的人類社會對我們而言極具吸引力。因為，了解更多關於人類早期社會的資訊，能幫助我們認識當人類已逐漸習於定居、農耕與現代文化之前，我們物種的核心本質為何。絕大多數的史前歷史都已在深邃的時間跨度中消弭。儘管如此，堅毅的學者們仍依據各式各樣的科學理論（史前人類學、考古學、史前語言學、遺傳學，以及現代狩獵採集社會人類學等），合理判斷出許多舊石器時代晚期狩獵採集社會的關鍵特徵：社群的大小、內部階級架構、對群體內與群體外不同的行為，以及戰爭與和平的狀態。

墓葬的證據、對遺跡進行基因遺傳分析，以及現代狩獵採集社會模式的研究，都認為當時人類社群為階層式架構。其中最小的單位為隊群（band），約包含五十人，聚集於露營地；下一階層為氏族（clan），人數大約是三倍，或約為一百五十人；接著是大型隊群（mega-band），人數同樣大約是三倍，或約為五百人；最後，群體內部規模最大的架構為部落（tribe），人口一樣是三倍，包含一千五百人。部分學者認為氏族的規模約一百五十人左右，反映了人類的認知會因為緊密群體的大小而有所限制。即使到了今日，商業團隊與緊密社交網絡的規模，也大致相同。而現代狩獵採集與古代基因體紀錄（位於俄羅斯的索米爾〔Sunghir〕遺址就是一個代表）等證據顯示，氏族內會建立範圍較廣的社交與交配網絡，以避免近親交配。[12]

相關證據顯示，現代狩獵採集社會為平等性社交結構，不像黑猩猩等其他靈長類物種，存有強烈的雄性優勢與從屬階層。赫伯特．金提斯（Herbert Gintis）等認為此現象背後有兩個主要因素，其一是氏族內的合作帶有相當鮮明的優點，包括狩獵、烹煮食物、分享食物與育兒；其二則是致命的狩獵武器相當普遍，因此，氏族成員能以武器反抗任何想要統治支配氏族之人。[13]這種來自下層的平等主義（反抗威權）被稱為「反向優勢階層」（reverse dominance hierarchy）。領袖的角色依舊相當重要，但他們顯然必須透過影響力與實力才能贏得地位，而非倚靠殘暴的武力。以此觀點而言，平等主義最終將在定居社會中被階層社會結構取代，因為當國家累積了足夠力量，便能以武力強迫實行不平等制度。

就像威爾森強調的，狩獵採集社會內部強大的合作能力，搭配的是針對群體外部極端暴力的潛力。狩獵採集群體在不同部落之間維持著和平與合作網絡，不過一旦遇到必須保衛領土的時候，就會以極其暴力的方式對抗外部群體。當時的戰爭並非經過計畫發動，而是群體受威脅產生的對外因應。在這種情況之下，認同政治（identity politics，自認屬於一群體，並會起而反抗其他群體）是深植人類本性的一部分。

舊石器時代的一些教誨

對整體人類歷史而言，舊石器時代為形塑時期。此時，人類從非洲向外擴散至世界各處，創造了第一批文化，發明了語言的使用，同時形成了部落，並且強化了對自然的掌控能力，不僅增進了狩獵技巧、提升了工具製造技術，同時也發展出藝術領域。人類適應了極為多變的棲居地與氣候區，並且在遷徙的路上帶著自己的發明（此處指技術與制度）。儘管證據有限，然而早期社會很有可能是平等性的，而非階級式的。再者，相互競爭的群體之間會爆發戰爭，但合作模式遍及狩獵採集部落之間。

整體而言，舊石器時代給了現今一些教訓，甚至可以說是警告。我們曾認為，人類本性是能與大自然和諧且永續地相處，一切都是因為資本主義才造成了種種環境危機；但舊石器時代幫我們戳破了這般令人寬慰卻過時的想像。我們現在知道，即使是狩獵採集者都有能力造成大規模的環境劇變，同時進一步造成自身的災禍。當人類在五萬年前進入大洋洲、或是在大約一萬年前遷徙至美洲時，都造成了大量陸地動物滅絕。人類同樣很有可能造成了與自己血緣關係最親近的尼安德塔人之滅絕，無論是透過直接的征戰、或是使其食物與庇護地資源缺乏而競爭互斥。我們是自己最可怕的敵人，或至少是血緣表親最恐怖的夢魘。環境永續與各文化之間的和平共處，可能並非深埋於我們的天性之中；但是，我們必須利用理性思考與預想未來的能力，建立這般理想。

註釋

1 舊石器時代的開端從人屬首次使用石器起算，大約是三百三十萬年前，一直到上一次冰期在更新世尾聲為止，時間約為一萬一千七百年前。舊石器時代又分為舊石器時代早期（約二十萬年前）、舊石器時代中期（約二十萬至五萬年前）與舊石器時代晚期（約五萬至一萬一千七百年前）。解剖學定義上的現代人的出現時間，依舊是一項充滿爭議且不確定的議題。近來發表的文章認為，以基因證據顯示現代人的誕生應為二十萬年前。參見E. K. F. Chan, A. Timmermann, B. F. Baldi, et al. "Human Origins in a Southern African Palaeo-Wetland and First Migrations." *Nature* 575 (2019)。

2 Edward O. Wilson, *Genesis: The Deep Origin of Societies* (New York: Liveright, 2019)。

3 Israel Hershkovitz, Gerhard W. Weber, Rolf Quam, Mathieu Duval, Rainer Grun, Leslie Kinsley, et al., "The Earliest Modern Humans Outside Africa," *Science* 359, no. 6374 (2018): 456–59。

4 B. M. Henn, L. L. Cavalli-Sforza, and M. W. Feldman, "The Great Human Expansion," *Proceedings of the National Academy of Sciences* 109, no. 44 (2012): 17758–64。

5 James F. O'Connell, Jim Allen, Martin A. J. Williams, Alan N. Williams, Chris S. M. Turney, Nigel A. Spooner, et al., "When Did *Homo sapiens* First Reach Southeast Asia and Sahul?," *Proceedings of the National Academy of Sciences* 115, no. 34 (2018): 8482–90。

6 關於此爭議的近期證據，可參見Sander van der Kaars, Gifford H. Miller, Chris S. M. Turney, et al., "Humans Rather Than Climate the Primary Cause of Pleistocene Megafaunal Extinction in Australia," *Nature Communications* 8, January 20, 2017。

7 Pita Kelekna, "The Politico-Economic Impact of the Horse on Old World Cultures: An Overview," *Sino-Platonic Papers*, no. 190 (June 2009)。

8 關於現已適應高海拔環境的西藏人，其基因變異版本源自丹尼索瓦人的可能，可參見Emilia Huerta-Sanchez, Xin Jin, Rasmus Nielsen, et al., "Altitude Adaptation in Tibetans Caused by Introgression of Denisovan-like DNA," *Nature* 512 (2014), 194–197。

9 關於此爭議的研究，可參見Ofer Bar-Yosef, "The Upper Paleolithic Revolution," *Annual Review of Anthropology* 31, no. 1 (2002): 363–93。

10 關於人類大腦構造可能在舊石器時代中期至晚期交界持續演化的研究為Simon Neubauer, Jean-Jacques Hublin, and Philipp Gunz, "The Evolution of Modern Human Brain Shape," *Science Advances* 4, no. 1 (2018)。

11 關於最早從亞洲遷徙至北美洲的時間與方式，依舊有許多不確定性與激烈的爭辯。包括時間、遷徙批次的數量，現在甚至出現了路線是從陸路移入（長期以來的臆測），或是駕船沿著海岸線到來的爭議。關於早期遷徙者取道海岸水路的研究，參見Loren G. Davis et al., "Late Upper Paleolithic occupation at Cooper's Ferry, Idaho, USA, ~16,000 years ago," *Science* 365, no. 6456 (2019): 891–897。

12 Martin Sikora, Andaine Seguin-Orlando, Vitor C. Sousa, Anders Albrechtsen, Thorfinn Korneliussen, Amy Ko, et al., "Ancient Genomes Show Social and Reproductive Behavior of Early Upper Paleolithic Foragers," *Science* 358, no. 6363 (2017): 659–62。

13 H. Gintis, C. van Schaik, and C. Boehm, "Zoon Politikon: The Evolutionary Origins of Human Socio-Political Systems," *Behavioural Processes* 161 (2019): 17–30。

Chapter 3

新石器時代

（西元前一萬～前三千年）

智人從非洲開始的大遷徙、以及跨越整座星球的移居，在人類以散居村落作為永久居住地時告終，此時亦是新石器革命（意即約一萬一千年前開始出現的農耕活動）的誕生。剛開始，僅有少數人類以耕作永久作物維生，但隨著時間演進，越來越多人類拋棄了原本狩獵採集的遊牧生活，選擇定居一地並務農。因此，新石器時代可謂是農耕全球化時代。

在西亞發明農耕之前，當地人類先在大約一萬四千五百年前開始進入定居生活。這樣的轉變是因為更新世末期與進入全新世之際，氣候開始變暖。氣溫的提升讓食物變得更容易取得，地中海東岸的人類也因此在進入農耕生活之前，便建立了永久的居住地。同時人口開始增加。不過，也曾有部分地區一度放棄了定居生活，那就是最後一波驟寒的新仙女木事件，時間約是在冰河時期進入尾聲之前，以及即將跨入全新世之際，約為一萬一千六百年前。

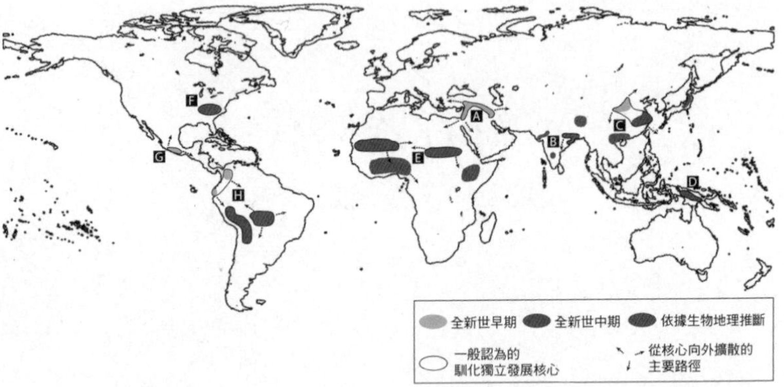

圖3.1　農耕活動的起源

資料來源：Greger Larson, Dolores R. Piperno, Robin G. Allaby, Michael D. Purugganan, Leif Andersson, Manuel Arroyo-Kalin, Loukas Barton, et al. "Current Perspectives and the Future of Domestication Studies." *Proceedings of the National Academy of Sciences* 111, no. 17 (2014): 6139-46. doi: 10.1073/pnas.1323964111.

圖3.1的綠色區塊就是農耕活動首次現身之處，紫色則是農耕稍晚出現的地區，接著是褐色（依據生物地理所推斷的早期農耕活動區）。[1]我們知道，農耕是在世界不同棲居地各自獨立衍生。農耕需要了解如何從特定野生植物物種（主要為禾本科）挑選種子，而這需要一段發展時間，此後，人類才得以耕種作物，不再是從前僅能單純採集植物果實。

農耕活動在短短數千年之間於許多地區各自出現，時間大約與冰河時期的結束吻合。歐亞大陸有兩個早期主要農耕發展地點：第一處是肥沃月灣（Fertile Crescent），大約從埃及的尼羅河延伸至今日的伊拉克，而小麥種植的發源地最有可能是土耳其的東南部；第二處則是中國的黃河與長江流域盆地，人類開始在靠近北方的地區種植小米，南方則耕作米。美洲地區的農耕活動則是在今日的墨西哥出現，主要種植玉米，以及在安地斯山高地開始耕種馬鈴薯。其他早期農耕發展起源地則包括恆河盆地、爪哇的島嶼（如今的印尼），以及幾個位於非洲與美洲的地點。

不過，根據考古學與人類學的證據顯示，農耕活動其實藏了一項有悖常理的謎團，那就是狩獵採集者似乎能得到較好的營養、較多元的飲食、較少疾病、同時繁重勞力的工作也比較少，甚至較同一時期的農耕家庭長壽。[2]比起早期農耕生活之人，遊牧生活的人們擁有高壯的身材；而早期農耕者會面臨疾病重擔、繁重的工作量與較短的壽命，兩者相比，遊牧生活其實較占優勢。那為何遊牧生活的優點如此明確，定居的農耕生活最終卻能勝出呢？

也許從遊牧與農耕生活的人口統計狀態能看出端倪。遊牧生活者僅占有非常低的人口密度，而農耕生活者在單位面積內能包含更多數量。畢竟，農耕是將自然生態系統轉換為人為生態系統，其設計是讓單位面積能夠產出更多食物。當人類入侵當地物種的棲息地，即使這些物種並非人類食物，或者也不會與人類爭奪糧食或牲畜，但因這些物種無法於農場耕作，依舊難逃敗北的命運。假如農耕村落能以一平方公里養活十人，而遊牧生活一平方公里僅能餵養一人，很明顯地，農耕社群便能夠迫使遊牧生活的狩獵採集者離開原本的領地。當然，這正是世界各地一直在發生的歷史，農業社群不斷以武力入侵狩獵採集者的領土，而狩獵採集者（例如北美大平原的美洲原住民）亦不斷地目睹自己被迫生活在越來越狹小的區域。

然而在此過程中，農耕群體必須降低生活水準的標準，也許就如聖經的描述，「被逐出伊甸園」，原本在花園悠閒的採集生活，變成了必須在田地裡不斷辛勤勞動。上帝在懲罰亞當與夏娃吃下智慧之樹的果實時，曾說：「直到汗流滿面，你才能享用麵包，直到從土而出的你，歸回土壤。」

如果狩獵採集真的比農耕生活更好，為何人類不從農耕活動重返狩獵採集的遊牧生活呢？最合理的推測便是早期農耕定居者掉進了無法回頭的人口陷阱。打個比方來說：假設第一代的農人因農耕得到了良好的收穫，相較於一天花四小時進行狩獵採集而獲得兩千大卡，農人可能會選擇一天花費四小時務農而獲得三千大卡，在這個假設裡，每位農人必須耕作大約兩公頃的田地。但是，能攝取較高熱量的定居生活，其生育率將相對提高，嬰兒的死亡率同時也將降低。此時，人口數會成為兩倍，而每一戶人家的每一名後代將分到一公頃的田地。現在，第二代農人每天可能必須花六小時農作，並從一公頃的田地裡獲得勉強糊口的一千八百大卡，此情形已比狩獵採集生活更加勞累，而且飲食狀態更差。

然而，在這個例子中，農人已經無法重返狩獵採集的遊牧生活，因為當地的生態系統不可能負擔數量為兩倍的狩獵採集者。第二代農人必須為了生存而農耕。儘管遊牧生活條件比農耕生活優異，但它已經變成一種神話或回憶。人口增加使得伊甸園變成了再也回不去的地方。農耕活動的確幫助了第一代農人，但是，其子孫則代代受到詛咒，必須付出更大的努力，獲得更少的回報。而且，當農耕定居生活的人口持續增加，農耕社群勢必得繼續入侵狩獵採集者原有的領土。

不過，農耕者也並非全盤皆輸。人口密集的定居村落最終仍獲得了其特有的回報。大型社群的定居生活為接下來的種種新技術做好準備，包括冶金、藝術、紀錄保存、製陶，以及書寫（首先是楔形文字，接著是圖像文字，最後是字母文字）。定居生活如同設下了一連串內生成長（endogenous growth）的連鎖反應，知識不斷地擴張，同時伴隨著人口不停地增長。一段時間過後，也許是一千年，農耕定居的生活水準終於超越了狩獵採集群體，而且是在人口大規模擴張的情形之下。根據HYDE 3.1計畫的人口估計，歐亞大陸的人口從大約西元前一萬年的兩百萬人，在西元前五千年成長到一千五百萬人，而西元前兩千年達到六千萬人，到了西元一年時已經是驚人的一億六千五百萬人。[3]定居生活帶來的大量食物與其他產物，讓人類在短短大約一萬年之間，數量躍升百倍。

農耕成功之後，農田開始逐漸向外蔓延到其他地區，千年來擴大從未停歇。即使到了今日，農耕社會依舊持續不停，擠壓如今仍進行狩獵採集生活的土地。另外，還有一項關於農耕的重要爭議：農耕土地的擴張是透過其他地區的模仿？還是源自農耕人口向外遷移，進而取代了原本的狩獵採集地區？

歐洲的狀態似乎比較像是後者。目前的證據顯示，早期源自安納托利亞（Anatolia）的農耕者在大約西元前六千年遷徙至西歐時，大量取代了當地原本的狩獵採集者。而歐洲考古遺跡的早期農人基因分析也支持這項說法（這些農人的基因遠遠更接近安納托利亞的早期農人）。[4]此取代過程可能是直接透過戰爭，或間接地源於安納托利亞人與其牲畜帶來的病原體；成長過程從未遇過這些疾病的當地狩獵採集者，很可能不具備任何免疫能力。

然而，人類族群演變的故事並未到此結束。根據基因分析，歐洲之後又經歷第二次大規模的族群變化。

大約西元前三千年，來自歐亞大草原的顏那亞人（Yamnaya）騎著馬匹到來，他們似乎再度取代了當地高比例的人口。這些來自大草原且為數不多的放牧者，如何能夠取代歐洲當地大量的農耕定居者？謎團尚未解開。不過，最近找到了一項可能的解答：基因紀錄顯示，顏那亞人身上可能帶著耶氏鼠疫桿菌（*Yersinia pestis*）。[5]

西元前三千年，世界各大陸（除了南極洲外）都布滿了小型農耕社群。當時地球絕大多數的人口皆居住於這些範圍狹小的村莊裡。此時開始出現技術學習，而創新的技術也漸漸向外擴散，例如製陶、早期冶金學、作物種植、牲畜馴化，以及文化與宗教的實踐。人們以雙足、馬車或船隻進行遠距離的旅行；不過，長距離的貿易此時還十分有限，長距離的技術傳播也必須花上數世紀或數千年才會發生，而非數年或數十年。

在生態區傳播的農耕活動

農耕技術的傳播受到地理影響極大，因為各種作物擁有各自特定的生態區。例如小麥就只能在冷涼地區種植，無法在熱帶地區生長；米在副熱帶地區生長得尤其繁茂，特別是在季風環境下淡水資源豐沛的泛濫平原；進行四碳光合作用（C4 photosynthesis）的玉米剛開始則被視為副熱帶穀物。在這些生態棲位（ecological niche）的限制之下，農耕技術將進一步透過農人的遷徙、作物品種的散布與仿效等方式向外傳播。

早期農耕活動會依據農耕技術能散布的區域，在生態區內擴散。歐亞大陸的東西軸線共享了農耕生產潛力的最大鄰接區，其中，小麥生長帶延伸長達上萬公里，從大西洋沿岸的葡萄牙，一路到彼端太平洋海岸的中國。

經濟歷史學者賈德．戴蒙（Jared Diamond），曾在其著作《槍炮、病菌與鋼鐵》（*Guns, Germs, and Steel*）強調歐亞大陸綿長的東西軸線，十分有利於各種技術在生態區內的傳播。[6] 最早出現在肥沃月灣（現今的土耳其、伊拉克與地中海東部）的小麥，分別向東西兩方擴散至歐洲與亞洲。馴化馬匹的技術首先誕生於東歐大草原（Pontic-Caspian，包括黑海，以及高加索〔Caucasus〕的裏海〔Caspian Sea〕北部），隨後傳播至西方的歐洲與東邊的中國。地中海盆地則匯集了各個物種的共同生態區，包括小麥、橄欖、釀酒葡萄、馬、驢，以及其他羅馬、拜占庭、鄂圖曼帝國與穆斯林哈里發王朝（Muslim caliphates）需要的牲畜。

美洲與非洲的情況則相反，其地形主要為南北軸線，技術突破的傳播必須跨越生態區，因此較為困難。例如南美安地斯山區的駱馬（llama）與羊駝（alpaca），在歐洲征服者於一五〇〇年來到美洲前，這些駱駝科的動物是美洲在野馬滅絕之後唯一的馱畜。然而，因為生態區範圍有限，這些動物並沒有擴散至安地斯山脈之外，使得安地斯山高地無法發展出以動物為基礎的快速運輸系統。

歐亞大陸的早期沖積文明

歐亞大陸早期的五大農耕區，對整體人類產生了技術、制度、文化與管理等面向的長遠影響，分別為古埃及、美索不達米亞、印度河、黃河與長江。這些早期文明都有共同相似的基礎：它們都奠立於沖積地區的農耕活動，河川盆地的肥沃土壤每年都會接收季節性洪水帶來的表土與養分補充。除了豐腴的土壤，這些流域也有其他像是運輸、灌溉與防禦等優勢，因此孕育了世界第一座城邦，緊接著更發展出帝國。[7]在美洲，類似的發展也順著祕魯安地斯山脈與中美洲的河流逐漸發展成形。

埃及與歐亞大陸的流域文明擁有相當顯著的共同特色，它們都在西元前五千年至前三千年崛起並茁壯。在埃及、印度河谷與黃河流域，這些河川都流經乾燥氣候區，是農耕灌溉不可或缺的要素；這些河川也都必須倚靠每年的季風降雨，而季風的長期變遷模型則取決於地球軌道的變化，因此影響了流域文明長期的繁盛或衰退。[8]

五大流域文明在食物、運輸與牽引方面，皆有使用馴化動物（反觀美洲，安地斯文明倚靠南美洲駱駝、駱馬與羊駝為馱畜，而中美洲則缺乏任何能夠負重或牽引的大型動物），古埃及的馴化驢早在西元前五千年就擔了負重作用，負責在尼羅河與紅海之間的沙漠運輸貨物，而牛則用於牽引。位於底格里斯河與幼發拉底河之間的美索不達米亞，在大約西元前三千年孕育了阿卡德（Akkadia）與亞述古文明，他們同樣使用驢與牛等動物負重。同時，這些文明都發展出在河上航行的帆船，也都建立了灌溉與防治洪水的方式，這種水資源管理等相關先進科技，讓他們獲得了「水力文明」（hydraulic civilizations）的稱謂。

這些文明也發明了書寫模式，也就是現代書寫系統的前身。美索不達米亞最古老的書寫系統，可回溯至西元前三千五百年使用的象形文字（pictographs，或譯圖像文字），並接著在西元前兩千五百年歷經重大突破，發展成楔形文字。尼羅河的象形文字（hieroglyphics）發展起點大約是西元前三千一百年，可能受到蘇美人（Sumerian）的書寫影響，也可能是獨立發展。蘇美的楔形文字與埃及的象形文字，皆影響了後來的腓尼基人（Phoenician）的書寫系統，之後並轉換成希臘的字母文字；此為史上第一套擁有母音與子音符號的字母文字。漢字則可以追溯至大約西元前兩千年，此時期的商朝統治了部分黃河與長江流域。在美洲，馬雅文字的出現則更為近代，最早的銘文定年時間大約是西元前三百年。

若要論地理環境在經濟發展中的重要性，流域文明可說是鮮活又明確的例子。這些河流具備多重不可或缺的功能，包括土壤補充、灌溉與淡水管理、水源養分、船隻運輸與軍事防禦。河流讓文明在初期發展階段便達到了驚人的人口成長與密集度，許多城邦皆達到七百萬人。接著，支撐大量人口的高產量農耕，也讓勞力有了精緻的分工，發展出書寫系統，科學知識也同時應運而生（數學、天文學、冶金學、農學），還有管理大量人口的新制度。

幸運緯度

歐亞大陸的東西軸線跨幅廣闊，且位於溫帶氣候區，因此在人類歷史中一直享有獨特的地位。儘管某些地區為沙漠區且幾乎渺無人煙、某些地區則位於遙遠的北方，是終年冰霜的凍原，人口稀少並以豢養馴鹿為生；但是，歐亞大陸絕大部分的人口生活在緯度位於副熱帶的帶狀區、被伊安・摩里士（Ian Morris）等歷史學家稱為「幸運緯度」（lucky latitudes）的氣候帶。[9]此地幸運之處就在於，這裡是人類最偉大技術與經濟進程的發源地。我將幸運緯度定為北緯二十五至四十五度之間，參見圖3.2。

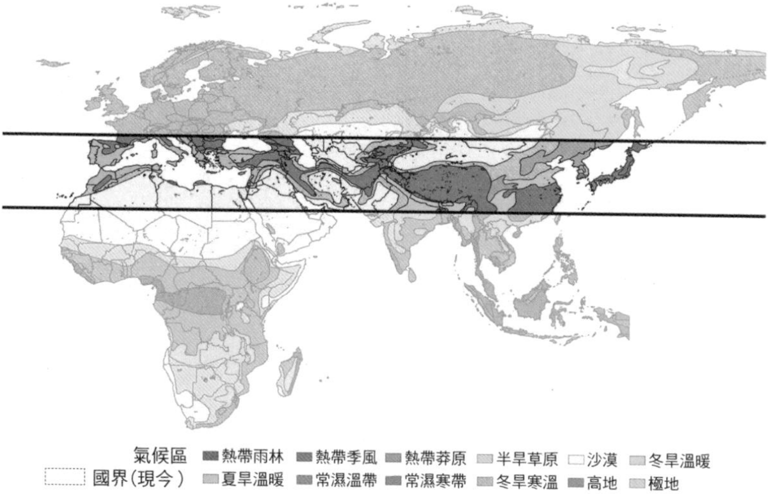

圖 3.2　幸運緯度與氣候帶

幸運緯度雖僅占舊世界陸地面積二十八%，但長久以來一直生活著高比例的人口數。

一〇〇年，幸運緯度住著舊世界六十四%的人口。歐洲的幸運緯度面積占三十%，但它是約四十八%歐洲人的家鄉；非洲的幸運緯度占十四%的陸地面積，住著當地大約五十二%的人口；亞洲的幸運緯度占陸地面積五十八%，卻是當地七十一%人口的家鄉[10]（實際數據請見附錄）。

值得注意的是，今日美國絕大多數的土地都位於幸運緯度。但是，我們曾提過，北美洲在經濟歷史中並非總是如同歐亞大陸般幸運。在長達約一萬年之間，美洲都被隔絕在歐亞大陸的技術發展之外，直到美洲與舊世界因一五〇〇年的貿易與移民，才再度聚首。自此，北美洲展開迅速且驚人的經濟發展，而其背後是征服者殘忍的征戰，以及美洲原住民的大規模滅絕。

歐亞大陸的幸運緯度不僅迸現了無數的創新，這些創新更順著綿長的東西軸線不斷擴散。幸運緯度擁有相對宜人的氣候、運輸路線，同時鮮少或沒有熱帶蟲媒傳染病（如瘧疾）；不過，此處曾短暫出現廣布全區的黑死病。歐亞大陸的幸運緯度也長期共享著相同的作物、馬匹運輸、地中海與印度洋的帆船、印歐語系、人口的長距離遷移、知識的流通，以及遠距離陸上貿易（從西方的歐洲一路延伸至東邊中國的海岸，長達一萬公里的遙遠路途）。

在美洲，高人口密度與較好的技術發展，主要集中在赤道附近，從墨西哥谷（Valley of Mexico）穿過中美洲，再到南美洲的安地斯山脈。這些區域是奧爾梅克（Olmecs）、馬雅、托爾特克（Toltecs）、阿茲特克（Aztecs）與安地斯山印加（Incas）等文明的發源地。這些文明在農耕、製造石器、天文、曆法與書寫系統等方面皆創造了驚人的發展，但他們依舊遠遠落後於同時代歐亞大陸的幸運緯度地區。美洲文明的確有書寫系統，但並非字母系統；再者，除了安地斯高地的駱馬之外，也缺乏牽引牲畜，也未使用輪車，同時比歐亞大陸更晚接觸冶金學。

歐亞大陸的幸運緯度區之所以適合動物畜牧與作物生產，必須感謝恰到好處的氣候：不會太冷（不像接近極區的高緯度），也不會太熱（不似赤道的熱帶）。中緯度地區的生長季，其時間足以支持高產量作物，同時也有足夠寒冷的冬季以阻絕瘧疾等蟲媒傳染病。幸運緯度雖然一樣擁有季節性的瘧疾傳播，但不像熱帶非洲必須承擔終年侵擾的重擔。再者，歐亞大陸也無須面對限縮於非洲與拉丁美洲熱帶地區的錐蟲病（在美洲當地稱為查加斯氏病〔Chagas disease〕，會導致人類與馴化動物死亡）。

幸運緯度是早期技術創新與技術被長距離傳播的區域。而出現在西元前三千年的技術，包括了冶金學（正值銅器時代〔Copper Age〕，且青銅器時代正要展開）；書寫模式如埃及的象形文字、美索不達米亞的楔形文字前身、與中國早期的象形文字；動物畜牧；驢與馬的馴化；製陶；葡萄種植（早在西元前五千年的高加索區域便產生，也就是今日的喬治亞）；甚至是輪子與戰車。這些技術進展超越了同時期的美洲、大洋洲與非洲以南的撒哈拉，而它們的創新技術在相當晚期才開始發展，或是自幸運緯度傳播才獲得。

不過，也並非全部的幸運緯度都得到了相同的庇佑。我們可以從上頁的圖3.2看到，幸運緯度的西部（歐洲）與東部（中國）兩端均為溫帶氣候區，但中間的西亞至中亞一帶則屬於旱地。西亞與中亞的波斯、蒙古與帖木兒帝國，都是人口密度較低的草原帝國（但擁有大量馬匹與廣大放牧區）；而羅馬與中國漢朝等溫帶氣候區的帝國，人口更為稠密，大致而言也擁有更活躍的技術發展。

有趣的是，幸運緯度的運氣一路維持不墜，甚至延續到了過去兩個世紀的石化燃料時代。由於純粹的地質好運，幸運緯度也蘊藏了煤礦等主要地質資源：大約在一億年前，今日幸運緯度的區域大部分都是熱帶沼澤地，植物與動物遺骸沒入沼澤，並在漫長的地質年代後轉化成為煤礦，最終成為工業革命的燃料。

新石器時代的一些教誨

運氣很重要。在許多遠古語言中，「快樂」一詞常常等同於「運氣」或「幸運」。有時，成功的關鍵就是在對的時間處於對的位置，而這點在新石器時代至關重要。早期農耕活動倚靠豐沃的沖積平原、以及能夠耕種的作物，與能馴化的牲畜。歐亞大陸的幸運緯度地區擁有寬廣的東西軸線，代表此地蘊藏能夠進行創新發展與傳播的廣大區域，得以孕生文明，並在下一段全球化時代建立國家的前身。美洲一樣擁有幸運緯度地區，例如中美洲，以及今日祕魯的安地斯山海岸線一帶。不過，美洲的壞運在於，舊世界的種種技術發展並沒有傳播到此地；再者，這兒缺乏關鍵的資源，例如驢與馬等大型馴化動物，而這正是長期經濟發展的樞紐。非洲的情況也極為不利，遼闊的撒哈拉沙漠截斷了與歐亞大陸交流的機會，同時必須承受對於人類與牲畜而言都異常嚴峻的疾病環境。

註釋

1 Dolores R. Piperno, "A Model of Agricultural Origins," *Nature Human Behaviour* 2, no. 7 (2018): 446–47。

2 關於轉換至農耕生活所經歷的生活標準與健康狀態改變，可參見近期的研究Alison A Macintosh, Ron Pinhasi, and Jay T Stock. "Early Life Conditions and Physiological Stress Following the Transition to Farming in Central/Southeast Europe: Skeletal Growth Impairment and 6000 Years of Gradual Recovery," *PloS one* 11, no. 2 (2016): e0148468。

3 Kees Klein Goldewijk, Arthur Beusen, and Peter Janssen, "Long-Term Dynamic Modeling of Global Population and Built-up Area in a Spatially Explicit Way: HYDE 3.1," *Holocene* 20, no. 4 (2010): 565–73。

4 David Reich, *Who We Are and How We Got Here* (New York: Random House, 2018), 100。

5 Reich, *Who We Are and How We Got Here*, 113。

6 Jared Diamond, *Guns, Germs, and Steel* (New York: Norton, 1997), xx。

7 關於早期沖積平原社群獨特的地理、政治與社交特色，請參見這本頗具影響力的書籍Karl S. Wittfogel's *Oriental Despotism: a Comparative Study of Total Power* (New Haven, CT: Yale University Press, 1957)。魏復古（Karl S. Wittfogel）認為，為求控制河流洪水與灌溉等主要公共建設的需求，導致強大且專制的國家崛起。此論點引來許多支持，同時也有不少批評其過度推論。

8 關於河流長期模式與帶來的意義，可參見這篇文章Mark G. Macklin and John Lewin, "The Rivers of Civilization," *Quaternary Science Reviews* 114 (2015): 228–44。

9 參見Ian Morris, *Why the West Rules—For Now: The Patterns of History, and What They Reveal About the Future* (New York: Picador, 2011).（編註：伊安．摩里士認為，幸運緯度位於歐亞大陸的北緯二十度至三十五度之間，美洲大陸的北緯十五度到二十度之間。當一萬兩千年前結束最後一個冰河期後，這些地區的環境條件對於文明的崛起是有利的。）

10 舊世界幸運緯度陸地總面積為兩千三百四十萬平方公里。以下為各大陸分配到的面積比例：非洲一八．一%；亞洲六六．二%；獨立國協九．四%；歐洲六．四%。幸運緯度的氣候與人口請參見附錄。

Chapter 4

馬背時代

（西元前三千～前一千年）

身為鄰接區的歐亞大陸一直是絕大多數人類的家鄉，長久以來，此地享受著規模經濟、長距離貿易，以及技術創新與傳播等優勢。在至少五千年之間，馬匹於歐亞大陸的發展中扮演著關鍵性的角色，提供了絕佳的運輸服務、農耕馬力、軍事力、迅捷的溝通，以及統一國家與掌管大片土地的能力。這就是為何大約五千五百年前，馴化馬讓歐亞大陸的第一個帝國現身，也因此，我將第三個全球化時代命名為「馬背時代」。

我們能以亞洲大草原為起點了解這個全球化的時代，地點就位於幸運緯度北方的帶狀草原區（見圖4.1，頁九十）。這些遼闊的草原包括歐亞大陸西部大草原，橫跨了黑海海岸北部、高加索山脈、今日的哈薩克（Kazakhstan）與烏茲別克（Uzbekistan）；以及歐亞大陸東部大草原，尤其是蒙古與中國北方，其中包括新疆、內蒙古與部分中

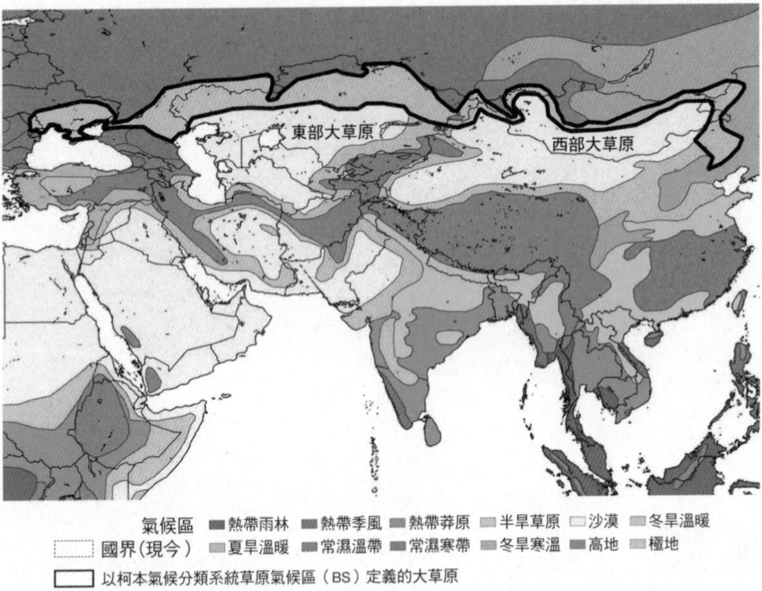

圖 4.1　歐亞大陸大草原區

國東北。這些草原被畫入為半旱草原氣候區（BS），雖然是半乾旱氣候，但並非沙漠。半旱草原氣候區約占歐亞大陸面積的十．八％，也是較多人口的家鄉，在西元前三千年約占歐亞大陸總人口的一五．一％，西元前一千年則為一四．五％。

大草原提供了大量的能量（青草），同時氣候也適合馬匹生存，而馬匹在人類歷史中扮演了重要的運輸工具。在鋪面道路出現之前，大草原猶如連結歐亞大陸的長距離高速公路，而馬車對於古帝國而言，就像是汽車、貨車、鐵路與坦克的綜合體。若想要在陸地進行貿易、通信、戰事與探索等高速移動，馬車也是唯一選項。

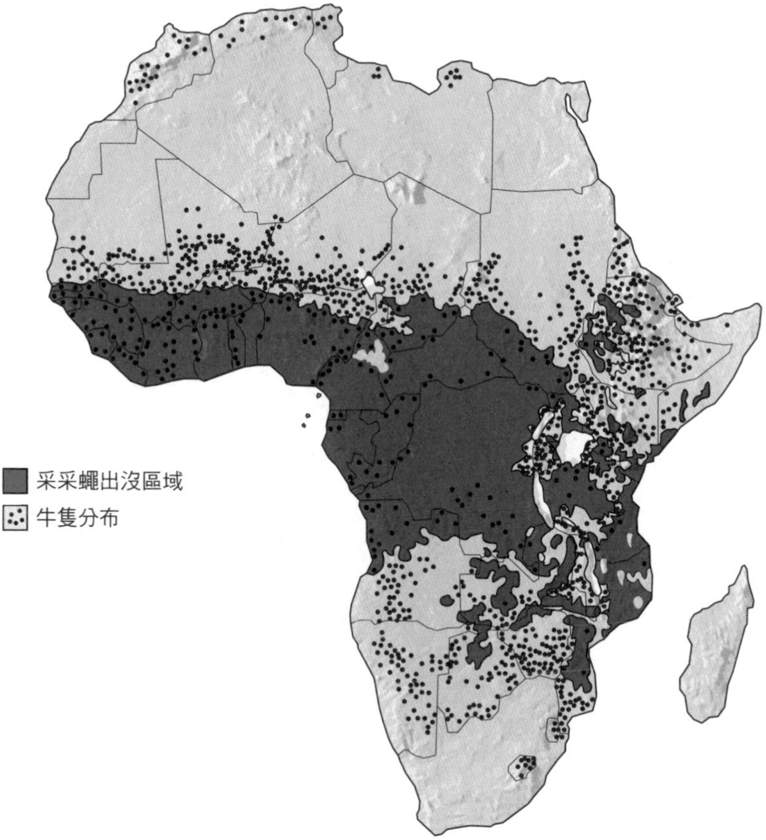

圖 4.2　非洲采采蠅出沒區域

資料來源：Food and Agriculture Organization of the United Nations, 1998, G. Uilenberg, A field guide for The Diagnosis, Treatment and Prevention of African Animal Trypanosomosis, www.fao.org/3/X0413E/X0413E00.htm#TOC. Reproduced with permission.

動物的馴化

在了解馬兒的重要性之前，讓我們先從動物的馴化開始討論。動物馴化是一段長期且複雜的過程，起點就是舊石器時代的狗兒馴化（發生於一萬五千年前的中國），並持續到新石器時代，中間橫跨了數千年。考古學證據顯示，山羊、綿羊與牛等反芻動物大約是在西元前一萬至前八千年於亞洲西南部被馴化；驢從非洲野驢（African wild ass）馴化而來，時間大約是西元前五千年，地點位於埃及；單峰駱駝在大約西元前四千年於阿拉伯被馴化，而駱駝（駱馬與羊駝）則是在差不多的時間點於安地斯山高地被馴化；馬則是在更晚的新石器時代被馴化，時間大約是西元前三千五百年，地點跨越了黑海北海岸、高加索北部與哈薩克西部的歐亞大陸西部大草原。[1]

驚人的是，動物馴化幾乎僅發生在歐亞大陸與北非。沒有任何大型家畜是在熱帶非洲被馴化的。而非洲的有蹄類動物，包括羚羊與斑馬，始終拒絕被馴化。馴化的山羊與綿羊是從亞洲東南部進入非洲的，而馬是由歐亞大陸西部大草原進入，牛是由亞洲西南部，單峰駱駝則是源自阿拉伯半島，而馴化驢來自北非。

一般而言，非洲的熱帶環境對於許多家畜的生存都極為艱困。在西非與中非的采采蠅盛行帶（見上頁圖4.2），牛、綿羊、山羊、豬、馬與驢對於錐蟲病幾乎沒有防備。其他疾病尚包括壁蝨東岸熱（tick borne east coast fever），是由原生動物病原體水泰勒原蟲（*Theileria parva*）所引發的；馬焦蟲症（equine piroplasmosis）也是由壁蝨傳疫；非洲馬疫（African Horse Sickness）則明顯經由昆蟲傳染。不過，能成功適應熱帶非洲環境的馴化動物也不少，而且許多非洲地區也進行了農耕與畜牧混合農業長達數千年的時間。儘管如此，長期以來仍有相當廣大的熱帶非洲地區，生活中都缺乏馬、驢等負重與牽引動物。[2]

美洲的情形又更戲劇化。絕大多數的馴化動物都是在哥倫布大交換之後才進入新世界——一四九二年，家畜跟著歐洲征服者來到此地。當時北美洲的狩獵採集者早已將當地的野馬（*Equus occidentalis*）與其他大型動物群（如猛獁象與劍齒虎）殺盡。[3]而生存下來並有機會成為馴化動物的候選成員，包括位於安地斯山高地的駱駝物種（駱馬與羊駝）、兩種鳥類（火雞與番鴨〔Muscovy duck〕）與天竺鼠。而除了擁有駱馬與羊駝的安地斯山脈，美洲人過著超過一萬年沒有大型馴化動物協助負重與牽引的日子，再者，也少了馬匹進行長距離的運輸與溝通。因此，野馬的滅絕是美洲文明災難等級的損失。

驢與馬的馴化

對於經濟發展與全球化而言，馬匹擁有不可動搖的地位。唯有馬，才能提供足夠的速度、耐久度、力量與智力，讓所有經濟層面皆能得到突破，包括農耕、畜牧、採礦、製造、運輸、溝

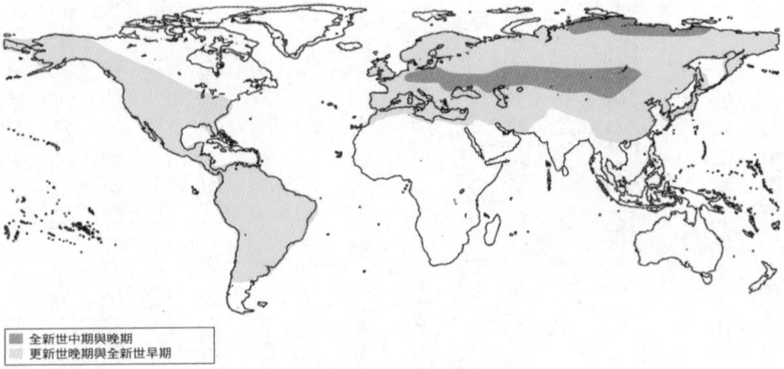

圖4.3　野馬在世界上的分布（更新世晚期至全新世早期）

資料來源：Pernille Johansen Naundrup and Jens-Christian Svenning, "A Geographic Assessment of the Global Scope for Rewilding with Wild-Living Horses (Equus ferus)," PLoS ONE 10(7): https://doi.org/10.1371/journal.pone.0132359

通、戰事與統治。世界上缺乏馬力的地區發展都較為遲滯，且通常會被騎在馬背上的戰士征服。此古老傳統不斷地在東亞、南亞、西亞、歐洲、非洲與美洲上演。

馬是馬屬的亞屬之一，其他還包括非洲野驢、亞洲野驢（onager）、西藏野馬（kiang）與幾個斑馬的亞屬。更新世晚期馬的原生地的分布，可見圖4.3，主要於美洲與歐亞大陸，還有南亞、阿拉伯半島與東南亞。而非洲僅有極北的一小塊區域才出現馬，也就是撒哈拉北方的小型溫帶氣候區。

圖4.3呈現更新世晚期（淺色）與全新世中期和晚期（深色）之間，馬隻生長區驚人的縮減。合理的解釋是，馬隻因為身為人類的食用肉類被不斷獵捕，接著在美洲全境與歐亞大陸草原區以外幾乎滅絕。而大草原的位置因距離狩獵採集與早期農耕的稠密人口地區十分遙遠，成為野馬的庇護所。因

此，馬才有可能在新石器時代之後，成為八千年之間的戰爭與帝國擴張的關鍵技術。

在其他馬屬的亞屬中，只有非洲野驢被成功馴化。亞洲與西藏野驢，還有其他斑馬的亞屬，都十分抗拒馴化過程。非洲野驢的原生地是北非與阿拉伯半島的旱地與沙漠，大約在西元前五千年於努比亞（Nubia，今日的埃及南部）被馴化，也許比馬馴化的時間早了約一千五百年。而馴化動物中，牛擔任緩慢移動重物的牽引動物，驢則為乘載重物的馱畜。最近的研究顯示，早期驢的馴化解釋了牠們為何擁有如此重要的地位：

> 驢能適應沙漠環境，牠們負重穿越不毛之地的能力，讓放牧者有機會頻繁地向更遠的地方移動，同時可以帶上他們的家庭與後代。驢馴化後，也讓初生的埃及國家得以大規模地重新分配食物，並在非洲與西亞擴張陸地貿易的範圍。[4]

繼驢之後，野馬大約在西元前三千五百年被馴化。此馴化過程應發生在美索不達米亞的農人後代向北深入歐亞大陸西部大草原之時，他們在那兒遇見了兇猛的野馬。但馬並非容易被馴化的動物，此過程想必花費了不少時間。馬的速度快、好戰且在受到脅迫時隨時都能準備攻擊。一開始，獵捕隊伍可能需要進行圍困、設陷阱與制伏。起初馴化馬的目標可能是負重，帶上行李穿越草原。不過，歷經數千年的發展後，利用馬的方式也變得更有效率，包括逐漸

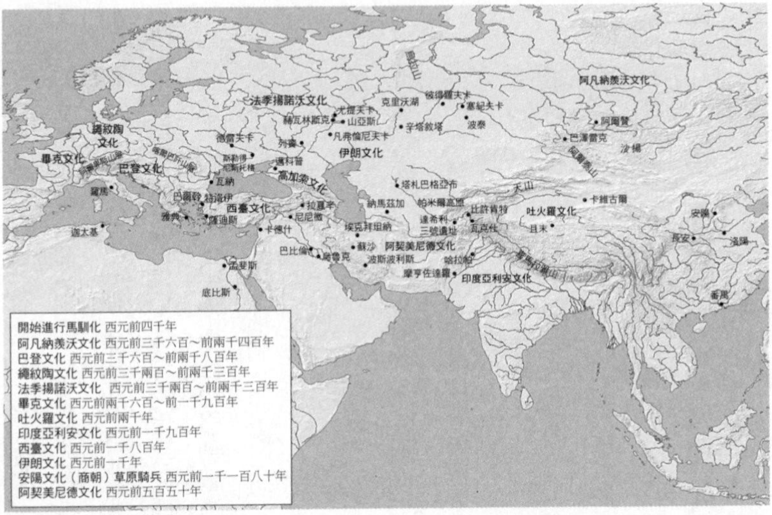

圖4.4　馬背社會的早期地點

資料來源：Pita Kelekna, *The Horse in Human History*, Cambridge University Press, 2009.

將轡繩改良為挽具、馬鞍、馬鐙、某種推車或戰車，以及戰鬥時可以由騎士展開部署的武器。圖4.4為大草原早期馴化馬的區域。[5]

馬是一種多才多藝的動物：牠既是馱畜，能夠遠距離運載貨物；裝上馬鞍之後，又能用於戰鬥與農耕活動；牠還是牽引動物，能拉動輪車。馬的耐受度高、擁有高智力且速度快。簡而言之，馬在經濟發展過程中扮演決定性的角色。

駱駝與駱駝科動物的馴化

駱駝科的動物在沙漠與高原等氣候更極端的地區扮演重要角色。在舊世界，有兩種駱駝科的動物首先被馴化，其一是阿拉伯半島與北非的單峰駱駝，另一個是中亞（包括土庫曼〔Turkmenistan〕、阿富汗與蒙古的戈壁沙漠）的雙峰駱駝。在新世界，原駝（guanaco）與瘦駝（vicuna）等兩種野生安地斯山駱駝，則分別馴化為駱馬與羊駝。雖然地區有限，但這些物種都是相當重要的經濟角色。

舊世界的駱駝具備堅韌與忍受極端氣溫的能力（單峰駱駝能忍受炎熱，而雙峰駱駝則不畏寒冷）。駱駝能在長時間不進食的狀態之下跋涉，某些特殊的情況甚至能連續好幾周不飲水，牠們的駝峰能儲存脂肪，因此具有這樣的能力。在穿越沙漠與高度乾旱的區域時，牠們是關鍵的馱畜，並早在古埃及時期就扮演長距離貿易的綜合型角色。

駱駝擁有多重功能，包括是奶類與肉類的食物來源；以及前段提到的長距離負重，能跨越阿拉伯半島、尼羅河西邊的埃及沙漠與之後的撒哈拉沙漠；同時也是一種競賽動物。駱駝能載著五百磅的重擔，每天行走十五至二十哩，長達一百天，這代表了牠們有穿越阿拉伯半島、連結亞洲與地中海的陸上運輸能力，可與海路匹敵。駱駝也是貝都因（Bedouin）侵略與征服戰事中，戰馬的重要補給角色。雖然駱駝無法在戰事中威嚇馬匹，但牠們被用於運載物資與水，是騎士強而有力的助手。一名學者曾如此總結駱駝在中東遊牧社會的角色：

若是少了駱駝，舊世界的炎熱沙漠可能不會有任何遊牧者。這種馴化動物提供了食物、運輸與基本戰力，且由於極高的耐受度（無其他動物可取代），駱駝將繼續扮演此角色。[6]

駱馬與羊駝在約西元前三千年於安地斯山高地被馴化。其中體型較大的駱馬除了是馱畜之外，也是粗織料、奶類、肉類與皮革的來源。羊駝體型較小，但其毛料纖維較長也較細，可製成細織料，同時一樣提供奶類、肉類與皮革。近來的研究指出，安地斯山高地的農業混合了作物耕種與畜牧，當高地與祕魯沿岸低地之間需要交換物資時，駱馬便成為重要的馱畜。這些駱駝、狗與天竺鼠，是安地斯山區僅有的馴化動物。

金屬時代

除了馬、驢與駱駝等馴化動物，新石器時代到馬背時代之間也有其他方面的發展。其中最重要的便是人類從新石器時代進入金屬時代，開始製作更新且更強大的工具、武器與手工製品。儘管銅製裝飾品在千年前便已產生，但銅器時代大約於西元前四千年才展開。銅是廣泛且取得性高的自然元素，可以在相對低溫的狀態下熔融（攝氏一千零八十五度），不過銅礦冶煉的溫度須稍高一些（約攝氏一千兩百度）。這些溫度都比營火更高，因此必須有更新的加熱方式。

純銅相對較柔軟，它會在製成合金之後變得堅固耐用，例如與錫或砷融合（雖然製作過程很危險）。青銅器時代的起點就是人類發現銅錫合金，時間大約是西元前三千三百年，地點位於近東、印度河谷與黃河流域。青銅器的問題在於錫十分稀有，肥沃月灣僅有寥寥幾處擁有錫沉積。雖然部分西歐（德國與伊比利亞〔Iberia〕）地區已有建立錫礦場，但依舊必須透過長距離運輸才能抵達近東。另外絲路沿線也有其他錫礦場。

以各方面而言，鐵其實比青銅更優秀，尤其是單位重量的強度，而且鐵的礦藏量遠遠高出錫。然而，鐵的問題是熔點相當高，大約是攝氏一千五百三十度，比銅要高出幾乎攝氏五百度。熔融鐵礦的難度大大限制了鐵製品的量產，同時也拖長鐵製品的製作時間，一直到青銅器時代開始的一千八百年之後，人類才在西元前一千五百年進入了鐵器時代。

舊世界與新世界的發展比較

美洲野馬的滅絕，代表美洲人失去了馬匹的優勢；而他們也未得到驢的好處，因為源自於北非的驢在哥倫布大交換時才抵達美洲。少了馬與驢帶來的長距離陸地運輸、溝通、高產量農耕與大規模統治等各層面的發展潛力，美洲文明的發展受到限制；而駱馬雖有這方面的功用，但範圍有限，僅能連接安地斯山高地與祕魯的低地。不過，美洲依舊發展出驚人的成就。

人類學家皮塔．凱萊娜（Pita Kelekna）在其著作《人類歷史中的馬》（*The Horse in Human History*）裡，比較了擁有與缺乏馬匹優勢的歐亞大陸與美洲的長期發展，我將其結論整理於表 4.1（見下頁）。

表 4.1　歐亞大陸與美洲比較

社交生活特點	美洲（沒有馬）	歐洲（有馬）
農耕	美洲大草原絕大多數依舊未發展與渺無人煙	大草原全區皆有農耕，並在溫帶氣候區增強
冶金	少量運輸金屬、冶金技術的發展與傳播緩慢	長距離運輸金屬礦物，並且更頻繁地傳播冶金技術
貿易	短距離貿易	長距離貿易、馬匹貿易也增強了其他模式的發展（例如建造運河）
概念與發明的傳播	少量技術傳播，如書寫、計算工具、算術（例如零的角色）	大規模技術傳播，包括字母文字、算術、使用輪子
戰事	以結盟進行小型政治與管理	大型帝國、利用馬匹保護
宗教	少量傳播	長距離傳播
語言	少量語言互動	長距離語言互動

資料來源：Data from Pita Kelekna, *The Horse in Human History*. Cambridge: Cambridge University Press, 2009

歐亞大陸的顏那亞文明

也許，歐亞大陸首度出現的馬匹社會就是顏那亞人，根據假設，顏那亞人應是結合了高加索與東歐的狩獵採集者。顏那亞人的領土集中在黑海與裏海之間的高加索北部，稱為東歐大草原。顏那亞文明約在西元前三千五百至前兩千四百年出現，其特色為馬匹的早期馴化、以及他們向西遷徙至歐洲的成功。

顏那亞文明在技術與遺傳學方面，都相當接近西元前三千年歐洲北部所謂的繩紋陶文化（Corded Ware culture，因其陶器所裝飾的繩紋圖騰而得名）。古生物遺傳學家認為，許多歐洲人口其實是混和了安納托利亞的早期農人與第二波前來的顏那亞人（其本身也是不同狩獵採集者的混合）兩者而成。[7]我將這個假說於圖4.5（見頁一〇二）呈現，圖中可見西歐經歷的兩次關鍵遷徙，第一波從安納托利亞而來，時間大約在西元前七千五百年至前六千年；第二波則來自大草原，時間約是西元前四千至前三千年。

另一方面，在支持當地族群是由西部大草原遷徙而來的假說中，考古學家表示此推論不僅是因為基因證據，同時也包括馬匹相關技術（對騎馬的描述、輪子與牛車）在美索不達米亞、東歐、北歐與印度河流域等廣大土地上，以驚人的速度傳播。馬的馴化挾帶著所向匹敵的活動度，讓歐亞大陸的基本技術，能夠以人類過往從未體驗過的速度四處擴散。

另一個隨著顏那亞人一起到來的基礎文化突破，便是印歐語系。就像是基因編碼，西歐與南亞的語言編碼也帶有安納托利亞與西部大草原語言混合的特徵，兩者共同創造出印歐語系，也就是今日所有歐洲語言的語系（除了巴斯克〔Basque〕、愛沙尼亞〔Estonian〕、芬蘭與匈牙利），以及許多西亞與北印度的語言。古生物遺傳學家大衛・賴克（David Reich）根據遺傳證據，想出了以下迷人的假設：

因此，我認為最早開始使用印歐語系的族群所在地，最有可能是高加索山的南方，地點可

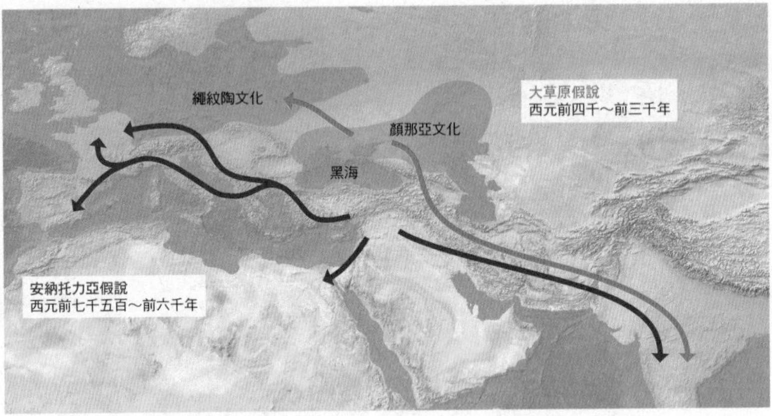

圖4.5　競爭假說：新石器時代從大草原與安納托利亞出發的遷徙

資料來源：Wolfgang Haak, Iosif Lazaridis, Nick Patterson, Nadin Rohland, Swapan Mallick, Bastien Llamas, Guido Brandt, et al. "Massive Migration from the Steppe Is a Source for Indo-European Languages in Europe." *bioRxiv* (2015): 013433. doi:10.1101/013433.

能是今日的伊朗或亞美尼亞，因為現居當地人的古代基因，與顏那亞及安納托利亞源頭族群的基因吻合。[8]

賴克也描述了為何印度遺傳紀錄顯示，現今印度人為北印度與南印度兩個古代族群的混合，而北印度古代族群的遺傳基因又與歐亞大陸大草原的族群（高加索與近東（也就是安納托利亞））相關。

早期的馬背帝國

從最初東歐大草原的馴化開始，馬與以馬為基礎的文明在歐亞大陸的溫帶氣候區與大草原擴散。歐亞大陸大草原可能依舊是低人口密度的兇猛馬背戰士的社會，而北非、中東、南亞與東亞等地的定居社會，於西元前兩千年至前一五〇〇年期間，對這些草原征戰族群的名字聞之色變。第一批草原戰士包括西克索人（Hyksos），大約在西元前一千五百八十年征服古埃及，並統治了大約一百三十年；以及斯基泰人（Scythians），其掌控了亞洲與歐洲之間部分的古陸地道路，時間大約是西元前九百年到西元四〇〇年。其後的大草原征戰族群包括哥德人（Goths）與匈人（Huns），在四〇〇至六〇〇年之間；馬札爾人（Magyars）與布爾加人（Bulgars）在大約一〇〇〇年定居於匈牙利與保加利亞；而塞爾柱人（Seljuks）與蒙古人在一二〇〇至一四〇〇年征服了亞洲遼闊的領土。

在歷經了早期大草原族群的殘忍征戰後，人口遠遠更龐大的農耕社會也開始適應馬匹。埃及、波斯、南亞與東亞的馬背帝國，主要將馬兒用於農地、運輸與戰爭，後來在古典時代（第四個全球化時代）中，領地廣大的亞歷山大帝國、羅馬、波斯、中國與印度，在溝通、運輸與軍事方面也可能使用馬匹。

肥沃月灣的關鍵發展突破

西元前三千年至前一千年間，肥沃月灣經歷了決定性的文明發展，包括埃及、黎凡特與美索不達米亞，類似的進展也出現在其他流域文明（印度河、黃河與長江）。這些突破包括農耕、公共行政、書寫與溝通、工程與長距離貿易等領域的技術與制度，同時這些技術也讓城邦與更大型的政府單位崛起。

世上最早統一埃及的王國建立於約西元前三千年，時間與美索不達米亞的第一個王朝崛起相近，也就是蘇美王朝。埃及與蘇美都擁有早期書寫系統，埃及使用象形文字，而蘇美則書寫楔形文字，這是公共行政的無價工具。在此時代的絕大多數時間中，埃及一直是統一王朝，直到新亞述人在約西元前六百七十年征服了埃及，接著又曾短暫被巴比倫人攻克，隨後則是阿契美尼德人。在美索不達米亞，同一時期也有許多王朝崛起並殞落，包括美索不達米亞的第一個帝國——阿卡德帝國（約西元前兩千三百五十至前兩千一百年），隨後是亞述與巴比倫王國。美索不達米亞最龐大的帝國為新亞述帝國（西元前十世紀至前七世紀），征服了黎凡特與埃及，之後又被波斯所征服。

肥沃月灣的各文明在此時期完成了為數驚人的突破。他們創造了早期成文法典，包括巴比倫在西元前一千七百九十年建立的漢摩拉比法典（Code of Hammurabi），此法典成為古典時代的法典範本。除了金字塔之外，他們也創造了雄偉的公共建設，同時建立了城市，更推出了公共行政與賦稅方式。他們在書寫系統與歷史紀錄方面也有所突破，同時又開創了新哲學思想與宗教，並深深影響了之後的猶太教與基督教。他們也在科學領域完成了長足的發展，包括數學、天文學、工程、冶金學與製藥。當然，這些王國在長距離運輸與征戰方面，也都必須倚靠馬匹。

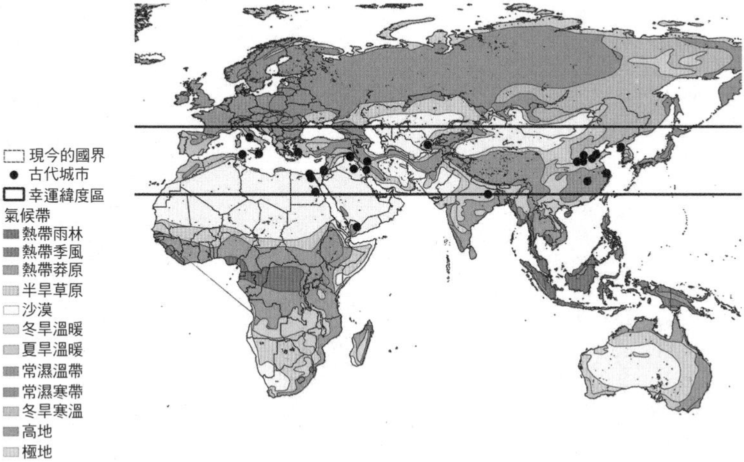

圖4.6　古代城市集中於幸運緯度區

大約從西元前一千五百年開始，戰車與騎兵成為近東軍事的核心，身為馱畜的馬與驢成為關鍵，必須肩負長距離貿易，運輸珍貴的寶石、物種、黃金等金屬、衣物與手工製品。

西元前一千年是馬背時代的尾聲，歐亞大陸的幸運緯度上滿布著城市。文獻研究指出，西元前八百至前五百年間，位於歐亞大陸的萬人城市就有二十六座，實為馬背時代的遺產。[9]而這些城市中僅有一座沒有位於幸運緯度，就是葉門的馬里布（Marib）。

如圖4.6所顯示，馬背時代的人們獨獨偏好這條狹窄東西軸線的發展環境，而且幾乎所有城市都選擇在中國與地中海沿岸的溫帶氣候區，或是沿著旱地的河谷（尤其是埃及與美索不達米亞）發展。

馬背時代的一些教誨

西元前三千年到前一千年是歐亞大陸歷經重大文明轉變的時期。其中有三項技術的突破最具決定性：馬的馴化、發展書寫系統，以及軍事突破。同時也伴隨著公共行政、宗教與哲學的劇烈發展，尤其是肥沃月灣地區。到了馬背時代的尾聲（約西元前一千年）時，大型陸地帝國開始朝家鄉之外延伸。世上第一個帝國就是新亞述帝國，曾短暫征服美索不達米亞、黎凡特、安納托利亞東部與埃及。然而，這些帝國僅僅只是為之後更大的帝國揭開序幕而已，眾大型帝國將在歐亞大陸的幸運緯度中崛起，也是我們即將在古典時代看到的故事。

註釋

1 關於驢的馴化，請參見Stine Rossel, Fiona Marshall, Joris Peters, Tom Pilgram, Matthew D. Adams, and David O'Connor, "Domestication of the Donkey: Timing, Processes, and Indicators," *Proceedings of the National Academy of Sciences* 105, no. 10 (2008): 3715–20。關於單峰駱駝的馴化，請參見Ludovic Orlando, "Back to the Roots and Routes of Dromedary Domestication," *Proceedings of the National Academy of Sciences* 113, no. 24 (2016): 6588–90、Faisal Almathen, Pauline

Charruau, Elmira Mohandesan, Joram M. Mwacharo, Pablo Orozco-terWengel, Daniel Pitt, Abdussamad M. Abdussamad, et al., "Ancient and Modern DNA Reveal Dynamics of Domestication and Cross-Continental Dispersal of the Drom- edary," *Proceedings of the National Academy of Sciences* 113, no. 24 (2016): 6707–12 ·· Barat ali Zarei Yam and Morteza Khomeiri, "Introduction to Camel Origin, His- tory, Raising, Characteristics, and Wool, Hair and Skin: A Review," *Research Jour- nal of Agriculture and Environmental Management* 4, no. 11 (2015): 496–508。

關於美洲駱駝，請參見Juan C. Marín Romina Rivera, Valeria Varas, Jorge Cortés, Ana Agapito, Ana Chero, et. al., "Genetic Variation in Coat Colour Genes MC1R and ASIP Provides Insights Into Domestication and Man- agement of South American Camelids," *Frontiers in Genetics* 9 (2018): 487。

2 Peter Mitchell, "Why the Donkey Did Not Go South: Disease as a Constraint on the Spread of Equus Asinus into Southern Africa," *African Archaeological Review* 34, no. 1 (2017): 21–41。

3 Jack M. Broughton and Elic M. Weitzel, "Population Reconstructions for Humans and Megafauna Suggest Mixed Causes for North American Pleistocene Extinc- tions," *Nature Communications* 9, no. 1 (2018): 5441。

4 Rossel et al., "Domestication of the Donkey"。

5 Pita Kelekna, *The Horse in Human History* (Cambridge: Cambridge University Press, 2009), xx。

6 Ralph W. Brauer, "The Camel and Its Role in Shaping Mideastern Nomad Societies," *Comparative Civilizations Review* 28, no. 28 (1993): 47。

7 Kelekna, *The Horse in Human History*, 45–49。

8 David Reich, *Who We Are and How We Got Here* (New York: Random House, 2018), 120。

9 Meredith Reba, Femke Reitsma, and Karen C. Seto, "Spatializing 6,000 Years of Global Urbanization from 3700 BC to AD 2000," *Scientific Data* 3 (2016): 160034。

Chapter 5

古典時代

（西元前一千年～西元一五〇〇年）

西元前一千年到西元一五〇〇年間，催生出活力充沛的文明，樹立了後來被譽為古典時代的成就。世界上許多主要宗教如猶太教、基督教、伊斯蘭、佛教等，都是在這段期間鍛造。而傳授偉大人生哲理的柏拉圖、亞里斯多德、孔子、佛陀及其他賢人，也都源自此時期。這個時代的大型帝國如亞述、波斯、希臘、羅馬、印度、中國及後來的鄂圖曼和蒙古帝國，以前所未有的雄心壯志和旺盛精力競逐榮光、信仰、財富、權力，直到今天仍讓我們深深著迷。這個時期的全球化燦爛耀眼，參與者無不認為自己正在書寫人類的歷史。

我們可以稱這個時代為「政治全球化時代」，各大帝國皆致力創造全球性的文明。帝國運用其強大的國力散播理念、傳播技術、推行新制度、打造遍及大陸的基礎建設，如羅馬人的道路、露天劇場和水道橋，至今仍屹立於歐洲、北非、地中海東部及西亞各地。這些國家行動大膽，有時魯莽而多半兇惡殘暴，為的是傳播理念及大幅擴充自己的權力與財富。

這些強權可能仰賴過去一千年的技術進展：更好的種植糧食、飼養家畜、運送物品、打仗作戰等方式。其中最強大的技術在今日被視為理所當然：史上第一次，歐亞大陸的四大主要地區（地中海盆地、西亞、南亞、東亞）產生了無遠弗屆的字母或文字；也是人類史上第一次有成千上萬本書籍被撰寫和收集。各地紛紛建立大型圖書館，其中最著名的莫過於希臘羅馬時代的亞歷山大港。現在，知識可以編纂並透過書本和學校教育傳遞了，儘管世界其他地方仍持續透過口傳文學與神話來訴說歷史，但古典時代的政府和獨立學者已開始詳盡記錄人類的歷史了。

不過，儘管具備能力、知識和野心，我們仍再次發現，地理條件在塑造帝國財富上反覆扮演著舉足輕重的角色。我們將詳加探討帝國如何於生態棲位中生存，而氣候帶比一國的將領更能決定帝國的版圖。

軸心時代

二十世紀德國史學及哲學家卡爾．雅斯培（Karl Jaspers）提出「軸心時代」（The Axial Age）的概念，為古典時代注入至關重要的洞見。[1] 雅斯培指出，在西元前八百至前三百年前後的這五百年間，歐亞大陸的四大文明：地中海的希臘羅馬世界、西亞的波斯世界、北印度的亞利安（Aryan）世界、東亞的漢人世界，同時出現卓越的哲學和宗教識見；在思索人生的意義和目的方面，也都出現了不同凡響的根本性突破。

我們在希臘羅馬世界看到希臘道德哲學的興起，帶動柏拉圖、亞里斯多德及後續哲人的深刻知識突破。波斯世界孕育出祆教（Zoroatrianism），這種思想將宇宙視為善惡戰場的觀念，成為猶太教與後來基督教的基礎。印度世界誕生了印度教的《奧義書》（*Upanishad*）和佛陀透過悲憫眾生、放下執著，而達到涅槃（永恆的快樂）的教誨。中國則孕育出以孔孟學說的孝道、修身和治國為基礎的社會原則。

軸心時代的哲學與宗教突破了過往的思維，且影響後世的宗教信仰與哲學觀念至今：希臘哲學為希臘化時代（Hellenistic）的帝國及後來的羅馬帝國採用，同時也被納入基督神學；孔孟學說為中國歷朝歷代的核心思想，至今猶然；佛教影響了人數高達五億的亞洲人，其慈悲、正念與中道的教義也越來越受西方青睞；就連祆教——昔日阿契美尼德及薩珊（Sassanid）波斯帝國的國教——雖然今日信徒已寥寥無幾，但其一神論、善惡在宇宙的對抗，以及個人選擇善惡的自由意志，對亞伯拉罕諸教（猶太教、基督教、伊斯蘭）也有深遠的影響。

儘管這個時期，各種基本世界觀同時興起，但這並未讓雅斯培認為是歐亞各地思想交流的成果；他認為這種同步性是個謎，甚至純屬偶然，只是這個偶然開啟了往後兩千五百年的跨文明對話。而這場哲學、宗教上的突破成為西元前五百年之後的時代的基本文化要素，最終也成為行使國家權力的手段，因為哲學和宗教思想都融入了帝國的意識形態裡。

或許有人會好奇，這其中是否有共同的原因。西元前八百年左右，這四個地區各自的語言書寫文字皆已發展到可以著述的階段。例如古希臘吟遊詩人和口語傳承的傳統，逐漸被使用希臘字母的手稿取代。希臘字母在西元前八百年左右發明，是史上第一種有母音的字母，採用既有的腓尼基字母為子音，再增添母音。此後希臘文本便源源不絕。無獨有偶，波斯和北印度也在西元前五百年左右或稍晚（確切時間仍有爭議），為古波斯語和古典梵語採用文字。在中國，文字同樣逐漸發展，孔子思想在西元前五百年後的時代被著述。簡單地說，新的文字成為西方、波斯、印度和中國文明用以記錄並傳播文本和哲學的工具。

海上霸權與陸上霸權

西元前一千年左右，隨著地中海東部和亞洲西部的經濟、知識逐漸成熟，兩種文明並轡發展。第一種經濟依賴海上貿易的城邦，最出色的當屬腓尼基人和古希臘人；第二種則是以農業和礦業為基礎的城邦，最終發展成古典時代的陸上帝國。古希臘文用兩個優美的單字代表這兩種大異其趣的文明：「thalassocracy」（「thalatta」是「海」的意思，「cracy」指「權力」）和

「tellurocracy」（「tellus」指「陸地」）。腓尼基人創造了或許是史上意義最重大的海權，不僅是因為他們成功建立跨地中海地區的航海貿易網絡，也因為他們鼓舞了後來的希臘和羅馬帝國。西元前五千年，腓尼基發跡於現今黎巴嫩境內的沿海城市比布魯斯（Byblos）和提爾（Tyre），不過，也有人認為腓尼基民族也可能是較後期來自紅海或波斯灣地區的移民。約從西元前一千五百年起，腓尼基人開始在地中海周圍建立沿海殖民地，最終向西擴展至大西洋，地中海西部最重要的殖民地迦太基（Carthage），就是腓尼基人在西元前九世紀建立的。這些沿海城市為橫跨地中海的商品貿易構築出優良的網絡，流通的商品包括了木材、玻璃、葡萄酒、染料（特別是從海螺提煉的紫色染料，這或許是腓尼基〔Phoenicia〕一字的根源，有人認為這個字衍生自古希臘語的血紅色）。

除了建立綿密的地中海商業網，腓尼基人也為閃語系（Semitic language）創造二十二個字母的子音書寫系統，後來在西元前八世紀被希臘人採用，羅馬人又繼續沿用。腓尼基字母本身被認為源自埃及的象形文字。由此，地中海東部的書寫系統畫出一條優美的知識傳播弧線，從埃及的象形文字到黎凡特的類文字，再到腓尼基人的字音書寫系統，以及古希臘人子母音字母系統的決定性突破。

儘管腓尼基人展現了非凡的貿易和理財技能（柏拉圖在《理想國》〔*Republic*〕裡說腓尼基人「愛錢」，有別於「愛智慧」的希臘人），但他們不具備軍事稱霸的實力。因此，腓尼基人被這個時代新崛起的陸權征服了。波斯帝國的居魯士大帝（Cyrus the Great）在西元前五三九年征服了黎凡特的城邦，後來亞歷山大大帝又於西元前三三二年征服這個地區，腓尼基被併入後來建立的托勒密（Ptolemaic）和塞琉古帝國（Seleucid）。這段期間，迦太基繼續以獨立城邦之姿存活下來，直到於布匿戰爭（Punic Wars）被羅馬帝國摧毀為止。

古典陸上帝國的崛起

陸上國家從大河流域崛起、逐步擴張成帝國規模，這一段歷史可溯至約西元前九百年。古埃及沿著尼羅河歸於一統，美索不達米亞的阿卡德人、亞述人、巴比倫人等先後建立帝國，沿著底格里斯河與幼發拉底河流域相互征戰。接下來，新亞述帝國（見圖5.1）取得充分的軍事優勢，不僅征服美索不達米亞，也征服了安納托利亞東部部分地區與黎凡特，最終在西元前六七一年攻下埃及。儘管戰功彪炳，但因為內亂不休、領土淪入地方群雄之手，而首都尼尼微（Nineveh）在西元前六一二年遭敵人聯軍進犯，使得新亞述帝國維繫不了多久便崩解。

但現在，新全球化時代的舞臺搭建好了。在這個時代，陸上帝國將征服廣袤的領土，與其他帝國進行密集的貿易與文化交流，並不斷發動戰事。地中海盆地與西亞，西起大西洋岸，東迄印度河，成為各大帝國競逐的戰場，其中的文明衝突更延續至今。今日美國刺激、挑釁伊朗的方

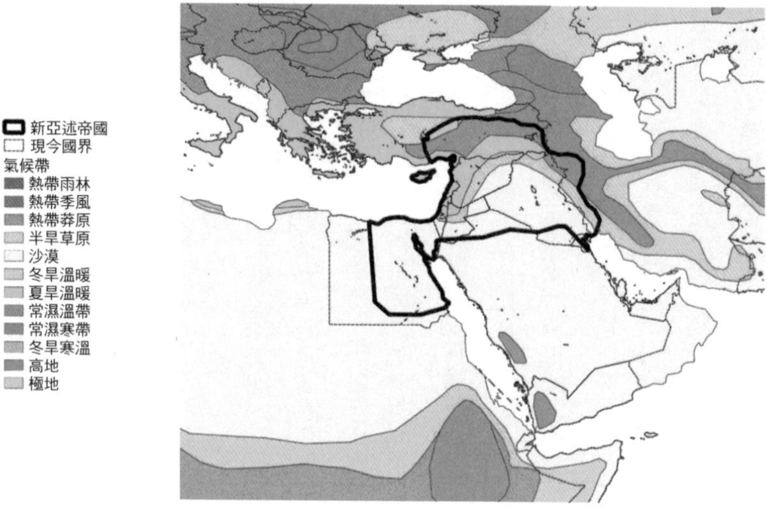

圖5.1　西元前671年的新亞述帝國

式，在在反映了兩千五百年前西地中海國家與波斯之間的古老衝突和偏見（只是它們渾然不覺就是了）。

西元前五五九年，居魯士大帝建立了第一個強盛的波斯帝國——阿契美尼德帝國。阿契美尼德帝國橫掃新亞述帝國的殘存地區、巴比倫王國及其他美索不達米亞的強權，進而征服安納托利亞、腓尼基人與埃及。正是居魯士在西元前五三九年允許在巴比倫人攻克猶地亞，此後的西元前五九七年，流亡巴比倫城的猶太人才能回到耶路撒冷。根據一些學者的說法，居魯士也支持猶太教士編纂猶太人的歷史和宗教文本——也就是《妥拉》（*Torah*）。

阿契美尼德帝國的擴張帶領波斯人來到希臘城邦的門前，引發史上最著名、或許也是最具決定性的東西方衝突：波斯與雅典的戰爭。

波斯在西元前四九〇年進犯希臘本土，產生了三個具重大歷史意義的結果。首先，雅典人勝利，擊退了波斯，也導致波斯最終於西元前四四九年的波希戰爭中落敗：一場西方文明成功抵禦東方侵略的關鍵性勝仗。其次，雅典在馬拉松的勝利，留給了我們同名的二十六哩路跑賽。第三，西方在波希戰爭中開創了歷史書寫的領域，希羅多德的名著《歷史》（*Histories*）就是這場戰爭的紀錄。

波希戰爭後，希臘人沒有閒著。漫長戰役結束沒幾年，雅典和斯巴達便爆發伯羅奔尼撒戰爭（Peloponnesian Wars，西元前四三一年至前四〇四年），導致雅典共和淪亡，也讓西方歷史的第二本巨著、修昔底德（Thucydides）的《伯羅奔尼撒戰爭史》（*Peloponnesian Wars*）誕生。雅典的敗戰也終止了數十年被譽為「雅典黃金時代」的卓絕——那段民主制度、學識、藝術、公民參與的全盛時期，深深鼓舞了往後的西方世界。

但雅典在西方歷史扮演的決定性角色並未就此結束，因為帶給我們柏拉圖、亞里斯多德和西方哲學基礎的正是下一個世紀。蘇格拉底在西元前三九九年被處死，他最優秀的門徒柏拉圖在西元前三八七年開設知名的「柏拉圖學園」（Academy）。柏拉圖在那裡提出許多西方倫理道德的概念，包括理性重於熱情、自我認識的目標、美德的追尋、美好生活的目的、追求公益的政治觀念等等，都被西方思想奉為圭臬。這些理念被柏拉圖的學生、西方史上最偉大的思想家亞里斯多德進一步發展。亞里斯多德在西元前三三五年成立自己的學校呂克昂（Lyceum），被公認是世上的第一所大學。不同於老師柏拉圖，亞里斯多德不僅投入哲學思辨，也投入實徵研究，他對生物與生態的直接研究，開啟生物學的濫觴。亞里斯多德也被認為是其他許多學科的創始者，包括邏輯學、修辭學、美學、政治學、倫理學等等。

亞里斯多德為後世所熟知的另一個原因，是他知名的學生。西元前三四三年，馬其頓腓力二世（Philip of Macedon）聘請亞里斯多德擔任他兒子亞歷山大的家教，一教就是好幾年。後來亞歷山大繼任馬其頓國王，於西元前三三四年揮軍東征波斯——報復一個半世紀前阿契美尼德進犯希臘之舉。西元前三三二年，亞歷山大占領埃及，隨後攻下波斯一個總督的轄地。他在西元前三三〇年占領波斯波利斯（Persepolis）、征服了波斯帝國，繼續東征抵達印度河岸。西元前三二三年，在行軍返回馬其頓的途中，亞歷山大驟逝於巴比倫尼亞，死因不明，年僅三十三歲。

亞歷山大征服的最大範圍如圖5.2（見頁一一八）所示。我們可以清楚見到亞歷山大帝國決定性的東西軸線，與現今大家熟知的氣候分布及技術擴散的東西軸線一致。亞歷山大征服了馬其頓以東、所有馬車軍團可抵達的地區。亞歷山大辭世後的數個希臘帝國，仍維持在希臘人有辦法治理的生態區內——溫帶地區及旱地沖積平原區，特色是混合作物和畜牧農業、飼養馬匹，也是熟悉傳染病的疫區——從未冒險往南進入熱帶。要到兩千多年後，歐洲征服者才明白怎麼在熱帶非洲瘧疾肆虐的地區存活下來。

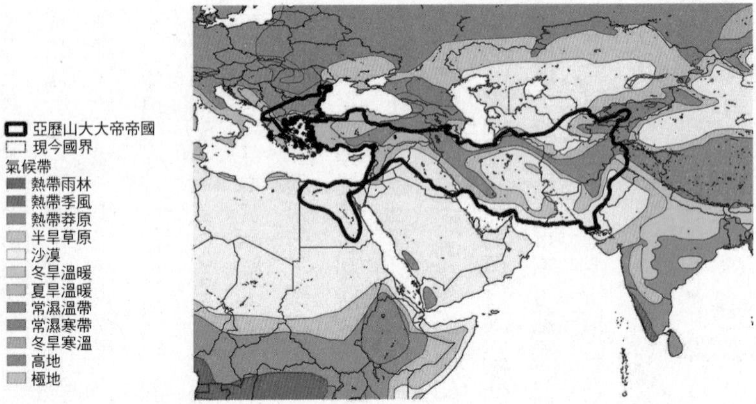

圖 5.2　西元前 323 年的亞歷山大大帝帝國

無與倫比的希臘遺產

亞歷山大甫駕崩，他的將領和部屬便展開錯綜複雜的繼位爭奪戰。帝國許多地區被部屬占領，陸續建立數個希臘繼承國。其中最重要的是塞琉古帝國，轄有安納托利亞、黎凡特、美索不達米亞、波斯（基本上是阿契美尼德帝國被亞歷山大擊敗後的希臘繼任者）、埃及托勒密王國，以及傾軋數十年後建立的安提柯馬其頓帝國（Antigonid Empire of Macedonia）。其他希臘人建立的王國包括帕加瑪（Pergamum）、希臘—巴克特里亞王國（Greco-Bactrian Kingdom）、印度希臘王國（Indo-Greek Kingdom）等等。

於是，希臘人的殖民、貿易、文化、哲學在亞歷山大征服的土地上延續數百年之久。希臘人的智慧繼續引領著地中海東部到印度河的廣大地區：政治和貿易以希臘語作為通用語言，希臘文本也在這個遼闊的區域廣為流傳。這樣的影響持續到希臘在西元前一四六年被羅馬人征服，甚至是埃及托勒密王國最終在西元前三十一年的亞克興戰役（battle of Actium）——即奧古斯都（Augustus）與克麗奧佩脫拉七世（Cleopatra）、馬克・安東尼（Marc Anthony）的聯軍之戰——降於羅馬之後。

希臘文化是透過設立「中學」（gymnasia，給青年就讀的學校）的方式傳播，學校負責提升品格與運動能力，以及忠於希臘文化的理念。希臘人的「派代亞」（paideia）概念（如亞里斯多德在《尼各馬可倫理學》〔*Nicomachean Ethics*〕所述，「派代亞」即教育青年、培養高尚公民及美好生活〔*eudaimonia*〕所需的卓越品格），也在希臘帝國各地推廣。這項教育計畫的理想，至今仍是建構西方社會的基本概念。

羅馬帝國在西元前一四六年征服希臘後，仍十分仰賴希臘的科學、哲學及宗教。東羅馬帝國的主要用語仍然是希臘語，羅馬菁英則多半說希臘語與拉丁語雙聲帶。很長一段時間，雅典仍是首屈一指的學術中心，而羅馬帝國的大型圖書館，特別是亞歷山大港和帕加瑪的圖書館，更熱切地蒐集希臘文本與知識。羅馬皇帝圖拉真（Trajan）在羅馬的圖書館有拉丁文區，也有希臘文區。

而猶太教神學家斐洛（Philo of Alexandria）及早期基督教神學家俄利根（Origen）等人，將希臘哲學的理念納入宗教思想，希臘學問也因此成為猶太和基督思想的一部分。在戴克里先（Diocletian）將羅馬帝國分為東西之後，東羅馬帝國用希臘文處理事務，進一步強化羅馬統治下的希臘思想；而西羅馬帝國則被日耳曼民族征服，希臘的知識大抵從西方公共機構消失，但依然存活，起碼虛弱地存活於基督教的修道院中。

在東方，隨著伊斯蘭於七世紀崛起，古希臘的學問再度獲得強大的歷史動力，主要是由阿拉伯哈里發和數代伊斯蘭哲學家所發起，後者有條不紊地研究古希臘經典，並譯為阿拉伯文，成為這些希臘珍寶倖存至今的首要途徑。阿拔斯的哈里發阿卜杜拉·曼蘇爾·本·穆罕默德（Abdullah ibn Muhammad al-Mansur）將帝國首都從大馬士革遷到新建立的「平安之都」（Madinat-al-Salam），即今日的巴格達。他吸引學者來到新城市，展開翻譯古文本的艱鉅任務。綜觀伊斯蘭世界，包括伊本·西那（Ibn Sina，歐人稱阿維森納〔Avicenna〕）以及後來的伊本·魯西德（Ibn Rushd，亦稱亞維侯〔Averroes〕）等偉大的哲學家，皆都依循斐洛和俄利根的途徑，將亞里斯多德的科學和倫理融入伊斯蘭的思想之中。

繼任哈里發的曼蘇爾之孫設立「智慧宮」（Bayt-al-Hikmah），以作為巴格達的大圖書館暨收藏古今知識的寶庫。就在此時，中國發明的造紙術偶然來到巴格達。如紫兒·莫勒（Violet Moller）所述，兩名在戰事中被俘的中國士兵將纖維植物造紙的技藝轉移給阿拉伯世界，造就了七五一年位於撒馬爾罕（Samarkand）的穆斯林世界的第一間造紙廠，而這項技術大約在四十年後來到巴格達。[2]

古希臘的智慧最終繞了一圈，在中世紀回到羅馬和廣義的西方。古希臘著作的阿拉伯文譯本、以及伊斯蘭對希臘哲學家的評注，在十二、十三世紀被重新譯為拉丁文，由神學家詳加研究。其中最重要的是多瑪斯．阿奎納（Thomas Aquinas），他的《神學大全》（*Summa Theologica*）運用亞里斯多德的思想與哲學，並結合基督神學，對信仰和理性進行深刻的省思。歐洲在巴黎（阿奎納任教之處）、波隆那、帕多瓦（Padua）、薩拉曼卡（Salamanca）等地成立的新大學，都將亞里斯多德的哲學納為正規課程。義大利的文藝復興則憑藉著重燃對古代世界的熱情，為此增添世俗的動力。另外，鄂圖曼人於一四五三年占領君士坦丁堡後，原本居於君士坦丁堡的希臘學者紛紛逃命，帶著他們的古典學識與文本前往歐洲各大學就任新職，這件事也有推波助瀾的效果。

羅馬帝國

但先讓我們回到古典時代帝國競爭的劇場。羅馬在西元前二一四至前一四八年間的數場戰役擊敗馬其頓，進而征服其他希臘國家（包括於西元前三二年征服埃及托勒密王國），而它的疆域也坐落在幸運緯度的東西軸線上。圖5.3（見頁一二二）是一一七年時，羅馬帝國在圖拉真皇帝統治下的最大版圖，緊貼著柯本氣候分類系統的地中海氣候區（冬旱溫帶）。一如先前的其他帝國，羅馬帝國的疆域也大致取決於氣候。

羅馬皇帝在北非沿海止步的原因相當明顯。因為再往南走就會碰到沙漠：不宜人居，環境也沒什麼經濟價值；而出了帝國北界，越過萊茵河來到今天的德國，則會進入森林濃密、

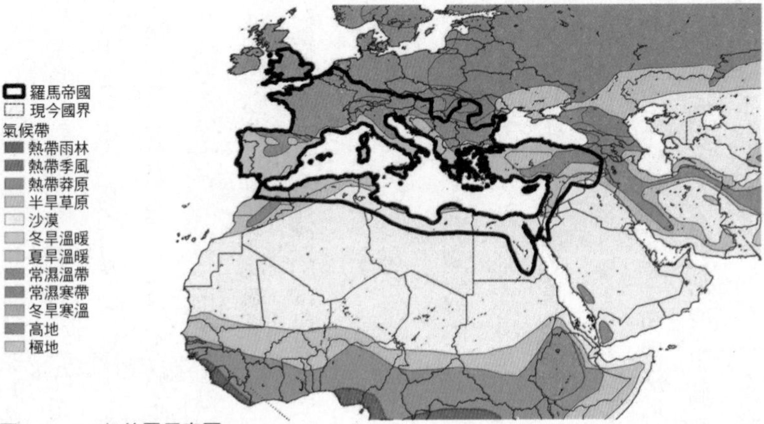

圖5.3　117年的羅馬帝國

黏土質土壤、冬季寒冷的艱困地區。羅馬史學家塔西佗（Tacitus）在九八年前後的《日耳曼尼亞志》（*Germania*）中觀察道：「況且，除了兇險的海洋外，除非是自己土生土長的土地，不然誰會放棄亞洲、非洲或義大利，追求風景不美、氣候嚴峻，無論是住起來或者看上去都陰鬱乏味的日耳曼尼亞呢？」

漢朝

現在讓我們把注意力轉向羅馬帝國崛起之際的歐亞大陸東緣。在中國，以兵馬俑墓葬聞名的秦始皇，在西元前二二一年首度統一中國。史學家富路特（L. Carrington Goodrich）在解釋秦始皇一統中國的軍事成就時指出：「事實證明，充足的準備、持續的壓力、加上精通最新的兵法，特別是騎兵作戰，將令敵人難以消受。」[3]西域傳入的騎馬作戰、近東傳入的牛犁、來自地中海的玻璃器皿、以及來自南亞的天文學，都是從西方傳入古中國，刺激中國的技術創新能力。

雖然秦朝僅從西元前二二一年維持到前二〇六年，但接續的漢朝卻綿延了四百年。漢朝建立的中國疆界至今仍是中國（中華人民共和國）的核心。要了解中國的疆界，就必須檢視中國和其鄰國的氣候帶。現今中國的東、南部是溫暖的溫帶氣候，東北是寒冷的溫帶氣候，北方與蒙古接壤處為乾燥草原區，西南方為喜馬拉雅高原，南方則沿著熱帶與緬甸、寮國、越南交界。漢朝的版圖於七三年到達鼎盛（見圖5.4，頁一二四），範圍包含現今中國的溫帶，以及分隔漢朝與北方匈奴國（今蒙古）的草原緩衝區。而南方熱帶氣候區跟現在一樣，並非漢朝的領土。

換句話說，漢朝的疆域包括了東亞大陸溫帶氣候區加上北方一條草原帶，成為與遼闊北方大草原之間的緩衝區。人口集中在兩大流域：由西向東流經北方草原區的黃河，以及由西向東流經南方溫帶氣候區的長江。黃河流域的農業是以產於涼爽、乾燥氣候的小麥、小米為基礎，長江流域的農人則主要種稻。

漢朝殫心竭力要將越南納入版圖，雖然曾多次短暫統治越南，但後來皆被當地的叛變推翻；其餘時候則進行間接統治，由越南向中國進貢。儘管中國文化影響越南甚深，中國卻從來沒有成功併吞南方熱帶的鄰國，氣候總是限制了帝國擴張。學者皮塔．克萊納（Pita Kelekna）在寫到馬匹在歷史上扮演的角色時說：「馬在半乾旱氣候區演化，因此不適合濃密雨林或叢林戰。

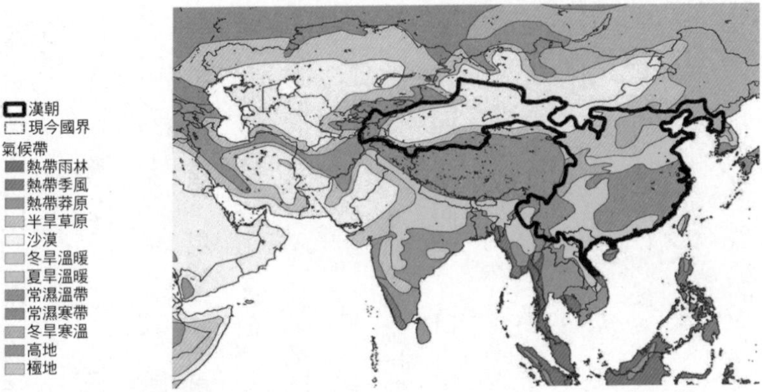

圖5.4　73年的中國漢朝

中國一再企圖往南擴張，但如我們所見，就連元朝也沒辦法攻克熱帶的東南亞。」[4]

儘管中國在這段期間獲得西方的關鍵技術，但漢朝自身技術也有驚人的進展，包括造紙、航海（舵）、數學（負數、解方程式）、防洪（黃河沿岸）、水車、冶金術（鍛鐵）、地震儀等等。漢朝也創立了一種新的行政管理模式：中央集權政府下轄地方的州、郡、縣三級制，並影響了整個中國歷史。儒家思想被編纂為國家主要的意識形態，即「獨尊儒術」。

拜國內和平安定、穀物的生產力高、及畜牧混合農業、技術的突破迅速之賜，漢朝的人口在西元一年時估計達到六千萬人，而彼時羅馬帝國的人口則達到四千五百萬人左右。這兩個國家加起來已差不多占去全球人口的一半。

圖 5.5　100 年時歐亞大陸的大帝國

一〇〇年的世界版圖

一〇〇年（見圖 5.5）的歐亞世界有三大帝國屹立於幸運緯度的東西軸線上：地中海盆地的羅馬帝國、西亞的安息帝國（Parthian Empire 今伊朗、伊拉克）和中國的漢朝。至於印度次大陸，在幅員遼闊的孔雀王朝瓦解後，分裂為數個主要政權，包括貴霜（Kushan）、印度—塞西亞人（Indo-Scythians）、印度希臘王國等。前述三大帝國的北方，羅馬帝國是濃密的歐洲森林區、安息帝國是歐亞大草原西部、中國北方則是歐亞大草原東部。三大帝國的南方則盤踞著北非及阿拉伯沙漠和東南亞的熱帶土地。

一〇〇年時，羅馬帝國和漢朝各有約六千萬人口，印度次大陸也約略為這個數字，安息帝國的人口估計在一千五百萬左右。當時世界約有兩億兩千五百萬人，其中有將近兩億人住在這些區域。撒哈拉沙漠以南的非洲和美洲人口都很少，各僅數百萬，歐亞大草原、沙漠和熱帶地區也

表 5.1　大型帝國各氣候帶的人口百分比

	亞歷山大大帝	羅馬帝國	中國漢朝	伍麥葉帝國	蒙古帝國	鄂圖曼帝國	帖木兒帝國
熱帶	—	—	—	—	0.46	—	—
乾燥帶	50.7	17.1	17.6	54.3	22.3	37.0	60.0
溫帶	26.4	77.2	67.4	25.3	51.2	48.7	8.7
寒帶	—	0.33	12.1	—	18.3	1.5	0.06
高地	22.9	5.3	2.8	20.5	7.8	12.9	31.3

資料來源：作者運用HYDE數據之計算。詳見附錄。

地廣人稀。因為溫帶歐亞大陸的混合穀物及畜牧業有極高的生產效率，加上以馬匹為主的貿易與管理，以及橫跨東西軸線的技術發展交流，意謂幸運緯度名副其實地成為全球人口、經濟、技術中心。

我們必須記得幸運緯度包含兩大氣候帶：位於歐亞大陸東西兩端，中國與西歐的溫帶，以及位於兩者之間，即西亞及中亞綿亙的半乾旱及沙漠地區。

羅馬帝國和漢朝都是溫帶帝國，高密度的人口以穀物為主要糧食（羅馬帝國以小麥為主食，漢朝則是小麥、小米和稻米）；反觀波斯帝國和其他西亞、中亞國家，人口就稀少得多，仰賴灌溉河谷裡的穀物、水果、葡萄園，以及偌大的草原來供養馬匹與騎兵。

因此，表5.1的資料極具洞察力。我援用HYDE計畫的歷史人口統計數據，來計算數個大型帝國不同氣候區的人口分布，其中包括：亞歷山大帝國、西元一世紀的羅馬帝國、一世紀的中國漢朝，以及四個後文將討論到的帝國：八世紀的伍麥葉帝國（Unayyad，也是史上第一個阿拉伯伊斯蘭帝國），以及十五世紀的鄂圖曼、蒙古、帖木兒帝國。

我們看到亞歷山大、阿拉伯和帖木兒等西亞、中亞帝國，大致是草原旱地帝國，羅馬及漢朝則主要是溫帶帝國。繼承東羅馬帝國的鄂圖曼帝國則兩者兼有——安納托利亞和巴爾幹半島為溫帶、西亞是草原旱地。然而，擁有較多人口和較高人口密度的羅馬和漢朝，雖賦予了它們在疆域及技術成就上的巨大優勢，但卻未能保護它們不被人口較稀少的鄰居征服——即歐洲北部的日耳曼民族。地中海東部的土耳其征服者，則將攻掠中國的中亞草原遊牧民族。

幸運緯度內的全球貿易

三大帝國及印度次大陸北部的王國，皆參與了這場長距離的技術、製造品及思想交流。「絲路」提供草原區往來的途徑，連結了西邊的羅馬和東邊的漢朝（見圖5.6，頁一二八），中國的絲因而流入羅馬，地中海製造的玻璃器皿也流入了中國。絲路同樣也促使了官方交流，例如羅馬皇帝奧理略（Marcus Aurelius）便派遣遠赴漢朝的使節、哲學家和教師。中國第一次提及從北印度發源地遠道而來的佛教，是也西元六五年的事。

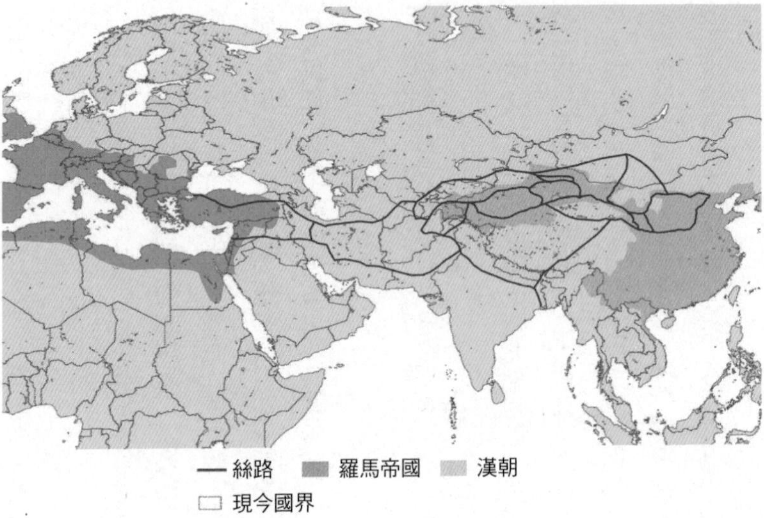

圖5.6　一世紀時期的絲路

羅馬淪亡與伊斯蘭崛起

雖然羅馬具備技術與人口的優勢，但羅馬帝國的政治卻每下愈況。二八五年，羅馬皇帝戴克里先將帝國的統治權一分為二：東羅馬帝國由拜占庭（即後來的君士坦丁堡）統治，西羅馬帝國則歸羅馬管轄。儘管羅馬帝國的治權將經歷進一步的分分合合，但戴克里先的決定是永遠無法反轉了。西羅馬帝國在四七六年羅馬淪陷後降於北方的日耳曼民族，東羅馬帝國則以拜占庭帝國之名延續下去，仍從君士坦丁堡統治地中海盆地大部分地區。五五五年，拜占庭帝國的疆域如圖5.7所示。

接下來幾個世紀，溫帶的土地不斷面臨歐亞草原騎士的威脅。匈人在五世紀中葉多次從黑海地區向東歐及西歐發動毀滅性的突擊。源

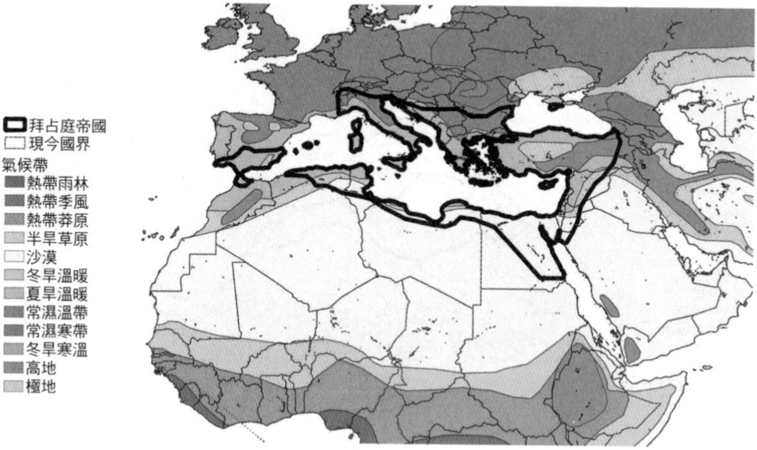

圖5.7　555年的拜占庭帝國

自中亞草原的哥德人（Goths）、阿瓦爾人（Avars）、馬札兒人（Magyars）、保加爾人（Bulgars）和匈奴，一再攻擊他們南方的溫帶文明，其兇猛及破壞力令人難忘。這些民族以寡擊眾的軍事勝利證明了兩件事：騎兵在那個年代持續占上風；以及只要軍事技術優異，即便是人口較少、其他技術較遜色的小國家，也具有決定性的優勢。幾百年後，另一批來自草原的征服者、也就是蒙古人，將締造更偉大的陸上勝利。

羅馬淪亡後，地中海地區陷入劇烈動盪，加上波斯帝國的薩珊王朝在七世紀持續衰弱，為另一波迅雷不及掩耳的征服開闢途徑——這一次是騎著馬和駱駝的阿拉伯人，他們帶著新宗教從阿拉伯沙漠冒出來。伊斯蘭教以及一連串的伊斯蘭帝國，大規模地快速崛起。再一次，地理的邏輯依循東西向的生態梯度（ecological gradient），這一次是橫越阿拉伯沙漠向外擴張，往西進入北非和西班牙的旱地，往東則深入西

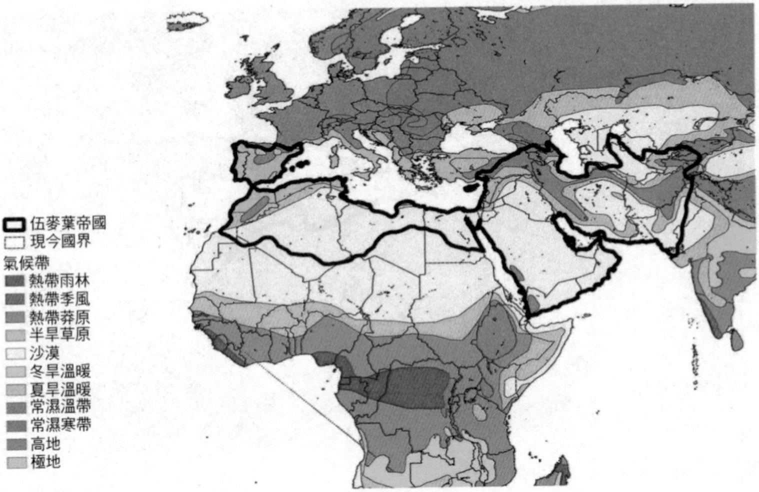

圖5.8　700年的伍麥葉帝國

亞和中亞。拜占庭帝國很快便保不住北非和黎凡特的地盤。不到一個世紀後，伊斯蘭的版圖已從伊比利半島的大西洋岸，一路橫越北非、阿拉伯半島、黎凡特，而後進入波斯直抵印度河。伍麥葉王朝在六六一年由第三位哈里發建立，定都大馬士革。後來，伍麥葉哈里發國在七五〇年被阿拔斯哈里發國推翻。

然而阿拉伯人未能直接攻下西歐的溫帶氣候區：進犯的伊斯蘭軍隊在七三二年的圖爾戰爭（Battle of Tours）於今法國境內被法蘭克人（Franks）擊敗，因此將伊斯蘭對西歐的征服限制在伊比利半島。在地中海東部，阿拉伯軍隊與拜占庭帝國交戰好幾百年。整體而言，拜占庭帝國尚能把阿拉伯侵略者逐出安納托利亞和巴爾幹地區，但也失去好幾個地中海東部的島嶼，包括克里特島、馬爾他島、西西里島（見圖5.8）。

不過，伊斯蘭教的勢力遠遠超出阿拉伯人的征服之外：早在七世紀末，阿拉伯的商人和航海者就將伊斯蘭帶到印度洋的聚落了，隨後伊斯蘭教在印度、中國和東南亞的主要貿易路線扎根發展。蘇非派（Sufi）傳教士融入在地社區萬物有靈的信仰，創造出兼容並蓄的宗教。十五、十六世紀，印度尼西亞群島和馬來半島的統治者紛紛皈依伊斯蘭教來鞏固本身的政治權威。

阿拉伯哈里發國崛起約四百年後，阿拉伯人的帝國也碰上新的難題：取道波斯進入西亞的土耳其民族，從中亞（今土庫曼及哈薩克）冒出來。這些民族——從塞爾柱人（Seljuk）開始——深受波斯社會影響、在一〇〇〇年左右改宗伊斯蘭。塞爾柱人打敗波斯帝國，隨後進犯安納托利亞，一步步從拜占庭帝國手中奪取安納托利亞，後於一〇七一年拿下關鍵勝利。塞爾柱人來到西亞及黎凡特，引發了一〇九五年第一次十字軍東征。這場由教宗烏爾巴諾二世（Pope Urban II）發起的戰事，開啟了往後數百年黎凡特與巴爾幹半島的爭奪戰：一方是歐洲與拜占庭的基督王國，一方是西亞的穆斯林土耳其帝國。

之後，塞爾柱人被另一個土耳其帝國鄂圖曼人所取代，而鄂圖曼人最終征服了阿拉伯人在北非的地盤、拜占庭的首都君士坦丁堡（一四五三年），以及拜占庭的巴爾幹領土，包括布達佩斯在內的中歐部分地區，最後被擋在維也納門前。

比較圖5.7（見頁一二九）和圖5.9（見頁一三二），我們可以看出鄂圖曼人統治了五五五年由查士丁尼大帝（Emperor Justinian）當政下的拜占庭（東羅馬）帝國的大部分地區，唯義大利半

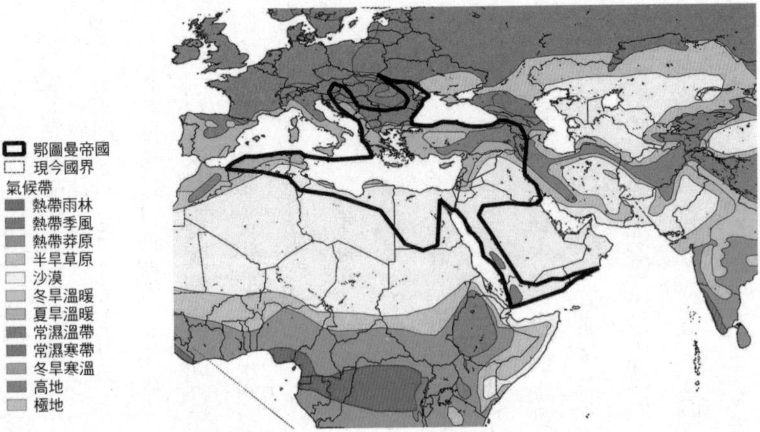

圖5.9　1566年的鄂圖曼帝國

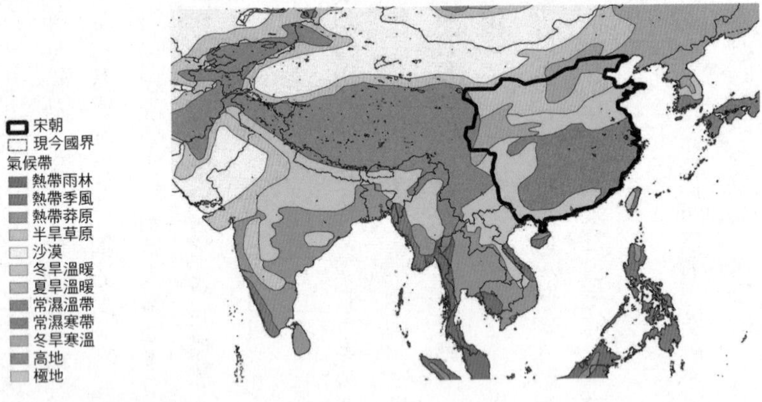

圖5.10　1200年的宋朝

島和摩洛哥及西班牙最西隅除外。拜占庭帝國和鄂圖曼帝國都是地中海盆地——小麥、橄欖林、葡萄園——和沙漠邊緣的帝國。

不同凡響的宋朝

在塞爾柱人和鄂圖曼人崛起的同一時期，中國正經歷另一個黃金時代：宋朝，建於九六〇年，亡於一二七九年（見圖5.10）。宋朝位於溫帶歐亞大陸的東緣，因為統一與穩定，而進入技術創新、人口成長與經濟繁榮皆令人咋舌的時期。

中國在技術（如指南針與火藥）和治理（如發行紙幣）方面的成就最終傳播到了西方，厚植了西歐的實力，使之能在一四〇〇年後活躍於全球舞臺。就那幾個世紀而言，中國在技術創新與長治久安方面皆遙遙領先。

宋朝因為其卓越的治理能力而強盛，也可稱為「儒家統治的時代」。迪特·庫恩（Dieter Kuhn）解釋道：

> 九六〇到一〇二二年間，宋朝的前幾任皇帝和宰相樹立了政府施政、知識活動和個人言行的高標準，足以作為繼任者之楷模……在宋朝前三位統治者的領導之下，宋朝比中國史上

> 任何朝代都接近儒家統治的理想……以人為本、中庸之道、忠孝節義、文人領軍、實踐禮儀等，成為了倫理的基礎。[5]

宋朝或許應被視為世界第一個大規模的資本主義經濟：土地私有、經商家族投資合股公司、開放國際貿易、改善港口、擴張遠洋貿易，橫越印度洋到達非洲東部與紅海。建於十二世紀的海軍維持了海域治安，農業生產力的提升，扶養了倍增至一億兩千萬驚人高峰的人口，城市人口也大幅增加。開封府和杭州（臨安府）的人口都超過一百萬。但是中國仍面臨北方鄰國的侵略，一一四二年，宋朝將華北平原、包括黃河流域，割讓給來自滿洲的女真騎兵。女真人在此建立的金朝則在一百年後被蒙古人征服。

宋代由都市化、和平繁榮與市場力量推動的技術創新令人震驚——這是人類史上技術花開最盛的時期之一。宋代出現的重大進展包括航海術（羅盤、舵、造船等技術）、火藥及火砲、活字印刷機（約比古騰堡〔Gutenberg〕早了兩個世紀）、結構工程、冶金術、手工器皿（包括細瓷和絲紡織品）、機械鐘、紙幣，以及銀行、保險、合股公司等機構。這些進展逐漸找到西行之路，沿著草原和幸運緯度抵達威尼斯，再傳至西歐。

草原征服者的最後歡呼

三千多年來，來自大草原的半遊牧騎馬民族一再從溫帶土地往南方定居、侵略、交戰、統治、撤退。他們經常以寡擊眾，憑藉著精良馬術與騎兵衝鋒，並因縝密的計畫與驍勇善戰而贏得勝利。無論是匈人、阿蘭人（Alans）、哥德人、土耳其人、蒙古人，他們的大名在歐洲至今仍令人聞風喪膽。

但最後一波來自大草原的征服者，於十三世紀和平繁榮的時期策馬征掠，入侵了位於幸運緯度的歐洲中世紀盛期與中國宋朝。這一次來襲的是蒙古人。成吉思汗是蒙古軍事統帥，他擊敗所有敵對的蒙古首領，在一二〇六年自立為蒙古國皇帝。從那時起，成吉思汗和他的繼任者率領數萬蒙古騎兵征服中國、中亞、俄羅斯、高加索地區、西亞和東歐。當成吉思汗於一二二七年去世時，帝國版圖已經從太平洋岸一路延伸到裏海。

成吉思汗之子窩闊台繼位，繼續擴張帝國，直到一二四一年過世方休。當窩闊台的死訊傳到部隊，蒙古人已征服中國、高加索和中亞，正在入侵波蘭和匈牙利。他的死訊中止了迫在眉睫的歐洲侵略，繼承者們紛紛回師參加葬禮，並選出下一任可汗。

為何蒙古的軍力能有如此卓越的爆發力，有種說法是，那段期間的氣候特別適合飼養家畜。哥倫比亞大學的奈爾・佩德森（Neil Pederson）與他的助手，研究了一千一百一十二年蒙

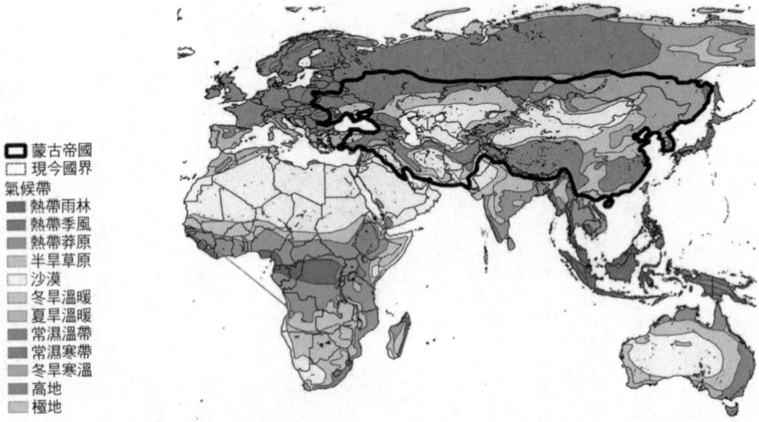

圖5.11　1259年，蒙古帝國版圖最大時

古中部樹木的年輪，他們發現一二〇六到一二二七年這段期間「溫暖多雨」，特別是有連續十五年的濕度高於平均值，是這一千一百一十二年間前所未有。他們提出：「這樣的氣候條件促成牧草地旺盛生長，有利於蒙古政治軍事力量的成形。」

基本上，特別豐沛的雨量造就豐饒的草地，而豐饒的草地養出兵強馬壯的蒙古大軍，得以征服歐亞大陸。[6]

到了一二五九年時，蒙古帝國的疆域拓展到令人震驚的範圍，如圖5.11所示，使之成為史上連續陸地幅員最大的帝國，包括了中國、基輔羅斯（Kievan Rus，俄羅斯前身）、中亞、高加索、波斯、巴爾幹半島及東歐部分地區，盡歸蒙古統治。整座歐亞大陸可說都由蒙古人掌控，而這要歸功於蒙古以出色騎兵為基礎的軍事能力，以及其彪炳的功績，包括有本事在艱困的地勢長途跋涉。蒙古的郵驛制度統合了遼闊的帝國，驛使每天都要策馬疾馳兩百公里。

蒙古的征服格外血腥，總共造成數百萬人喪命。一三四七年，黑死病也經由蒙古的貿易網絡從黑海抵達西西里，最終奪走歐洲四分之一人口的性命。不過擴及歐亞廣大地區的蒙古和平（Pax Mongolica），也促成東西貿易的大規模擴張，最終連結了西歐與東亞。商人受到保護，商業欣欣向榮，馬可・波羅正是取道蒙古絲路完成他著名的旅行，並來到忽必烈汗在中國的首都大都（今北京）。

蒙古帝國在十四世紀因內部傾軋開始崩解，分裂成數個獨立的汗國，而獨立的汗國也迅速崩潰。中國於一三七八年被漢人收復，結束一個世紀的蒙古統治，建立明朝。其他蒙古汗國持續較久，但也陸續被地方勢力推翻。

其實，蒙古帝國不是最後一個試圖建立幅員廣大、橫跨歐亞穆斯林陸上帝國的強權。最後一次有此嘗試的是一名出生在撒馬爾罕（今烏茲別克）附近的土耳其人，他從成吉思汗身上汲取靈感。帖木兒（西方人稱「Tamerlane」，為「跛腳的帖木兒」之意，因為他年輕時受過傷）生於一三三〇年前後，約比成吉思汗晚一百七十年。

儘管帖木兒不是成吉思汗的直系子孫，他也非純正的蒙古人，而是土耳其與蒙古混血，但他自稱和成吉思汗有共同的祖先，並將他的征戰描述成恢復蒙古人的正統。他也以伊斯蘭的名義出師。

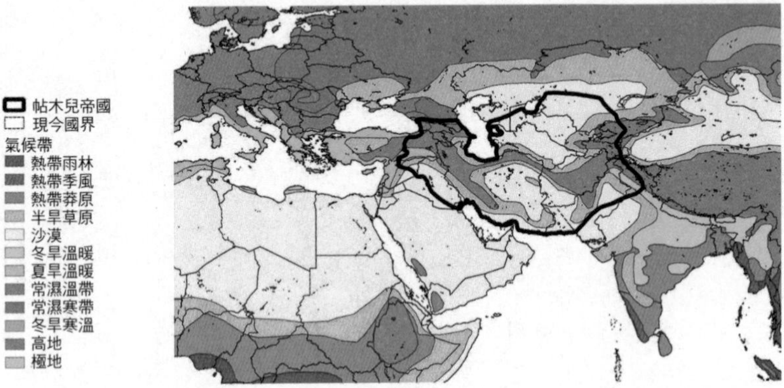

圖5.12　1400年的帖木兒帝國

帖木兒馳騁沙場三十五年，試圖光復蒙古帝國、征服已知世界。在全盛時期（如圖5.12）曾併吞波斯、外高加索（今喬治亞、亞美尼亞、亞塞拜然）及中亞多處（今阿富汗及巴基斯坦），但在黎凡特、俄羅斯及中國受阻。帖木兒帝國幾乎全部位於沙漠和草原氣候帶內，鮮少成功拓出旱地之外。然而帝國在帖木兒於一四〇五年過世不久即告崩解，而這次崩解也終結了中亞草原勇士建立的帝國。未來數百年，草原地區反過來成為他人征服的地盤，特別是波斯和俄羅斯。

古典時代的一些教誨

我們很容易對古典時代滿懷敬畏，讚嘆它令人屏息的規模、戲劇與成就。這時代的四大文明雄偉壯闊，希臘羅馬、波斯、伊斯蘭、中國四者，一方面競逐權力，另一方面投入長距離的貿易，也持續進行著思想與技術的跨歐亞交流。當然，這些成就並未囊括整個世界，我省去了非洲、美洲、大洋洲在這個時代的故事。但是，從西元前一千年到西元一年，歐亞大陸是八五％的人類的家園，到了一五〇〇年仍擁有七七％。[7]而在歐亞大陸內，幸運緯度又住著七六％（西元前一千年）到五七％（一五〇〇年）的歐亞人口。如我反覆強調的，古典時代世界大部分的經濟史和技術發展，都集中在歐亞大陸的幸運緯度。

兩千年前，跨國治理廣袤大地的潛力已經實現。我們可以說，現今的歐盟（European Union）就是試圖以「羅馬和平」的規模治理歐洲，只是沒有帝國戰爭、沒有單一民族稱霸的沙文主義罷了。同樣地，中華人民共和國也正試圖追求漢朝的統一性與宋朝的創新精神。今天的伊斯蘭世界分崩離析，但在巴格達阿拔斯哈里發國統治下的伊斯蘭黃金時代，讓我們記得曾有那麼一段時期，伊斯蘭學者在知識上獨步全球，且從各種源頭汲取古代智慧，以利創造兼容並蓄的知識與科學。這種崇高的努力為後來的世世代代（包括我們這一代）挽救、保存了諸多古典時代的遺產。

註釋

1 Karl Jaspers, *The Origin and Goal of History* (London: Routledge, 1953)。

2 Violet Moller, *The Map of Knowledge: A Thousand-Year History of How Classical Ideas Were Lost and Found* (New York: Doubleday, 2019), 61。

3 L. Carrington Goodrich, *A Short History of the Chinese People* (New York: Courier, 2002), 31。

4 Pita Kelekna, *The Horse in Human History* (Cambridge: Cambridge University Press, 2009), 390。

5 Dieter Kuhn, *The Age of Confucian Rule* (Cambridge: Harvard University Press, 2009), 29。

6 Neil Pederson, Amy E. Hessl, Nachin Baatarbileg, Kevin J. Anchukaitis, and Nicola Di Cosmo, "Pluvials, Droughts, the Mongol Empire, and Modern Mongolia," *Proceedings of the National Academy of Sciences* 111, no. 12 (2014): 4375–79。

7 Kees Klein Goldewijk, Arthur Beusen, and Peter Janssen, "Long-Term Dynamic Modeling of Global Population and Built-up Area in a Spatially Explicit Way: HYDE 3.1," *The Holocene* 20, no. 4 (2010): 565–73。

Chapter 6

海洋時代

（一五〇〇～一八〇〇年）

一五〇〇年時，我們來到人類史上一個關鍵時刻：舊世界與新世界突然藉由遠洋船隻再次連結，歐洲人也首次繞過非洲南端的好望角，航行至亞洲。自連接亞洲與美洲的白令陸橋在全新世的初期被海水淹沒後，一萬年來舊世界首度與美洲大陸之間恢復積極交流。

而一四九二年哥倫布從西班牙的大西洋岸航行到加勒比海、以及一四九八年達伽馬從里斯本航至印度加爾各答並於一四九九年返回，這兩次航行決定性地改變了世界歷史的走向。人類對世界及我們所在位置的理解、全球經濟組織、全球權力中心，以及社會的關鍵技術，全都被這個全新的海洋全球化時代推翻了。

但在領會這兩次航行及其後續事件影響之前，我們應先回答一個更基本的問題：為什麼後來主宰海洋，進而稱霸世界的是西歐，而非東亞？

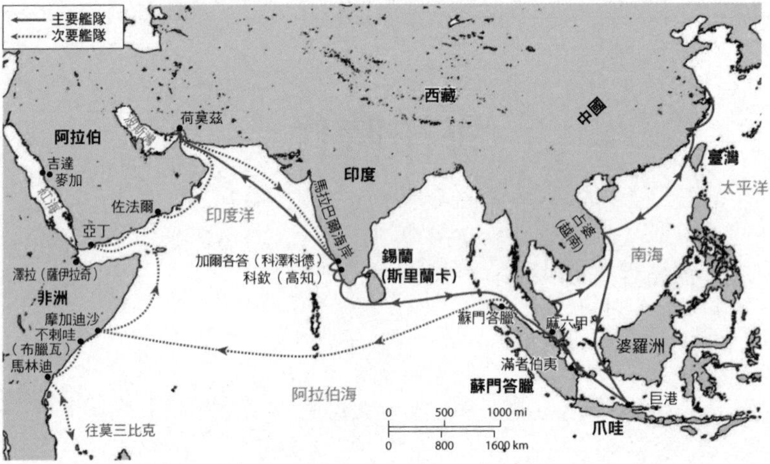

圖6.1　1413 – 1415年，鄭和的第四次航程

中國的由盛轉衰

十五世紀初，中國的航海能力舉世無雙。明初（即十五世紀前三十年）鄭和七次下西洋，數百年後仍為世人所津津樂道。[1]這幾次龐大艦隊的航程是從中國出發，經由南海及麻六甲海峽航往東南亞，繞過爪哇及蘇門答臘進入印度洋，再一路航往非洲東部、阿拉伯、印度沿岸，後返回中國。第四次航程的路線如圖6.1所示。

這幾次偉大的航程是航海技術的勝利，既宣揚了中國的顯赫國威，也實踐了治國的雄才大略。據描述，第一次航程的艦隊共有三百一十七艘船、兩萬八千名船員；其餘六次的規模也相差無幾。

明朝皇帝的主要目標之一是確保印度洋所有國家都清楚了解當時的地緣政治秩序——中國是毫無疑問的「中土之國」，是其他所有王國都該進貢、尊敬的對象。鄭和下西洋旨在建立朝貢制度：在中國艦隊「來訪」後，各國就要派使節回訪中國，向中國進貢，並接受中國的回禮。但同時，除了朝貢之外的私人商業貿易卻備受限制。一三七一年，明朝皇帝更下令禁止私人貿易。

鄭和的贊助者是永樂帝。永樂帝去世後，繼位的明仁宗以不必要、費用昂貴，且有違儒家原則為由中止出航。明仁宗於一四二五年過世，由永樂帝的孫子明宣宗即位，而明宣宗在一四三〇年命令鄭和展開第七次航程。鄭和於一四三三年客死異鄉（或許是在完成第七次航行後不久）。

從那時起，中國的歷史發生決定性的變化：轉向反貿易，其影響甚至殘存至今。在中國稱霸海洋、海軍軍力與能耐遠勝歐洲人的時刻，明朝大致放棄了公海、取消進一步的航行，並大幅裁減艦隊。港口設施跟著縮水、沿海人口銳減，代表整體海上商業活動衰退。儘管史學家仍在辯論彼時明朝中止國際商貿的程度，但中國無疑低估了海洋在其未來國策上的重要性。一個常見的論點是，由於北方邊界持續遭受草原民族的威脅，使中國習慣往北看，而非眺望海洋；另一個論點是，明朝的士儒們普遍輕商。

此舉造成深遠影響。當兩個濱臨大西洋的小王國——葡萄牙及西班牙——開始對遠洋航海及貿易越來越感興趣的時刻，中國大致上放棄了競爭印度洋。結果，不是中國繞過好望角前往歐洲，而是歐洲列強繞過好望角到亞洲來。

一四三三年後不到百年，西班牙、葡萄牙和其他歐洲強權的砲艦不斷往返大西洋並環行地球。中國逐漸讓出技術領導的地位，其科學、工程學、數學都被歐洲迎頭趕上。到了十九世紀，技術能力的差距大到威脅中國主權不是過往的北方鄰國，而是被半個世界外、人口遠少於中國的北大西洋歐洲國家鯨吞蠶食。

亞當・斯密在一七七六年、也就是鄭和最後一次下西洋的三百四十年後這麼描述中國：

長久以來，中國一直是世上最富裕，即土地最肥沃、耕種條件最優良、人民最勤勉、人口最龐大的國家之一。然而它貌似停滯已久。五百多年前拜訪中國的馬可・波羅描述過它的耕作、產業及稠密人口，和現今旅人敘述的大同小異。也許早在馬可・波羅的時代之前，中國已經獲得了其法律、制度性質所能帶來的全數財富了。[2]

中國之所以「停滯」這麼久，部分原因可能是它放棄了技術與科學知識之中，原本該重視的遠洋商貿效益。直到一九七八年，鄭和第七次下西洋結束的五百四十五年後，中國才再次接受以開放世界貿易為治國核心的政策。

北大西洋對遠洋航行的追求

歐亞大陸的另一端，一個小國家裡一位極具冒險開拓精神的王子：葡萄牙王子「航海者」恩里克（King Henry），鼓勵海上探索及提升航海技術，並出動葡萄牙卡拉維爾帆船（caravel）沿非洲西岸往南探險。他的努力開花結果：葡萄牙航海家迪亞士（Bartolomeu Dias）於一四八八年抵達非洲南端的好望角；接下來，一四九八年，在印度洋阿拉伯或印度水手的協助下，達伽馬繞過非洲南端，航行至印度南部沿岸的加爾各答。

歐洲人積極探索亞洲航線的主要原因，是東羅馬帝國淪亡的連鎖反應。一四五三年，鄂圖曼蘇丹穆罕默德二世（Mehemed II）打敗拜占庭皇帝君士坦丁十一世・巴列奧略（Constantine XI Palaiologos），並占領君士坦丁堡。隨著鄂圖曼帝國統治伊斯坦堡（君士坦丁堡易名），古絲路和通往亞洲的航線受到威脅（此航線包含赴埃及或黎凡特港口的地中海貿易、經由蘇伊士或阿拉伯半島到印度洋岸的陸運，再與阿拉伯商人一起走海路到印度或中國做生意），地中海東部的航行受到鄂圖曼艦隊的威脅，因此，尋找前往亞洲的替代航線成了當務之急。

西歐的統治者開始對遠洋航行興致勃勃。突然，相較於過往東西貿易的長期領導者如熱那亞（Genoa）、威尼斯和拜占庭，北大西洋國家如西班牙、葡萄牙、英國、法國、荷蘭的地理位置占得上風。一四九二年，也就是基督徒完全收復西班牙、終結當地長久伊斯蘭統治的那一年，國王斐迪南二世（King Ferdinand）與女王伊莎貝拉（Queen Isabella）贊助哥倫布的航海計畫：向西橫越大西洋，尋找到亞洲的新航線（令人遺憾地，一四九二年西班牙發生的第三件大事，是驅逐猶太人）。

後來的事情就眾所皆知了：哥倫布沒有抵達印度，而是偶然來到美洲（見圖6.2），雖然他仍相信自己到了印度。達伽馬則是在一四九八至一四九九年從里斯本出發到達印度而後回返（見圖6.3）。自此以後，掠奪利益的競賽就此展開，最早即是葡萄牙與西班牙之爭。但更具意義的是，這兩次航程是自更新世末期海平面上升、淹沒亞洲與北美洲之間的白令陸橋以來，第一次重新連結了地球全數人居住的世界。

哥倫布大交換

如環境史學家克羅斯比（Alfred Crosby）指出，哥倫布航行造就的絕不僅是歐洲人與美洲原住民的會面。這幾次航程形成一條突如其來的導管，讓新舊世界的物種——植物、動物、災難性的病原體——得以進行前所未有的雙向交流。

這場克羅斯比稱為「哥倫布大交換」的交流在生物學上史無前例，而其深刻的影響一直延續至今。[3]

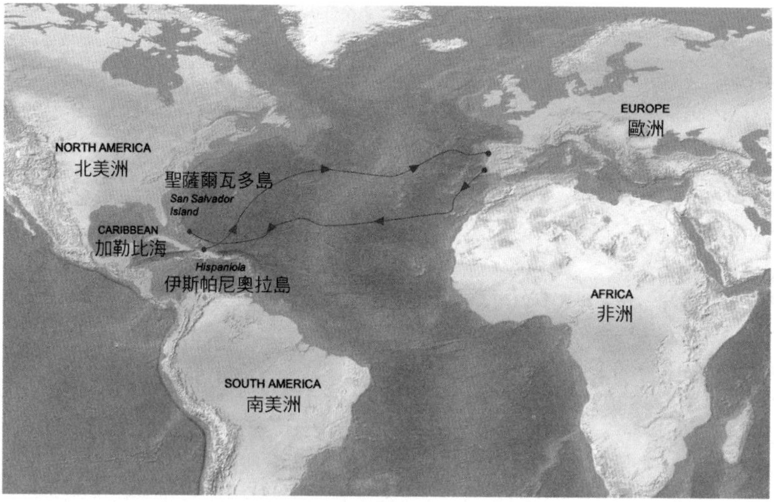

圖6.2　1492－1493年，哥倫布的第一次航行

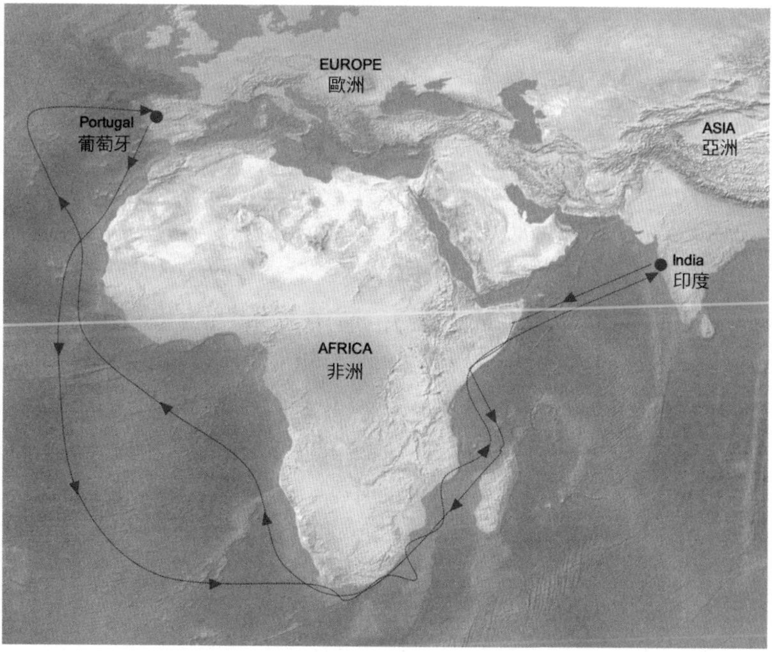

圖6.3　1497－1499年，達伽馬的第一次航行

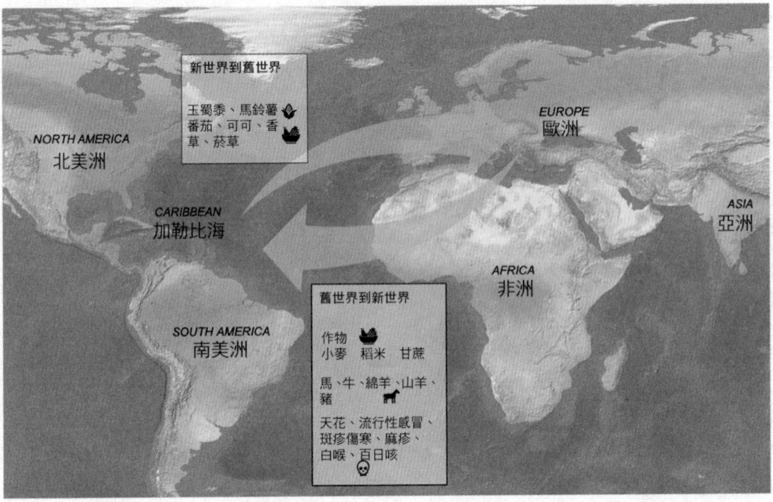

圖6.4 哥倫布大交換：作物、動物及病原體

最明顯的效應是新舊世界農作物的交換，許多馴養動物也第一次踏上美洲土地。美洲為舊世界提供諸如玉米、馬鈴薯、番茄等主食，舊世界則回以小麥和稻米等美洲從未耕種過的作物。家畜也忽然出現：一萬年來馬匹第一次來到北美，還有牛、綿羊、山羊、豬。同時，致癮作物也雙向流動：菸草從美洲傳入歐洲，甘蔗則傳入美洲，並將徹底改變加勒比海地區和歐洲的經濟。其他雙向交換的作物如圖6.4所示。

歐洲人和其家畜的到來，也將舊世界的疾病帶到美洲。美洲原住民與原生物種從來沒有遇過這些疾病，因此沒有遺傳或後天的免疫力。幾乎所有病原體都是從舊世界單向傳入美洲；但幾乎沒有疾病是從美洲傳到舊世界。原因是，舊世界的疾病大多是從動物宿主開始，特別是馴養的家畜，而美洲原本沒有這些動物；美洲原住民很少馴養家畜，因此也就沒什麼新型人畜共通疾病可以傳播給初來乍到的歐洲人和動物了。

歐洲新傳入的疾病表單又長又致命，包括了天花、流行性感冒、斑疹傷寒、麻疹、白喉、百日咳。天花最為致命，那些接觸到新來歐洲人的當地人口，罹病比例驚人。非洲奴隸和奴隸商也從非洲傳入兩種蚊子傳播的病原體到新世界：瘧疾和黃熱病。至於是否有新的病菌從美洲傳回歐洲，仍無定論。其中一個「病原候選」是一四九五年在歐洲首次大爆發的梅毒。目前專家仍對三種可能性爭論不休：一、梅毒本來就存在於舊世界，只是沒被診斷出來；二、梅毒是由哥倫布返航的船員傳入歐洲；三、歐洲梅毒是梅毒螺旋體細菌（*Treponema*）的突變，而後者是從美洲帶入歐洲的。近來證據顯示梅毒應是起源於新世界。[4]

哥倫布大交換對人口的衝擊亦無定論，因為專家仍無法確定美洲原住民在歐洲人抵達前有多少人口，且估計值差異甚大，從數百萬人到一億人甚至更多都有。近來一項由亞歷山大・科赫（Alexander Koch）等人所做的評估其估計值如表6.1（見頁一五〇）。根據這些數值，一五〇〇年的原住民人口落在六千五百萬人。到一六〇〇年，人口已銳減九成，只剩六百一十一萬人。[5]

這場災難性的人口銳減使得美洲用於農業的土地跟著大減。當時每人平均利用約一公頃土地，而人口銳減導致土地利用減少五千五百萬公頃。這些土地大多回復成森林或其他植被，使得大氣的碳受到生物捕捉與儲存，而這幾位作者估計，在一五〇〇到一六〇〇年間被封存的碳達

表 6.1　1500 年及 1600 年美洲大陸人口及土地利用

	1500	1600
人口（百萬）	60.5	6.1(-90%)
人均土地利用（公頃）	1.04	1.0
土地利用（百萬公頃）	61.9	61.(-90%)
淨碳吸存量（十億噸）	—	7.4（從 1500 到 1600 年）

資料來源：Data from Alexander Koch, Chris Brierley, Mark M. Maslin, and Simon L. Lewis, "Earth System Impacts of the European Arrival and Great Dying in the Americas after 1492." *Science Direct* 207 (March 2019): 13–36

到七十四億噸，或讓大氣中的二氧化碳約下降了百萬分之三點五（3.5 ppm）。接下來，大氣二氧化碳濃度降低，很可能使十六世紀地球氣溫略降（據估降低攝氏〇．一五度左右）。這段氣溫稍降的時期有時被稱為十六世紀歐洲的小冰期（Little Ice Age）。

不管氣候發生什麼樣的變化，美洲原住民人口大減無疑是悲劇。疫病是主要的起始因素，但戰爭、掠奪、征服、消滅原住民社區、摧毀原住民文化，毫無疑問地也是幫兇。即便到今天，美洲的人口仍較歐洲和亞洲稀少。二〇一八年各大陸的人口密度（每平方公里人數）估計如下：亞洲九十五人、歐洲七十三人、非洲三十四人、北美洲二十二人、南美洲二十二人、澳洲三人。

火藥時代與公海

歐洲國家在印度洋的戰略處境不同。在印度洋，歐洲人面對的是人口稠密、歷史悠久、軍事能力高度發展的社會，且不同於美洲，來訪的歐洲人身上有的病菌，那裡也有。不過歐洲人依然能夠建立據點，確立在商業及軍事上的影響力。久而久之，儘管身為來自數千哩外的闖入者，歐洲人也支配了印度洋的航路。他們的優勢主要仰賴起源於中國、但已變成歐洲長才的軍事技術：火藥，以及固若金湯的堡壘。

火藥最早發展於中國宋朝，最早的槍也是在那裡製造。但這些技術卻在歐洲發揚光大。火藥及早期的槍可能是由採用中國人技術的蒙古人帶到歐洲。因為歐洲本土戰如火如荼，歐洲列強迅速地創造了火力越來越強、準確度越來越高的大砲，並安裝在遠洋大帆船與其他船艦上。

這些載了大砲的船艦賦予歐洲國家軍事優勢，因而能在印度洋各處建立新的殖民地、貿易站和堡壘。儘管中國和其他亞洲國家隨之快速地仿效來自歐洲的新式火砲，但歐洲海軍早期的軍力優勢仍足以在數個戰略前哨建立灘頭堡。歐洲的貿易獲利足以和中國失去的權威、聲望與貿易收入相提並論。中國的朝貢制度幾乎瓦解，既因為中國自己退出印度洋，也因為歐洲列強在印度洋的軍力越來越強大。

新歐洲探索時代

君士坦丁堡的淪亡，以及發現前往美洲、亞洲的航路，不僅重新畫分了全球貿易的路線，也改變了歐洲人的心智。憑藉新技術發現新土地，徹底改變了歐洲的世界觀。《聖經》沒有提到美洲，也沒有提到歐洲人在那裡發現的動植物。太陽底下真的有新鮮事。

而三道時代的洪流也促使歐洲人徹底改變對於實徵、科學與技術的世界觀。第一道是希臘學者在君士坦丁堡落入土耳其人手中後湧入歐洲，可溯至古希臘的哲學知識突然在西歐密集出現，希臘學者紛紛前往義大利波隆那、那不勒斯、帕多瓦、西恩納等地的大學任教。學術成就的湧入造成文藝復興，也是引發那個時代第二波大潮流的根本因素。十五世紀前半，對古希臘羅馬藝術、哲學和知識的重新探究已經開始，東羅馬帝國的覆滅更推波助瀾。文藝復興的根也深植於西歐各地日益蓬勃的商業與都市化中，特別是義大利北部、荷蘭與德國南部。貿易與毛織品產業急遽發展的佛羅倫斯，更成為新文藝復興的學術與藝術中心。

第三件時代大事是一四三九年左右、由古騰堡主導的活字印刷術發明（或部分接收中國的發明）。這項發明大幅降低製作書籍的成本，使歐洲到一四八〇年時已設立一百多家印刷廠。到了一五〇〇年，歐洲據估計已印了兩千萬本書，接下來的一個世紀更是突飛猛進。知識透過低成本的印刷迅速傳播，大大推動了這個學識的時代。

這些趨勢相互累積，引發了思想創新，讓教條與傳統的智慧被拋諸腦後。一五一〇年代絕對是現代史上人類思想最出色的年代之一。一五一一年，人文主義學者伊拉斯謨（Desiderius Erasmus of Rotterdam）出版了諷刺教會的作品《愚人頌》（*In Praise of Folly*）；一五一三年，佛羅倫斯的馬基維利（Nicola Machiavelli）出版《君王論》（*The Prince*），一本探討歐洲君王權力的手冊；一五一四年，哥白尼（Nicolaus Copernicus）在克拉科夫（Krakow）發表初步的日心說（heliocentric theory），《天體運行論》（*Commentariolus*）並於三十年後正式出版；次年，一五一五年，湯馬斯・摩爾（Sir Thomas More）出版《烏托邦》（*Utopia*），將歐洲人的思想聚焦於政治與社會改革的可能性；一五一七年，馬丁・路德（Martin Luther）在威登堡（Wittenberg）諸聖堂門前貼出他的《九十五條論綱》（*Ninety-Five Theses*），引爆宗教改革。

儘管這些引人注目的事件並未導向單一的知識結果，但確實象徵歐洲各地的知識騷動已然解放，且將促成不同凡響的知識進展（宗教改革也將引發天主教徒與新教徒之間斷斷續續延燒數百年的暴力）。知識的騷動集結成歐洲的科學革命，伽利略在十六世紀末的發現，帶出十七世紀中葉的牛頓物理學。伴隨這些突破而來的是實驗激增，以及對工程學及新技術裝置燃起的強烈興趣（不過，部分是為了因應軍事挑戰）。十七世紀初，培根（Francis Bacon）在《新工具論》（*Novum Organum*）中詳盡介紹新的科學實驗法和那個時代的新信念：方向正確的科學研究可以改善世界，甚至征服世界。一六六〇年，英國最傑出的思想家遵循培根設定的路徑創立新的倫敦皇家學會（Royal Society of London），一六六六年，法王路易十四（Louis XIV）創立法國科學院（French Academy of Sciences），設置重要的新機構來促進科學未來的展望。

歐洲的大學和科學院提供了成效驚人的知識網，無論規模或深度都是世界其他地方無法匹敵的。部分的歐洲科學則透過天主教耶穌會（Jesuit order）傳播到全球各地。[6] 這個修會是一五四〇年經教宗保祿三世（Paul III）同意，由巴黎大學十名畢業生成立，以依納爵・羅耀拉（Ignatius de Loyola）為首。甫成立，耶穌會的傳教士隨即跨海到葡萄牙和西班牙建立新的傳教和學習中心，其中有些後來成為耶穌會的學院和大學。全球第一個高等教育網能夠建立，耶穌會厥功甚偉，它迅速在歐洲各地設立學校與印刷廠，也在南美、印度、日本、中國、菲律賓和葡萄牙非洲殖民地等進行傳教和教學活動。

這些無遠弗屆的耶穌會傳教團整理了全球各地新的植物學和地理學知識，並在十六、十七世紀將許多歐洲科學及數學的進展帶至印度的蒙兀兒王朝、中國的明朝、日本早期的德川幕府等地。耶穌會也在捍衛原住民反抗葡萄牙、西班牙殖民者的掠奪上展現十足的道德勇氣，常使耶穌會傳教士置身險境，備受殖民當局和奴隸販子的脅迫。

全球資本主義的誕生

歐洲擴及美洲、亞洲和全球的新貿易，也催生出全球資本主義：一種全球經濟組織的新制度。這種新的經濟制度有四大特色：

一、帝國實力跨越大洋與生態區。西歐溫帶國家殖民美洲與亞洲的熱帶國家，生產菸草、甘蔗、棉花、橡膠或礦產等熱帶產品。

二、生產系統全球化。被殖民國家的農場和礦區輸出原物料給母國加工，棉花的例子尤其顯著。

三、歐洲政府特許營利導向的私人公司實行這些全球活動。其中最重要的特許公司是一六〇〇年特許設立的英國東印度公司，以及一六〇二年特許設立的荷蘭東印度公司。

四、這些私人公司在其特許權及母國海軍的保護下，維持本身的軍事行動與外交政策。

歐洲列強在美洲及亞洲面臨不同的挑戰。在美洲，主要目標是開採新世界的天然資源，特別是金、銀，日後也為歐洲市場生產高價值的作物，包括美洲原生的可可、棉花、橡膠和菸草，以及被歐洲人從非洲及亞洲帶到美洲種植的甘蔗、咖啡、稻米等。

在亞洲，首要目標是取得亞洲貿易的主控權，包括印尼群島出產的香料、印度的棉織品、中國的絲和瓷器等。在一五〇〇年以前，這些商品的貿易大抵操控在阿拉伯、土耳其和威尼斯的中間人之手，意思是在歐洲市場的價格較高。大西洋強權意欲跳過中間人，直接從歐亞貿易中獲利。之後，當歐洲國家和私人公司將其軍事影響力擴及亞洲沿海，他們也意欲控制當地生產及貿易，抑制亞洲輸往歐洲的成品（例如在歐洲市場販售的印度紡織品），以保護在歐洲剛萌芽的產業。

被賦予貿易和生產權力的私人公司，成為今日跨國企業的先驅。英國東印度公司和荷蘭東印度公司獲得各自政府授予在東印度貿易的獨占權，目標是奪取葡萄牙和西班牙的貿易控制權——當初是從阿拉伯人等民族手中奪來的。身為較晚參與印度洋貿易的國家，英國和荷蘭必須和西、葡作戰才能贏取他們在全球貿易的地位。而英國東印度公司不僅擊敗對手，後來也攻下了印度。[7]

歐洲爭奪全球帝國

歐洲一發現大西洋和美洲大陸的新土地，便開啟殘酷的爭奪戰並延續至今。一四五〇年後的第一批新殖民地是大西洋的島嶼，再來是美洲，而後則是亞非。北大西洋以航海為生的國家將搶得先機：葡萄牙、西班牙、荷蘭、英國，之後加入爭奪戰的則有法國、俄羅斯、德國和義大利。

一四五六年「航海者」恩里克赴西非外海的探險，發現了維德角群島（Cape Verde），掀起這場爭奪戰的序幕。六年後的一四六二年，葡萄牙在這些無人居住的熱帶島嶼上殖民，使維德角成為歐洲國家的第一個熱帶殖民地。而當西班牙於一四九二年被基督徒收復，讓西班牙基督君主斐迪南與伊莎貝拉得以將注意力轉向遠洋貿易，他們便支持哥倫布往西尋找亞洲航路，以抗衡葡萄牙企圖往南繞過非洲尋找航線。哥倫布發現加勒比海群島後，也開啟兩個伊比利強權的殖民地爭奪戰。

葡萄牙主張，既然是它先發現「南方島嶼」，它便擁有所有南方島嶼的權利。西班牙君主遂求助於波吉亞家族（House of Borgia）出身的西班牙人教宗亞歷山大六世（Alexander VI），他知道教宗會同情西班牙的理想。一四九三年，教宗承認西班牙對新發現島嶼的主權，次年更居中安排葡萄牙和西班牙簽訂瓜分世界的協議。根據在西班牙簽訂的《托德西利亞斯條約》（Treaty of Tordesillas），葡萄牙擁有大西洋中央經線（維德角以西三七〇里格〔league〕）以東所有新發現的島嶼，西班牙則擁有那條子午線以西所有新發現的島嶼（後來，因為眾人對地球大小的估計值不一，經線的精確位置也引發激辯）。

起初這條分割線僅適用於大西洋，但隨著亞洲航路發現，加上麥哲倫（Magellan）於一五一九年環球航行一圈，亞洲的世界也有必要畫分了。一五二九年的《薩拉戈薩條約》（Treaty of Zaragoza）在太平洋畫了一條位於「托德西利亞斯線」正對面（即相隔一百八十度，可連成一個大圓）的虛擬線。西班牙擁有那條子午線以西的土地，包括菲律賓；葡萄牙則擁有以東土地，包括印尼群島眾所垂涎的香料島——極受歡迎、有利可圖的肉豆蔻產地。

於是，世界新發現的島嶼被兩個天主教國家葡萄牙和西班牙瓜分了。但其他新勢力卻有截然不同的意見。從十六世紀初以降，另外兩個大西洋新興強權：英國和荷蘭（都是抵制教宗權威的宗教改革派），對這兩個教宗條約提出激烈抗議。最後英國勝利，在十九世紀贏得最大的全球帝國。英國早期的海軍行動選擇往西北方探索一條通往亞洲的航道，避免在熱帶和葡萄牙、西班牙硬碰硬，因此英國發現了北美洲北部沿海的土地，即今天的新英格蘭和加拿大沿岸。

但英國往西北方的航行未能找到前往印度的路，如此一來，英國只好先訴諸海盜，再訴諸直接的軍事對抗，挑戰西、葡兩國的權利主張。英國的海上英雄如德瑞克爵士（Sir Francis Drake），在西班牙人眼中根本是海盜或恐怖分子。隨著十六世紀演進，英國越來越精通船艦設計，打造快速、機動性高的帆船，足以威脅西班牙的軍艦。關鍵對決發生在一五八八年，西班牙君王決定侵略英國，打壓這個不知天高地厚的新勢力。這次的進犯一敗塗地，西班牙艦隊被英國擊潰。這是軍事史上的重大轉捩點，英國自此步上全球強權之途，西班牙則盛極而衰，光輝不再。

隨著海軍實力日強，英國也加入東印度及加勒比海的西、葡帝國爭鬥。一六〇〇年，伊莉莎白女王特許成立英國東印度公司，並賦予該公司在東印度的貿易獨占權。荷蘭東印度公司迅速跟進，在一六〇二年特許成立。數十年後，法國也在一六六四年成立法國東印度公司。從那時起，貿易、戰爭、殖民就密不可分了。

西班牙和葡萄牙是十六世紀第一批建立全球帝國的亞洲國家，而十七世紀時英國和荷蘭急起直追。一五八〇年前後的西班牙、葡萄牙帝國如圖6.5所示，可明顯看出《托德西利亞斯條約》與《薩拉戈薩條約》的效應。西班牙掌控、或至少自稱控制了巴西和北美洲東北部（這區域的權利由英國和荷蘭主張）以外的美洲大陸，以及菲律賓和其他西太平洋島嶼，另在非洲沿岸也有多處殖民地；葡萄牙的帝國則包括巴西、大西洋島嶼、非洲沿岸和印度洋各處的殖民地。

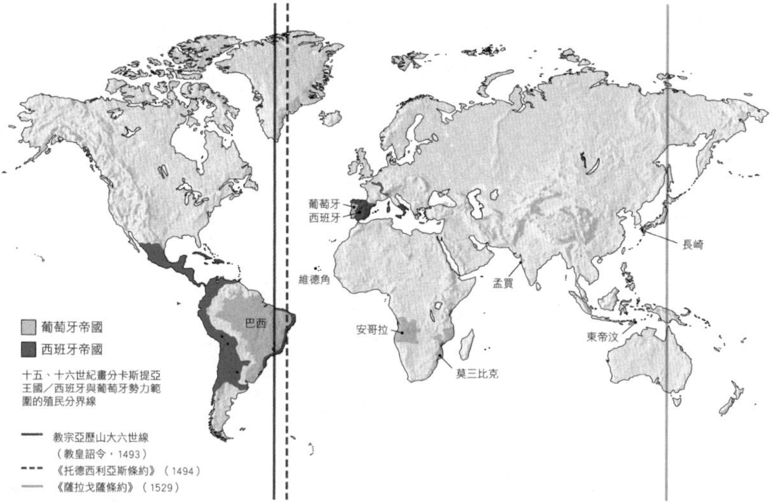

圖6.5　西班牙和葡萄牙海外帝國與兩條教皇分界線

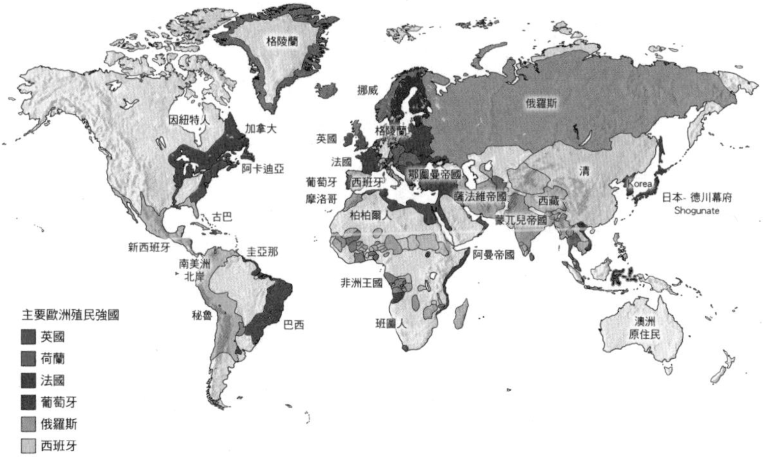

圖6.6　1700年的世界帝國與重要國家

Network Graphics 繪圖

一七〇〇年時，世界權力畫分的情況如圖6.6（見上頁）所示。亞洲的陸地強權包括中國的清朝、印度的蒙兀兒帝國、波斯的薩法維王朝（Safarid Empire）、西亞的鄂圖曼帝國。新世界現在由四大歐洲強權割據：葡萄牙、西班牙、英國、法國。荷蘭共和國則因為在十七世紀三次英荷戰爭中落敗而退出競爭行列，它在北美占領的新阿姆斯特丹（New Amsterdam）在一六六四年成了英國的紐約，曾於一六七三年短暫歸還荷蘭，次年又重回英國手中。

日後，大英帝國將完成全球海上霸業。十九世紀晚期的海軍歷史家阿爾弗雷德·賽耶·馬漢（Alfred Thayer Mahan）將英國長期的經濟和帝國成就，與法國、荷蘭、葡萄牙、西班牙的長期衰弱歸因於英國的海軍比對手強。一八九〇年馬漢在他的著作《海權對歷史的影響：一六〇〇至一七八三》（*The Influence of Sea Power upon History, 1660-1783*）中解釋，國家的財富取決於遠距貿易，而遠距貿易則仰賴海外殖民地，海外殖民的安全則倚靠強大的海軍。[8]照馬漢的說法，西班牙（及皇室聯姻的葡萄牙）之所以式微，在一五八八年英國擊敗西班牙無敵艦隊後已成定局。荷蘭在十七世紀的相對衰弱，則是荷蘭海軍實力衰退和其後來仰賴英國海軍所致。法國會失去帝國版圖，在馬漢看來，決定因素就是其海軍在一七五六至一七六三年的七年戰爭中敗給英國。

北方俄羅斯內陸帝國

在歐洲大西洋國家競爭跨洋帝國之際，俄羅斯在十八世紀崛起，成為歐亞大陸北方遼闊的

表 6.2 獨立國協、歐盟、亞洲的氣候帶及人口密度

	面積（%）			人口密度（人／每平方公里），1400 年			人口密度（人／每平方公里），2015 年		
氣候帶	獨立國協	歐盟	亞洲	獨立國協	歐盟	亞洲	獨立國協	歐盟	亞洲
赤道帶	0.0	0.0	17.7	—	—	11	—	20	243
乾旱帶	18.7	1.0	40.4	1	10	4	19	91	83
溫暖帶	0.5	70.7	17.7	3	12	21	80	128	348
亞寒帶	70.0	22.9	8.0	0	3	8	11	48	153
極地帶	6.6	2.3	0.0	0	0	—	0	0	—
炎熱乾燥	4.2	3.1	16.2	2	10	2	43	115	40
總計	—	—	—	1	10	8	13	106	157

資料來源：作者以HYDE計畫與國際地球科學資訊網路中中的資料整理。詳細數據請參見附錄。

陸上帝國，可參考圖6.6（見頁一五九）。身為蒙古和帖木兒帝國的繼承人，俄羅斯在一八九五年全盛時期成為史上連續土地面積第二大的帝國，達兩千兩百萬平方公里，僅次於一二七〇年蒙古帝國顛峰時的兩千三百萬平方公里。史上只有大英帝國的總面積比它大，一九二〇年版圖最大時的全球陸地面積總和達三千五百萬平方公里。[9]

俄羅斯帝國地處北方氣候，地理環境與眾不同。若以獨立國協為參照基準，國境約有七〇%位於寒帶、七%在極地氣候、一九%在乾燥氣候，而基本上沒有土地位於熱帶或溫帶氣候區，如表6.2所示。雖然俄羅斯以西的歐洲大多位於溫帶（占七一%的面積）、亞洲則是熱帶、乾燥、溫帶的混合（三者氣候區合計占七六%），俄羅斯卻地處嚴寒、極地或乾燥的環境。

俄羅斯的氣候直到二十世紀都對俄羅斯歷史有

三個深遠影響。首先，無論在帝國最北或南部的草原區，穀物的生長期都很短，因此產量極低。第二，因為穀物產量極低，俄羅斯的人口始終稀少，密度更是遠低於歐亞。例如一四〇〇年時，獨立國協境內的人口密度不到每平方公里一人，還不及歐亞人口密度的十分之一。第三，因為務農人家必須非常努力才能在嚴峻環境中餵飽自己，沒有剩餘提供給市場或納稅，俄羅斯直到二十世紀仍主要以農業維生。HYDE 3.1估計遲至一八〇〇年，俄羅斯的都市化比例仍只有二%，約為西歐都市化比例的十分之一。[10]

俄羅斯的農民不僅貧窮、人口稀少，且多為奴隸，要到一八六一年才由沙皇敕令解除奴隸身分。因此，俄羅斯獨特地理環境的長久遺產是一群數量稀少、不識字、不自由的農業人口，形成一九一七年布爾什維克革命（Bolshevik Revolution）的社會學坩堝。在二十世紀共產主義當政下，俄羅斯的土地透過嚴酷的一黨專政進行工業化及都市化：史達林政權於一九二〇年代晚期及三〇年代強制實施工業化和農地集體化——所謂「二度奴役」（second serfdom），過程中奪走數千萬條人命。

貪得無厭的帝國建造者

歐洲列強在新世界與亞洲爭奪資源、光榮與殖民地，並透過新的合股公司將追求財富私有化的趨勢，塑造成一種新的貪婪精神特質。剝削在地人口、攫奪他們的土地是一回事；但創造一種精神特質來將這類行動合理化，又是另一回事了。長久以來，基督節制與寬容的美德一直勸人要自我克制對財富與光榮的熱情，因此要替征服、制服全人類的行為作辯護，就需要新的道德觀。列強們想出來的藉口是：征服是神賜的權利，甚至是責任，為的是將文明帶給未開化者；若能成功，就是上帝恩准、眷顧的徵象。但難免有人反對，例如西班牙君主國最終在《一五四二年新法》（New Laws of 1542）裡禁止以美洲原住民為奴。不幸的是反對者很有限。全球帝國的時代也是一個無比殘酷的時代，鐵了心的貪婪演變成新興的資本主義秩序。

到了十八世紀，一種新的意識形態逐漸成形，特別是在英國，那就是「貪婪是好的」，因為貪婪會刺激社會的努力與創新。邏輯是這樣的：藉由宣洩貪婪，社會能夠最適當地駕馭人民無法滿足的企圖心、旺盛的精力和獨創性。儘管貪婪本身可能是反社會的又令人倒胃口，但釋放貪婪卻對公眾有益。被亞當．斯密歸納為「看不見的手」（invisible hand）的概念於焉誕生——個人追求私利會促進社會整體的共同利益，彷彿有一隻看不見的手在背後操作。亞當．斯密本人是道德學者，相信個人的美德、自制與正義；但他「看不見的手」的概念卻迅速變成讓市場力盡情發揮、為所欲為的論點——不管在分配方面會產生什麼樣的後果。

最先陳述這種反直覺概念的不是亞當．斯密，而是十八世紀倫敦一位名叫伯納德．曼德維爾（Bernard Mandeville）的時事評論者兼詩人。他在〈蜜蜂的寓言〉（The Fable of the Bees）這首別出心裁的詩中敘述，貪婪、自利的蜜蜂會創造出充沛的活力，讓蜂巢成為蜜蜂王國的奇蹟。惡能生善。曼德維爾這樣機智風趣地寫道：

處處充滿邪惡，
整體卻是極樂；
安於和平、害怕戰爭，
他們贏得外人尊敬，
揮霍財富與性命，
與他巢保持平衡。
天賜該國如此福氣；
罪行共謀成就優異；
而善，已從政治學習
一千種狡猾詭計，
而受其幸運的影響，
和惡交了朋友：以降
哪怕是萬惡之最

也能裨益社會。

曼德維爾主張，萬惡之最也能創造共同利益。這個觀念，唉，對於那些受歐洲帝國主義所害、被征服的民族，恐怕難以苟同。

國家與資本的糾纏

在自由貿易的理論中，政府應避免涉入市場力量，讓供給和需求自己發揮作用。前文曾強調，這個信條無法解決市場力的分配問題，進而可能導致許多人陷於貧窮。同時，這也未能描述資本主義的現況，未如實呈現資本主義打從一開始的樣貌。資本主義企業不僅常殘酷無情地追求利益，甚至一貫地動用國家的力量將自身的利益擴至最大，同時把損失轉嫁予他人，有時是同胞，更常是其他社會的弱勢族群。

且以英國初入全球市場與西班牙、葡萄牙競爭為例。一五七七年德瑞克的「金鹿號」（Golden Hind）環遊世界計畫，伊莉莎白女王就有私人投資。但除了探勘，真正的計畫是海盜：劫掠西班牙船艦（從南美洲帶回金塊和其他珍寶）。一五七八年，德瑞克俘虜了一艘滿載驚人的金、銀、寶石、瓷器和其他珍寶的西班牙帆船。回國後，德瑞克與女王分享他掠奪的物資，女王則用那些物資來償還國債。德瑞克成為民族英雄，進而官拜海軍中將，率英軍於一五八八年擊潰西班牙無敵艦隊。

一六〇〇年，東印度公司成立，代表現代資本主義突破了一個更具決定性的關卡。這是一間專門為進行跨國貿易而成立的合股公司。再一次，私人投資者可以仰賴國家的力量和餽贈。伊莉莎白女王特許東印度公司獨占好望角以東及麥哲倫海峽以西的貿易。從一開始，這間公司就向印度宮廷及政治領袖行賄，以便在當地做生意，儼然成為國中之國，擁有私人軍隊、行賄權力和有限責任的保護。

新世界的原住民人口及非洲奴隸

新世界的歷史很快成為三個不同群體的戲劇性事件。第一群人是美洲原住民，他們遭到舊世界疾病與征服的重創，但仍繼續奮力爭取生命、文化與政治的存續；第二群是歐洲征服者和移民；第三群是數百萬名被帶來新世界在礦區和農場工作的非洲奴隸。這個征服與階層的大坩鍋從那時起，就將美洲塑造成一個極不平等、衝突不斷的地區，至今猶然；但這數百年來，這個地區也努力嘗試鍛造出一個明顯多民族、多種族的社會。

歐洲征服者為光榮和財富而來，而從一開始他們就努力解決這個根本問題：財富由誰創造。他們當然希望財富越容易取得越好——「黃金國」一詞就是基於想像中隨處唾手可得的財富所創。西班牙發現了金礦、銀礦，在十六世紀堅定不移地開採，讓歐洲貴金屬氾濫，但就連金山銀山也需要工人來進行極其辛勞、威脅生命的勞動。農場也很嚴酷，必須在熱帶環境下進行艱苦的體力活，可能引發熱壓力症（heat stress）且極易罹患多種熱帶疾病，往往早死。從一開始，吸引歐洲移民來熱帶土地就是項艱鉅的任務，何況有關新世界的殘酷現實會一再傳回歐洲。

有較多原住民人口倖存的地區主要在比較不易抵達的中部美洲（墨西哥和中美洲）和安地斯山區（今玻利維亞、哥倫比亞、厄瓜多、祕魯）。地廣人稀的北美洲地區也有原住民族倖存。但在加勒比海地區、巴西沿岸、歐洲人密集採礦和經營農場的地方，死亡就無法遏止了。起初西班牙征服者授予地方領導人物（encomendero，意為獲得授予者）土地權利與權威，即俗稱的委託監護制（encomienda），准許他們奴役住在他們土地上的原住民。此舉立刻在西班牙菁英階層、包括教會及君主間，引發有關原住民權利的激辯。知名的方濟會化緣修士巴托洛梅·德拉斯·卡薩斯（Bartolomé de las Casas）主張印地安人也有靈魂，因此不可被「encomendero」奴役或虐待。出乎意料地，君主同意了，並且在一五四二年發布「新法」（Leyes Nuevos），禁止奴役美洲原住民。這項法案必須視為道德推理（moral reasoning）戰勝權力與貪婪的案例——畢竟在人類史上太罕見了。

但「新法」的最終結局並不好。不僅人們持續粗暴對待原住民，此法造成的人力短缺與原

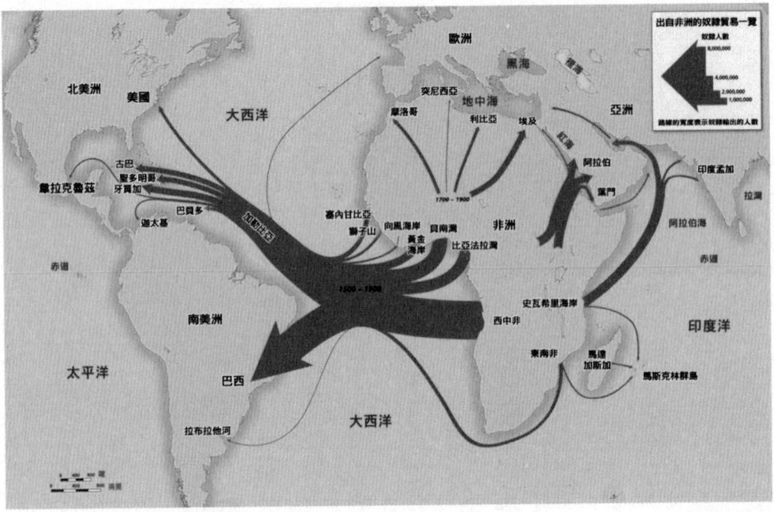

圖 6.7　1500 – 1900 年，來自非洲的奴隸交易

資料來源：Eltis & Richardson, ATLAS OF THE TRANSATLANTIC SLAVE TRADE (2010), Map 1 from accompanying web site, Overview of Slave Trade out of Africa, 1500–1900. Reproduced with the permission of Yale University Press. 經耶魯大學出版社同意後重製。

住民人口銳減，也迅速促成從非洲輸入大量奴隸的決定。接下來兩百年，接受葡萄牙和西班牙統治的巴西成了奴隸交易的最大目的地。英國也毫不猶豫且充滿熱忱地加入奴隸交易，讓加勒比海地區變成數百年的奴隸殖民地。

圖6.7量化呈現一五一四年到一八六六年間據估多達三萬六千次航程中、從非洲到美洲的大規模奴隸流動，以及往北非、阿拉伯半島及阿拉伯海其他目的地的小規模奴隸運輸。

圖中顯示的資料包括經由殘酷的「中間航道」（middle passage）從非洲運至美洲的非洲人數——這是煞費苦心計算的結果。大多數帶到新世界的非洲奴隸來自非洲幾內亞灣以南的大西洋岸，尤以今安哥拉為最，而被送到巴西和加勒比海地區的人數尤多。有些非洲人被送到北美洲，奴隸勞力因而生根發展，成為殖民地棉花帝國的基礎，而棉花帝國將在美國獨立戰爭後成為美國的南方。

非洲奴隸為西班牙、葡萄牙、英國殖民地的新農場和採礦經濟提供動力，尤其是熱帶地區。最重要的農場經濟作物是在巴西東北部及加勒比海地區栽種的甘蔗，來自美洲的奴隸就以到這兩地最多。祕魯沿岸也有栽種。奴隸也被帶到墨西哥和安地斯山脈的礦區、巴西和中部美洲的咖啡園、美國南部的菸草和棉花田。

蓄奴主要是熱帶的事，來自歐洲的自由勞動者不會接受新熱帶界（Neotropical realm）農作的致命環境，尤其是在惡性瘧疾（falciparum malaria）跟著奴隸交易從非洲來到美洲並爆發流行之後。美洲溫帶固然也有些許奴隸存在，但奴隸從未在那些地方生根發展，溫帶的廢奴也遠比熱帶來得早。美國北部各州自一八〇〇年代初期就廢除或逐步淘汰奴隸制度，南方各州則要到一八六五年美利堅邦聯（Confederacy）於南北戰爭中落敗後才終止。西班牙殖民的古巴到一八八六年才廢止，巴西更遲至一八八八年。

隨著美洲奴隸農場興起，惡名昭彰、俗稱「三角貿易」的三邊貿易模式也蔚為風行：美洲奴隸殖民地進口奴隸，同時出口奴隸生產的產品（糖、棉花、菸草）到歐洲；歐洲進口商品並輸出加工品如紡織品、武器和金屬到非洲；非洲酋長向歐洲奴隸販子輸出人口，換得歐洲的加工產品。

美洲的殖民開拓與和亞洲之間的擴大貿易也在歐洲釋放出一股新的消費狂熱，特別是對亞洲、非洲香料的需求遽增。最受歡迎的商品是中國的茶、絲、瓷器，印度的精緻紡織品、葉門的咖啡，以及來自美洲新殖民地農場的三大致癮商品：糖、咖啡、菸草。葡萄牙和西班牙將甘蔗栽種從伊比利半島帶至巴西和加勒比海地區。荷蘭率先將咖啡栽種從爪哇的農場帶到其加勒比海殖民地馬丁尼克（Martinique）。而美洲土生土長、原住民愛抽的菸草，被介紹給歐洲殖民者，歐洲殖民者隨後在加勒比海地區及北美大陸開闢更多菸草農場，特別是在維吉尼亞附近。

糖、咖啡、菸草全都帶動了歐洲的需求激增，而其結果也回過頭來大幅提升美洲農場的獲利能力。但這三種作物都得在加勒比海地區、巴西和北美洲南部的熱帶及副熱帶氣候中辛苦地種植，因此非洲奴隸的需求也跟著大增。約有半數被帶來美洲的非洲奴隸是在蔗田工作，尤以加勒比海地區最多，當地的甘蔗產量也在十八世紀超越巴西。甘蔗農場在人口統計學上最顯著的現實是死亡率高得驚人，尤其新來的奴隸在第一年死亡比例高達三分之一。

總計在這段時間，據估有一千四百萬非洲人被運來當奴隸。這是全球資本主義格外猙獰可怕的階段。這種與現代世界經濟發展形影不離的殘酷，是我們萬萬不可忘卻的，因為這樣的殘酷在今天又以另一種樣貌呈現：人口販運是最好的例子，而那持續以抵債勞動（bonded labor）和童工等形式作做為全球供應鏈的一部分。人類仍繼續遭到其他貪得無厭、唯利是圖的同胞令人毛骨悚然的虐待。

棉花與資本主義企業

英國東印度公司和荷蘭東印度公司被喻為現代資本主義企業的鼻祖，或許是正確的。作為利潤導向、以貪婪為本的合股公司，它們為未來的情況奠定了基調和做法。如史學家斯溫・貝克特（Sven Beckert）在《棉花帝國：資本主義全球化的過去與未來》（*Empire of Cotton: A Global History*）中所述，十七世紀的早期事業，有一大部分是棉布交易：在印度購買，賣給非洲的奴隸販子和歐洲越來越多的都市人口。接下來，十八世紀時，隨著英國人保護國內紡織業者、抵制印度進口商品，英國製造商逐漸需要原棉的供給。紡紗、織布的機械化，以及後期紡織廠引進蒸汽動力，皆增加了數倍的需求。

如貝克特所觀察，這使英國的製棉業成為「人類史上第一個缺乏在地原料的大型產業。」[11] 全球資本主義就此揭開新的一幕，英國公司瘋狂地企圖獲得更多供給原棉的管道，來因應國內蓬勃發展的紡織業。當然，「救星」以奴隸的形象出現——他們在加勒比海地區及巴西的農場種植「白金」。而一七九一年聖多明哥的奴隸暴動，除了催生出海地的獨立外，也重創了棉花種植。英國的原料輸入突然陷入危機。

從該產業的角度來看，解決方案再次如有神助地出現。美國南部可望提供土地和奴隸來進料給英國的工廠。貝克特如此解釋此辦法的要義：

美國與世界其他棉花種植區不同的是，種植者牢牢掌控了近乎漫無限制的土地、勞力與資本供給，也具有無與倫比的政治力量。如我們所知，在鄂圖曼帝國及印度，強勢的地方統治者控制了土地，而有根深柢固的社會群體爭奪土地利用；在西印度群島及巴西，則有蔗農競爭土地、勞力和權力。但土地遼闊的美國沒有面臨這樣的阻礙。[12]

英國產業和資本與美國奴隸制度的結盟，將從一七九〇年代持續到南北戰爭。奴隸制度絕非與現代資本主義格格不入的過時制度，而是走在全球資本主義的尖端，在難以名狀的不幸基礎上創造了龐大的財富。而這個事實正可凸顯英美奴隸制度的暴虐無道：基本上，美國是世界唯一要靠內戰才能終止奴隸制度的國家。就連帝俄都由沙皇亞歷山大二世（Tsar Alexander II）頒布《一八六一年解放敕令》（Emancipation Decree of 1861）平和地廢止了農奴；而同一年，表面為自由國度的美國，正陷入內戰。

全球帝國與全球戰爭

歐洲的全球帝國——史上第一次橫跨大洋與大陸——釋放了另一種新現象：戰爭也橫跨大洋及大陸。從十七世紀末開始，歐洲列強之間的大規模衝突，都涉及數座大陸上的戰役。這產生極為悲慘的影響，世界越來越多地方被捲入歐洲的戰爭，最終演變成二十世紀兩次世界大戰，先後在全球奪走數千萬條人命。

一六八八到一六九七年的九年戰爭（Nine Years' War，或稱大同盟戰爭），或可視為史上第一場全球戰爭，因為它同時在美洲、歐洲及亞洲開打。歐洲的主要參戰者是路易十四統治下的法國，對抗英國、荷蘭及神聖羅馬帝國聯盟。戰爭的主要舞臺在法國邊界，跟著路易十四試圖向鄰國擴展法國的勢力。與法交戰之初，荷蘭君主奧倫治的威廉三世（William of Orange）成功入侵英國，推翻英王詹姆士二世（King James II），史稱一六八八年光榮革命（Glorious Revolution of 1688）。而當衝突的消息傳到美洲和亞洲，這場戰爭就演變成全球性的了。在北美洲，這場史稱威廉王之戰（King William's War）的戰爭，主要牽涉到英國的殖民主義者和其原住民盟友對抗法國的殖民主義者和其原住民盟友，之後引發一連數場法軍和英軍在北美大陸對決的戰事。在亞洲，法軍與英荷聯軍在印度東南部交戰，特別是朋迪榭里（Pondicherry）。儘管在美洲及印度的戰事不具決定性，卻為未來幾百年的歐洲戰爭確立了模式：免不了外溢到美洲、亞洲，最後連非洲也無法倖免於難。

下一場全球戰爭是一七五六到一七六三年的七年戰爭（Seven Years' War）。這一次是歐洲兩大陣營波及五座大陸的衝突——歐洲、北美洲、南美洲、非洲、亞洲；一方以英國為首，加上葡萄牙、普魯士和其他日耳曼公國，另一方則以法國為首，輔以奧地利（神聖羅馬）帝國、西班牙和瑞典。這場戰爭一如九年戰爭，是在歐洲由奧地利和普魯士爭奪西利西亞（Silesia）的控制權開始，但很快蔓延到全世界。在美洲，原本只是英法殖民者之間的小規模戰鬥，但在一七五六年後演變成遍及南北美洲和加勒比海地區的全面領土爭奪戰，而在美洲大陸的主要戰果就是法國把領土讓給英國和西班牙。在非洲，英國海軍攻下法國在塞內加爾的殖民地，而戰事結束後，該殖民地的大半土地皆依條約轉讓給英國。在印度南部，法國的根據地也因英軍連戰皆捷而縮減。

很快地，法國在一七七六年的美國獨立戰爭，向死對頭大不列顛報一箭之仇。法國積極介入、支持殖民地脫離英國，對美國人能在獨立戰爭取勝產生了關鍵作用。但英法之間這場越演越烈的纏鬥，每一次勝利都播下未來逆轉的種子。法國砸重金支持美國獨立，致使國內在一七八〇年代陷入財務危機引發動盪，進而導致一七八九年的法國大革命。緊接著，法國大革命又激發新一輪、從一七九三年延燒到一八一五年的血腥歐洲戰爭。法國大革命戰爭（French Revolutionary Wars）的後半段成了俗稱的拿破崙戰爭（Napoleonic Wars）：拿破崙於一七九九年奪得政權擔任第一執政官（First Consul of France），隨後在一八〇四年稱帝，建立法蘭西第一帝國。

堪稱到當時為止最血腥的拿破崙戰爭，造成數百萬軍民傷亡，也在數座大陸同時上演，包括歐洲、北美洲、南美洲、非洲（埃及）、高加索地區及印度洋。這些都是「全面戰爭」，動員龐大人口、大舉徵兵，也造成大量平民死傷。一八一五年拿破崙戰敗後，在地緣政治方面最重要的結果是英國崛起為歐洲海上霸權，以及葡萄牙、西班牙帝國接近滅亡的衰敗——兩者都曾被拿破崙征服。拿破崙戰爭結束後不出幾年，葡萄牙和西班牙都無力應付美洲各地的獨立戰爭，因而喪失大部分殖民據點。

一八三〇年的歐洲帝國如圖6.8（見頁一七六）所示。那時的美洲已大多為獨立國家，英國維持在加拿大和加勒比海的殖民地，其他歐洲國家仍保有加勒比海一些島嶼的殖民地。這時非洲除了英國和荷蘭拓入南非腹地之外，只有沿海地區被殖民。非洲其餘地區要到十九世紀末才屈服於歐洲帝國主義。我們將在下一章見到。在亞洲，英國主宰了印度與馬來亞大半地區，以及澳大利亞；而荷蘭仍保有在印度尼西亞群島的殖民地。西班牙、葡萄牙亦分別保有一些亞洲殖民地，包括菲律賓和東帝汶。

接下來，十九世紀經濟發展的戲劇，主要將於歐洲大陸上演，並由此開創工業全球化的新時代。

亞當・斯密對全球帝國時代的總結

現代經濟思想的發明者亞當・斯密，於一七七六年出版他的巨著《國富論》。身為偉大的人道主義者，他以綜觀全球的眼光而非英國人的偏狹來觀察全球化的影響（在他自己論道德同情的著作中，亞當・斯密說「公正旁觀」是道德推理的有利觀點）。

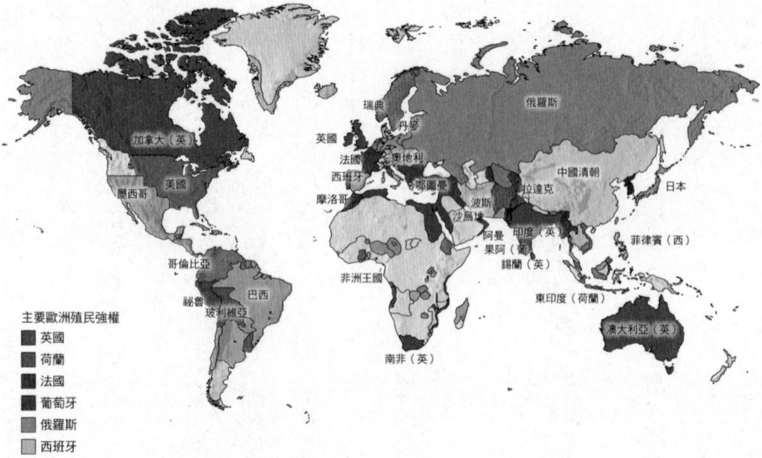

圖 6.8 1830 年的世界帝國與重要國家

亞當．斯密如此闡述對第五個全球化時代的看法：

> 發現美洲，與發現繞過好望角抵達東印度之航路，是人類史上最偉大也最重要的兩件事，它們的影響已非常強烈；但自這兩項大發現以來，時間不過才流逝兩、三百年，其全部的影響不可能在這麼短的時間一一浮現。它們會為人類帶來什麼樣的幸或不幸，人類的智慧無法預見。透過某種程度連結了世界最遙遠的角落，使之互通有無、增進彼此的樂趣、提振彼此的產業，整體的趨勢似乎是有益的；但對當地人口，包括東印度及西印度的居民而言，這兩大發現成就的商業利益，卻掩蓋不了它們引發的可怕不幸。這些不幸似乎是出於偶然，而非這兩大發現

的本質。在成功完成兩大發現的時間點，歐洲人的力量碰巧如此優越，讓他們得以有恃無恐地在那些遙遠的國度行使不正義。今後，那些國家的本地人或許會變得更強大，或歐洲人變得較弱小，而世界不同地區的居民或許會取得同等的勇氣和力量，透過喚起共同的畏懼，足以嚇阻獨立國家的不正義，要它們尊重彼此的權利。但似乎沒什麼比知識與各種進步事物的互相傳播更能確立這種力量的平等，而各國與各國間廣泛的商業交流，自然，甚至必然會促進這樣的傳播。[13]

這段美好的聲明充滿人道精神，也極具啟發意義。亞當・斯密指出，造就第五個全球化時代的事件——發現連結歐洲與美洲、歐洲與亞洲的航路——是人類史上最重要的事件，因為它們「某種程度連結了世界最遙遠的角落」。不過，儘管可能透過互惠的貿易（讓世界各地「互通有無」）為所有人類帶來好處，但事實上，卻只為一部分的人類（即西歐人）帶來好處，而為東印度和西印度的居民帶來悲慘，畢竟，歐洲人不只是來做生意，也來劫掠與征服。

亞當・斯密顯然期待一個更公平、更均衡的世界，東、西印度的居民「或許會變得更強大，或歐洲人變得較弱小」的世界，而取得「同等的勇氣和力量」、喚起「共同的畏懼」，乃至互相尊重。亞當・斯密問，那要怎麼實現呢？要透過全球貿易本身來實現。如亞當・斯密所說，商業交流必然會透過「知識與各種進步事物的互相傳播」來實現力量的平等，簡單地說，貿易會促進知識傳播，最終促成力量的再平衡。亞當．斯密在這裡說的是英國的殖民主義，但同樣適用於我們的時代：中國和其他前殖民國家地區，經由參與全球經濟而在技術能力與軍事實力上取得重大進展。亞當．斯密預言了一個再平衡將促成「尊重彼此權利」的時代。這確實應當是我們時代的希望。

海洋時代的一些教誨

海洋時代孕育出全球資本主義。史上第一次，特許經營的私人營利公司從事複雜、全球規模的生產和貿易網。醉心於貪婪的私人公司雇用私人軍隊、奴役數百萬人民、以行賄手段取得在國內外的政治特權地位，有恃無恐、恣意妄為。但比私人貪婪更甚的，是這同時亦是個征服的時代，歐洲列強失控般地競爭的時代。海洋以外的世界成了霸占的目標，而沒什麼能阻止無法無天的強取豪奪。

亞當．斯密的巨著《國富論》為富者提供範本：全球貿易可刺激專門化、提高生產力。他的處方產生的作用遠遠超乎他所能想像。如我們將在全球化下一階段看到的，隨著新發明拓展市場、創造繼續發明的誘因，生產力開始迅速且持續增長。不假外力的成長過程於焉展開，其結果便是創造出一種新的政治力量——全球超級強權，也就是俗稱的「霸權」：由大不列顛實現的全球霸業，連羅馬帝國的強大權勢和豐功偉業也望塵莫及。但也如我們即將看到的，英國和其他主要強國有多少獲利，在工業時代任其宰割的人民就有多麼不幸。

註釋

1 關於這段航程的介紹，請參見Louise Levathes, *When China Ruled the Seas: The Treasure Fleet of the Dragon Throne*, 1405–1433 (New York: Simon and Shuster, 1994)。

2 Adam Smith, *An Enquiry Into the Nature and Causes of the Wealth of Nations* [1776] (New York: Random House, 1937)。

3 Alfred W. Crosby, *Germs, Seeds and Animals: Studies in Ecological History* (New York: Routledge, 2015)。

4 近期關於此方面的討論，可參見Nathan Nunn and Nancy Qian, "The Columbian Exchange: A History of Disease, Food, and Ideas," *Journal of Economic Perspectives* 24, no. 2 (2010): 163–88。

5 Alexander Koch, Chris Brierley, Mark M. Maslin, and Simon L. Lewis, "Earth System Impacts of the European Arrival and Great Dying in the Americas After 1492," *Quaternary Science Reviews* 207 (2019): 13–36, https://doi.org/10.1016/j.quascirev.2018.12.004。

6 關於最新的史料，請參見 John W. O' Malley, *The Jesuits: A History from Ignatius to the Present* (Lanham, MD: Rowman & Littlefield, 2014)。

7 近期關於東印度公司的重要著作，可參見William Dalrymple, *The Anarchy: The East India Company, Corporate Violence, and the Pillage of an Empire* (New York: Bloomsbury, 2019)。

8 Alfred Thayer Mahan, *The Influence of Sea Power Upon History, 1660–1783* (Boston: Little, Brown, 1890)。

9 Joyce Chepkemoi, "Largest Empires in Human History by Land Area," *World Atlas*, May 11, 2017, https://www.worldatlas.com/articles/largest-empires-in-human-history-by-land-area.html。

10 Kees Klein Goldewijk, Arthur Beusen, and Peter Janssen, "Long-Term Dynamic Modeling of Global Population and Built-up Area in a Spatially Explicit Way: HYDE 3.1," *Holocene* 20, no. 4 (2010): 565–73。

11 Sven Beckert, *Empire of Cotton: A Global History* (New York: Knopf, 2014), 85。

12 Beckert, *Empire of Cotton*, 105。

13 Smith, *Wealth of Nations*。

Chapter 7

工業時代

（一八〇〇年～二〇〇〇年）

我們已經來到第六個全球化時代：工業時代，也就是創造現代世界的時代。為了方便起見，我將時間定在一八〇〇至二〇〇〇年，為期兩個世紀。我或許可以把起始日期提得更早，比如一七五〇年、也就是工業化的力量開始在英國聚積的時候，或許也可以延後到一八二〇年、也就是拿破崙戰爭後，拜歐洲的新和平所賜，一場遍及整座大陸的變遷能夠以前所未見的速度進行。但無論細節為何，最重要的一點不容置疑：第六個全球化時代，其決定性的變遷比以往更快速、更深刻，也更廣泛。短短兩百年間，關於我們怎麼生活、在哪裡生活，以及該如何自我管理的種種，全部變了。

第六個全球化時代之初、也就是一八二〇年前後，世界仍極度貧窮。全球約有八五％的人口以務農維生，幾乎全都僅能勉強餬口；住在鄉村地區的人口則約有九三％。多數人一輩子不曾遠離出生

表 7.1　人口與都市化

世界	1800 年前後	2000 年前後
人口	10 億	60 億
都市化比率	7.3%	46.8%
每人平均 GDP，經 PPP 調整（2018 年物價）	$1,200(1820)	$10,500
極度貧窮比例	84% (1820)	25%
零歲平均餘命	29	66

資料來源：Francois Bourguignon and Christian Morrisson. "Inequality among World Citizens: 1820–1992." American economic review 92, no. 4 (2002): 727–44; James C Riley. "Estimates of regional and global life expectancy, 1800–2001." Population and development review 31, no. 3 (2005): 537–43; Kees Klein Goldewijk, Arthur Beusen, and Peter Janssen. "Long-Term Dynamic Modeling of Global Population and Built-up Area in a Spatially Explicit Way: Hyde 3.1." *The Holocene* 20, no. 4 (2010): 565–73; Angus Maddison. "Statistics on World Population, GDP and Per Capita GDP, 1-2008 AD." *Historical Statistics* 3 (2010): 1–36.

地，多半是因為他們被奴役、當農奴，或以某種方式和土地、地主緊緊綁在一起。赤貧相當普遍，預期壽命也短，主因是嬰兒和兒童的死亡率居高不下。但到了二〇〇〇年，一切都變了，世界已經半都市化（四六．七%）、平均所得暴增、平均餘命（預期壽命）已達六十七年（二〇〇〇至二〇〇五年統計）。[1]表7.1總結了這些驚人的改變。

生活結構也不知不覺地改變了。人們不再過著靜謐的鄉村生活，多數人已住進城市中，不再困於村落的相對孤立。人們在資訊永不中斷的世界性網路中互相連結，不再被緩慢的技術變革步調限制，我們已邁入技術瞬息萬變的生活。然而，我們也來到一個永遠有生存焦慮的世界，人類的存續受到我們自己創造之物的威脅，無論是核子武器，或全球規模的環境變遷。

這個驚人的第六個全球化時代，有某些關鍵正步入終點——最顯著的便是英美支配世界經濟與技術的兩百年。下一章將討論的數位技術正再一次顛覆我們的生產模式、甚至是日常生活。但若要了解我們當前的年代和眼前的選擇，我們就必須先了解工業時代，以及它如何塑造了現代經濟。

要展開對工業化的探究，一七七六年是不錯的起點。那一年有四件大事相當具工業時代的精髓。第一件你可能已經猜到了，正是美利堅合眾國發表《獨立宣言》（Declaration of Independence），脫離英國誕生。那確實是史上值得注意的大事，因為它釋放了美國在二十世紀後半成為全球強權的力量。

第二件大事是我已多次提及的、亞當．斯密出版《國富論》，這是一本以全球接觸與全球分工為基礎的現代經濟指南。

第三件大事是另一本書的出版：愛德華．吉朋（Edward Gibbon）的《羅馬帝國衰亡史》（*Decline and Fall of the Roman Empire*）。一如亞當．斯密，吉朋濃縮了十八世紀英國啟蒙運動的智慧與人道。吉朋的傑作提醒我們，像羅馬這種稱霸世界的強權是會衰敗的，二十世紀的大英帝國如此，二十一世紀初的美國也不例外。

但就歷史意義而言，一七七六年發生的第四件大事或許是最重要的。就在這一年，詹姆斯．瓦特（James Watt）成功將他的新蒸汽機商品化。我們已經討論過史上許多關鍵的發明：農

圖7.1　瓦特的蒸汽機，發明於1776年前後

資料來源：Wikimedia Commons contributors，檔名「Maquina vapor Watt ETSIIM.jpg」。

業、動物馴化、字母系統、火藥、印刷機、航海術等等，但我們很難想像有哪項單一發明家的發明，像瓦特的蒸汽機（見圖7.1）這麼至關重大（古騰堡的印刷機例外）。蒸汽機催生了工業時代和現代經濟，儘管蒸汽機不是經濟現代化的唯一成因，但沒有蒸汽機，過去兩百年的其他多項技術就不可能實現。[2]

牛頓曾宣稱：「如果我能看得更遠，那是因為站在巨人的肩膀上。」瓦特能成就如此偉大的突破，也是立基於數位可敬前輩的創新：湯瑪斯．塞維利（Thomas Savery）在一六九九年發明了第一部現代蒸汽機，用燃煤產生的蒸汽來抽水，希望藉由煤礦抽水以提升採礦的生產力。塞維利破天荒的概念隨後由湯瑪斯・紐科門（Thomas Newcomen）發展，他加入了用蒸汽來推動活塞的概念。塞維利的泵浦是藉由產生暫時性的真空，迫使水流過泵浦來運作；紐科門則利用蒸汽推動活塞。在這些蒸汽機協助下開採的煤，主要用於燒煤炭讓住家能在冬天取暖，後來，當然也用於供應蒸汽機本身。而蒸汽機即將成為英國鐵路、輪船、工廠的動力來源，尤其是規模越來越大的煉鋼。

紐科門的蒸汽機效率不怎麼好，它需要大量能源，也無法運用得更廣。一七六〇年代，受雇於蘇格蘭格拉斯哥大學附屬工坊、負責製造科學儀器的瓦特，開始思考怎麼讓紐科門的蒸汽機更有效。瓦特做了兩大創新：一是將蒸汽的能量轉化為運動，他捨棄紐科門使用的交替橫杆（alternating beam），為蒸汽機引進定軸轉動（rotary motion）；第二項變革更具革命性，增設獨立的冷凝器，紐科門的蒸汽機是先加熱而後冷卻鍋爐來使溫度冷熱交替，以便製造及凝結蒸汽，但這浪費了大量的熱能，表示紐科門的蒸汽機需要大量的煤與極高的開銷才能運作，而瓦特採用獨立於鍋爐的冷凝器，大幅提升了蒸汽機的效率，也因此省錢得多。他將蒸汽機從高成本的煤礦抽水裝置，轉變成低成本而用途能擴張至上千種的裝置。一個獨到的洞見就此徹底改變世界經濟。

從有機經濟到高能源經濟

蒸汽機的發明帶領英國進入工業時代。從一七〇〇到一八二〇年，英國的人均產量平均每年成長〇・二六%；一八二〇到一八五〇年，成長率提升到每年一・〇四%；一八五〇到一九〇〇年，更增加到每年一・三二%。人均產量倍增所需的時間，則從原本的兩百七十年（以一七〇〇到一八二〇年的成長率為基準），縮減為六十七年（一八二〇到一八五〇年的成長率），再縮減為僅需五十三年（一八五〇年到一九〇〇年的成長率）。[3]

英國經濟史學家瑞格里（E. A. Wrigley）將這樣的突破描述成從「有機經濟」（Organic Economy）轉型為「高能源經濟」。[4]瑞格里所謂的「有機經濟」意指「所有工業生產都仰賴動植物原料」的經濟。生產原料及將原料製為最終成品所用的能源，絕大部分來自人力與馱畜，也就是「有機輸入」的類型（雖然風車、水車也提供一些能源，但僅占有機輸入的一小部分）。緊接著煤出現了，是一八〇〇年後將大規模運用的三大化石燃料（煤、石油、天然氣）中最先問世的。人們從珍貴的有機能源中獲得解放，不再與種植來養育人口及動物的糧食、飼料穀物息息相關，經濟可以起飛了。

瑞格里對英格蘭及威爾斯的能源消耗估計（依輸入類型區分）如表7.2所示，數值極具啟發性。總能源消耗在十八世紀前半增加了三七%、十八世紀後半增加一二四%、十九世紀前半大增了二五五%。請注意，煤在一七〇〇至一七〇九年蒸汽機問世前便已大量使用，大部分的煤可能用於住家供暖與烹飪。

表 7.2　能源消耗（千萬億焦耳）

	1700-1709	1750-1759	1800-1809	1850-1859
馱畜	32.8	33.6	34.3	50.1
人口	27.3	29.7	41.8	67.8
木柴	22.5	22.6	18.5	2.2
風	1.4	2.8	1.7	24.4
水	1.0	1.3	1.1	1.7
煤	84.0	140.8	408.7	1689.1
總計	168.9	230.9	517.1	1835.5
煤占百分比（%）	49.7	61.0	79.0	92.0

資料來源：E. A. Wrigley, *Energy and the English Industrial Revolution* (Cambridge University Press, 2010), 27, table 2.1.

瓦特的蒸汽機應用到經濟各個層面。用現代的術語來說，它是一種通用技術（general-purpose technology，GPT）——在許多經濟領域都看得到。[5]有了蒸汽機，各式各樣的器具都可以機械化了。最重要的應用很快出現在紡織生產，除了紡紗、織布的機械化，也引進了使用蒸汽動力的大規模工廠生產。冶金術也一飛沖天，蒸汽動力的煉鋼高爐（blast furnace）有極大的進展。運輸方面同樣很快達成重要的突破，蒸汽動力的鐵路、蒸汽動力的駁船、蒸汽動力的遠洋船隻陸續問世。

隨著蒸汽動力大幅降低運輸、產煤、煉鋼、紡織和其他工業過程的成本，新的可能性擴及整個經濟體。其中以農業的成本削減最為重要。有了蒸汽動力的遠洋船運，從南美洲運來有機肥料（祕魯、智利沿岸的鳥糞和蝙蝠大便中的硝酸鹽沉澱物）便經濟實惠多了。鐵路讓人們開闢新的商業農作區，例如阿根廷的彭巴草原，而新的農產品則能越洋出口。十九世紀，農藝學得到科學方面的突破，並且進一步機械化，讓世界種植糧食的能力大增。

糧食產量大增的結果，便是人口成長。更多糧食意味著有更多人存活且生育率提高。因此，從有機經濟到高能源經濟的轉型，讓全球人口大幅增加。全球人口從一七〇〇年的大約六億增至一八〇〇年的九億，到了一九〇〇年更增至十六億。解開了長久以來全球人口規模因為有機經濟糧食生產有限而受到的束縛。

圖1.1（頁三十一）及1.3（頁三十二）生動鮮明地呈現世界人口如何在步入工業時代後出現史無前例的增長。我們能看到，一八二〇年前後的轉折點十分明確：長久以來幾乎一動不動的人均產量，也在工業化濫觴後發生變化。西元前一〇〇〇年到西元一八二〇年間，全球人均產量以幾乎無法察覺的每年〇・〇五％微幅增加。從一八二〇到一九〇〇年，成長率大增十倍，達到平均每年〇・五％。同樣地，全球人口在一〇〇〇到一七〇〇年間，平均每年僅微幅成長〇・一％，一七〇〇到一八二〇年間則加速到平均每年〇・五％，一八二〇到一九二〇年更達到每年〇・六％。簡言之，世界經濟帶動現代經濟產生突破性成長，而全球人口也隨所得增加而水漲船高。

為何英國是最早工業化的國家？

瓦特的發明為什麼能成功？為何英國會率先工業化、躍居龍頭？英國當然不是科學家唯一的故鄉，我認為義大利更舉足輕重，那裡有達文西（Leonardo da Vinci）和伽利略這對歐洲科學革命的大前輩；或者波蘭的哥白尼早在十六世紀就提出日心說這個關鍵洞見，引領伽利略和後來的牛頓思索新的物理學；就連荷蘭在治理和商業上的長足進步，堪稱英國商業革命的先驅，畢竟，是荷蘭君主奧倫治的威廉三世於一六八八年的侵略，帶給英國光榮革命，以及通往現代資本主義體制的明確道路。

英國提供的是一個有利條件的特殊組合，讓瓦特的發明及其後續的應用得以成真。工業革命不是尋常的事件，它必須有數種條件通力配合，自立自持的工業化才可能起飛、經濟才能持續成長。英國獨一無二之處在於，史上第一次有人將所有必要元素湊齊。大約一千年前的中國宋朝或許也提供了類似有利的環境，但當時就是缺少點燃工業化的火花。

英國提供的第一個條件是知識環境，也就是科學和實徵主義備受尊敬的環境。十三世紀神學及哲學家羅傑．培根（Roger Bacon），就是在英國宣揚實徵自然知識的哲學；與他或許有遠親關係的法蘭西斯．培根，也是在十七世紀初的英國提出人類要靠科學與技術追求進步，而科學要以實驗方法為基礎。這種講求實徵的途徑，支撐了下個世紀隨伽利略和牛頓而至的新物理學。

詩人亞歷山大．波普（Alexander Pope）這樣形容牛頓：「自然與自然定律，在夜裡隱藏／上帝說，讓牛頓來！於是一切化為光。」牛頓用他的新物理學解釋宇宙，使未來許多科學突破成為可能。牛頓在劍橋大學做他的研究，而這間機構至今仍是基礎科學的先鋒。英國的大學對工業化至關重要：瓦特可以在格拉斯哥大學的儀器實驗室做他的開創性研究，這個事實充分反映了技術進展的知識基礎；瓦特也因他突破性的發明備受敬重，獲選為愛丁堡皇家學會（Royal Society of Edinburgh）、法蘭西學術院（French Academy）等學術機構的院士。

不過，光有知識環境和知識上的支持還不夠，畢竟義大利也有輝煌的科學傳統和優秀的大學網絡。英國還有其他因素起了作用。另一個關鍵是，瓦特研發技術時，不僅把技術視為概念，也視為一種事業上的冒險。他的目標是賺錢，後來也真的成功了。英國提供了一個市場制度能充分發展，且智慧財產權（採專利權的形式）存在已久的環境，就是在這樣的基礎上，瓦特才能吸引到私人資本，特別是他的事業夥伴、製造業龍頭理查．布爾頓（Richard Boulton）。瓦特和布爾頓必須捍衛他們的專利權以防他人侵犯，而法庭承認他們有此權利。

科學探究、大學、再加上市場制度，仍然不夠充分，畢竟荷蘭比英國更先達成這樣的組合；但英國擁有某種荷蘭欠缺的東西：煤。容易取得煤是關鍵——而且不只是煤，英國還有煤業。英國很早就用煤提供住家暖氣和烹煮食物，因此有豐富的開採、運輸和銷售經驗。這是一個極大的優勢。全憑假設的經濟學家可能會宣稱：「這個嘛，若不是煤，也會是別的東西，或許是石油或天然氣。」但必須先有煤，才可能有其他化石燃料。複雜得多的內燃機和燃氣渦輪機都是在蒸汽機的基礎上發展，若非先用燃煤蒸汽機發展數十年的採礦、冶金、機械製造和發動機等技術，這兩種機器根本不可能出現。

但講求實徵、具科學前景、備有大學和市場制度、有煤可用、用煤經驗豐富，這些加起來仍不是完整的故事。事實證明蒸汽機有利可圖是因為英國是全球貿易體系的一環，有跨國公司撐腰（例如東印度公司）、可運送棉花等商品到英國以蒸汽為動力的新工廠並加工成紡織品。換句話說，瓦特擁有潛力雄厚的市場，而不是只有構想和取得專利及煤炭的機會。

自立自持的工業化在人類史上只起飛過一次：十八及十九世紀初的英國，此後所有其他工業化都是英國此次突破的技術、公司法和金融機制的後裔。在英國工業革命之前，已有其他地方發展工業——紡織、製鐵、機械——但沒有任何一處擺脫有機經濟。也許在英國之前，宋朝或明朝最可能掙脫，當時的中國有市場、貿易、科學和技術知識，以及煤礦（雖然較不易取得）。英國為何能搶在中國之前工業化，或許沒什麼根本原因。人類史一如自然演化，也受偶然和隨機支配。

科學家懷疑生命是源於一種獨一無二的條件匯聚：生物原料（特別是能自我複製的核糖核酸（RNA））、一種能源（或許是海底熱泉），加上第一個生物細胞的構成要素具備自我組織的特性（例如脂膜和自我複製的RNA股）。這些拼塊以某種方式自己組合了。那一定不是什麼貌似可能的過程。既然今天所有生物顯然來自有同樣DNA化學成分的共同祖先，那個會自我複製的生命，必定只出現過一次。

自立自持的經濟成長情況雷同。需要同時有數種條件於英國成立，才能啟動工業革命。而所有後續的工業化，美國、西歐、俄國、日本、中國，乃至現在的非洲，本身的工業世系都可追溯到同一位共同祖先：一七七六年的瓦特和他在格拉斯哥的蒸汽機。

內生成長和康波理論

蒸汽機是如此關鍵，促成了工廠生產、精密加工和無數蒸汽動力應用的大幅進展，因而開啟了進一步發現的連鎖反應。哈佛大學教授馬丁．韋茲曼（Martin Weitzman）指出，創新可以透過「構想的雜交」，建立於現有的技術上——也就是將既有的技術結合成新的模式，再將新的模式結合成更創新的設計。[6]

且讓我依照他的見解舉個非常簡單的例子。假設現在有十種不同的技術。這十種技術便有四十五種雙向組合（1/2×10×9）。假設這些配對有二〇％能產生有用的新技術，那我們就多了九種技術。接下來，這九種新技術又能彼此或與原有的技術雜交（結合），產生更多的創新。韋茲曼把這種不間斷的過程稱作「重組的成長」。

這裡的基本概念是：創新會孕育創新。我們可以從一個相關的觀點來看待這種動能：創造獲利的機會。假設每一項技術突破都能帶動經濟成長，而（為求數字簡單）假設這些技術突破都能使經濟規模擴充為一倍，如果把英國在瓦特之前的GDP設為一百個單位，那我們或許可以說蒸汽機將GDP提升到兩百個單位。有了更高的GDP，投資的誘因也就更大。每一種發明都可能賺得更多收益、足以支應研發及初期實踐新構想的費用。當GDP來到兩百，便有更多與瓦特類似的潛在發明獲得探究的機會，最終會有一個被研發出來，把GDP提升到四百，造就了更多研發與更進一步的創新。經濟學家以「內生成長」稱呼這種自立自持的過程（創新↓更大的市場規模↓創新↓更大的市場規模）。經濟學家保羅．羅默（Paul Romer）在一九八〇年代針對內生成長提出嚴謹的數學解釋，並以此成就獲頒諾貝爾經濟學獎。

蒸汽機和高能源經濟之轉型，啟動了強勁的內生成長過程——強勁到持續了兩百多年。在工業化時代前幾乎文風不動的全球人均GDP，自一八二〇年開始迅速且穩定地增長。支持此長期成長的是一波接著一波的技術進展，其中許多是透過雜交建立於先前的技術之上，其他則是引進新的構想和方法。

這一波波的技術常被塞進不同的時期，就像以全球化來定義時代一樣。最早的技術浪潮理論出自俄羅斯經濟學家尼古拉．康德拉捷夫（Nikolai Kondratiev）。他在一九二〇年代鑑定出重要的技術浪潮大約每五、六十年循環一次，每一波都會帶出一個商業投資提振經濟的新時代，延續經濟成長的道路。康德拉捷夫長波理論（Kondratiev waves，簡稱康波理論，有時也直接譯為「科技革命」）的其中一種詮釋如圖7.2所示（依據維萊紐斯〔Wilenius〕和庫爾基〔Kurki〕的詮釋）。[7]

在這張圖裡，一七八〇到一八三〇年，蒸汽機催生出第一道長波。隨後是一八三〇到一八八〇年的第二波，鐵路和鋼鐵投資，兩者皆仰賴蒸汽機和其他新技術。第三波是一八八〇年到一九三〇年，電氣化（以法拉第〔Faraday〕在電磁感應方面的發現為基礎）和現代化學的年代。第四波則是汽車（及內燃機）和由石化燃料帶動，我們可稱之為一九三〇到一九七〇年的石油時代。再來則是以資訊與通訊技術（ICTs）為基礎的第五波，持續到二〇一〇年左右。最後，維萊紐斯和庫爾基鑑定出第六波「智慧技術」，包括機器人和人工智慧，將從二〇一〇年持續到二〇五〇年。紅色的長條是標普五〇〇指數（S&P 500）的十年股本報酬率。

兩人的論點是，每一道技術波都會帶動股市價格上漲，暗示未來的獲利能力與投資的誘因；在技術周期的尾聲，報酬重新歸零，等待新的技術創新開啟下一個投資周期。近來另一種詮釋鑑定出四個而非六個工業化階段：（一）水力及蒸汽動力；（二）電力及內燃機；（三）資訊與通訊技術；（四）技術融合，結合資訊與通訊搜術兩者、諸如基因組學（genomics）等生物技術，以及新原料（例如奈米技術）。[8]

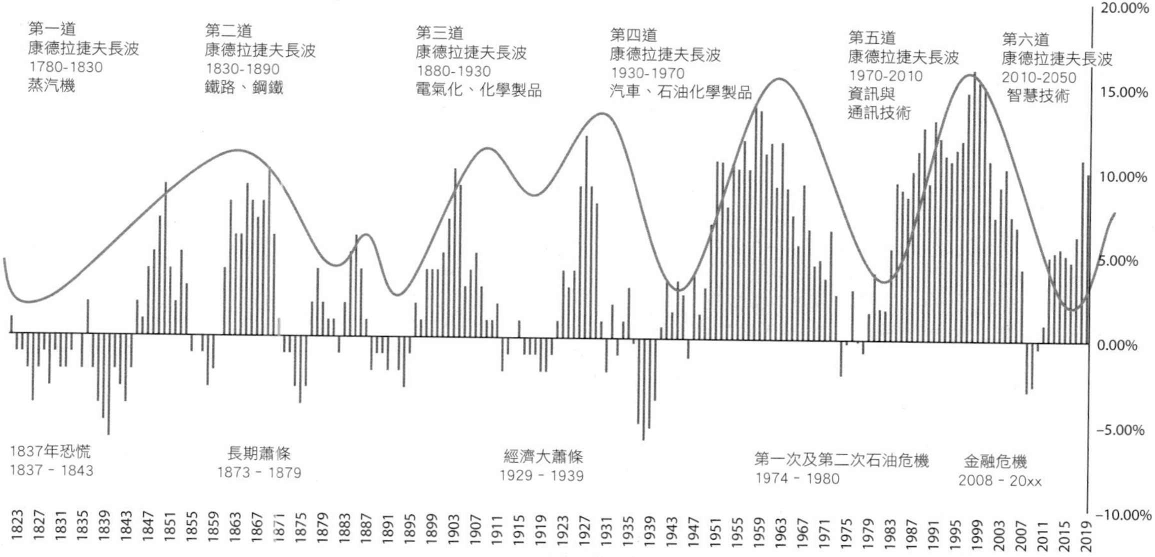

圖 7.2　1823－2019 年呈現的康德拉捷夫長波

資料來源：1814 年 1 月到 2019 年 6 月 S&P 500 的十年股本報酬率（每年%）。資料來自彭博社（Bloomberg）Datastream、赫爾辛基資本夥伴（Helsinki Capital Partners）（圖例）、維萊紐斯（Markku Wilenius）。

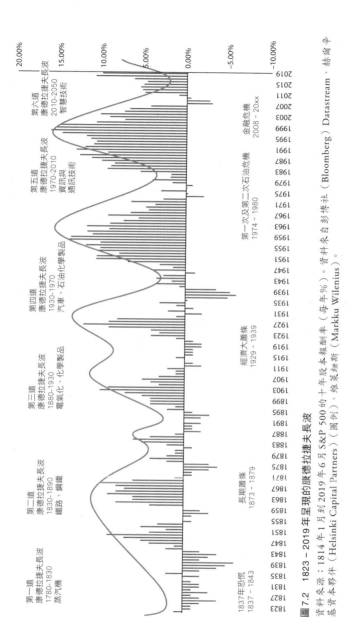

表 7.3　特定國家與年份的人均 GDP，經 PPP 調整（英國 = 100）

	1820	1850	1870	1900
英國	100	100	100	100
法國	67	69	59	64
荷蘭	108	102	86	76
西班牙	59	46	38	40
西歐	70	67	61	64
中國	35	26	17	12
印度	31	23	17	13
日本	39	29	23	26
美國	74	77	77	91
非洲	25	—	16	13
拉丁美洲	41	—	21	25

資料來源：Angus Maddison. "Statistics on World Population, GDP and Per Capita GDP, 1-2008 AD." *Historical Statistics* 3 (2010): 1–36.

工業化在歐洲的擴散

紐科門的蒸汽機與瓦特的改良，和紡織、冶金學的其他創新，在十八世紀中葉開啟了英國的工業化。但全面的成熟工業化則要到拿破崙戰爭結束才擴展開來。一八二〇年時，英國和荷蘭的人均GDP冠於歐洲（史學家麥迪森以一組穩定的國際物價計算），但差距不大。表7.3總結了十九世紀的故事：每個國家的人均所得都是跟英國比較，以英國為指數一〇〇，因此，表上的七〇代表人均所得是英國的七〇%。一八二〇年時，英國領先歐洲其他國家，唯荷蘭例外（指數一〇八）。一八二〇至一八五〇年間，英國和英國附近的國家（如法國和荷蘭）普遍成長得比距離英國較遠的國家（如西班牙、義大利、希臘、芬蘭）迅速。到了一九〇〇年，距離產生的差異更加明顯，平均來說，一個國家距離英國越近（以首都的直線距離計算），它在一九〇〇年的人均所得就越高。

此處可以看到一種地理擴散的過程。工業化從英國開始，然後隨時間逐漸轉往歐洲其他地方，較遠的區域工業化普遍越晚。情況有點像扔一顆石頭到水中，漣漪以同心圓向外擴散，越接近石頭落水之處，就越早接收到衝擊，距離越遠則越晚。

逐漸擴散的原因是什麼呢？別忘了英國的工業化有數個基礎，包括工業產品的市場、有煤可用、運輸條件、工業技能，以及實際的技術知識。這些同時也是工業化後進的必要條件，他們的產出需要市場。提供了那個市場的經常就是英國。他們需要煤，而那可能來自他們國內的礦產，也可能是從英國或其他產地運來；他們需要運輸，而中歐和東歐走陸路的運輸成本，通常比沿海經濟體走海路來得高；同時，他們也需要工業技術（從識字和計算開始）以及專業的知識。就上述每一個先決條件而言，地理位置接近英國這個大規模工業的故鄉，是有幫助的。於是，工業化的浪潮在一八二〇至一八五〇年開始擴散，先從英國的鄰居開始，包括比利時、荷蘭和法國，再於同世紀後半傳播到較遠的國家（北歐、德國、義大利、西班牙），最後在十九世紀傳到東歐和俄國。

當然，國家的特性也很重要。有些國家產煤，有些沒有，像瑞士這樣的國家可以在水力發電技術問世後加以利用。有些國家從一開始就有全國市場（法國、荷蘭）。其他國家（如義大利、德國）則要到一八七〇年前後才統一。而歐洲一些地區，特別是東歐，仍留有前資本主義的農奴制度，必須先去除它，以市場為基礎的工業化才可能實行。對這些國家來說，英國樹立了標準，也堪為榜樣，它提供了技術、資本、知識和市場，能夠提升落後國家的所得。

全球大分歧

工業全球化的時代戲劇性地拉大了北大西洋——西歐和美國——及世界其他地方在所得、工業生產及軍力上的差距。從一五〇〇年開始，西歐在軍力、全球征服、工業規模、跨國生產，以及棉花、糖、菸草等產業的貿易上皆有長足的進步。到了一八二〇年，據麥迪森估計，西歐與亞洲的人均產量已開始出現顯著的落差。中國、印度和日本的人均所得都在六〇〇元左右（以一九九〇年國際元計），反觀西歐則平均在一二〇〇元左右，英國更以一七〇〇元在全球居冠。隨著工業化上場，差距在十九世紀急遽拉開。

圖7.3藉由比較兩個最生龍活虎的工業化國家——聯合王國和美利堅合眾國——與世界其他數個地區，歸納了這個張力十足的故事。我們看到三組結果：英國和美國領先全球，一九一三年達到人均所得五〇〇〇元；拉丁美洲和日本居中，十九世紀後半開始出現極為有限的經濟成長，使

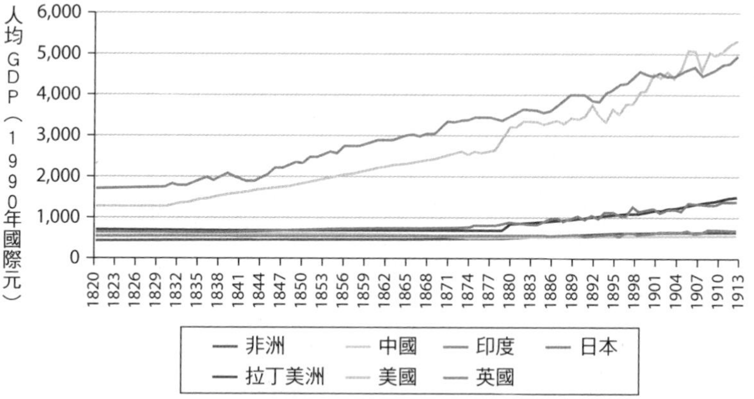

圖7.3　1820年－1913年，主要國家與區域的經濟分歧

資料來源：Angus Maddison. "Statistics on World Population, GDP and Per Capita GDP, 1–2008 AD." *Historical Statistics* 3 (2010): 1–36.

所得在一九一三年達到一四〇〇元；落後組則包括非洲、中國和印度，它們基本上沒有經歷人均產量的增長，直到一九一三年，人均GDP仍在六百元左右。因此，一九一三年時，兩大龍頭的人均所得約是非洲、中國和印度的八倍！光是人口一億左右的美國，產量就比居民合計七億五千人的中國和印度加起來還高。

歐亞大分流的故事是十九世紀世界經濟的戲劇性事件。世界也在這段時間落入北大西洋強權之手，先是英國與其他歐洲帝國，再來是二十世紀的美國，尤其是在第二次世界大戰後。

直到二十世紀尾聲，亞洲才藉由中國和印度的迅速成長，開始縮小從十九世紀拉開的相對所得與權力的巨大差距。

決定全球工業化模式的要素之一是煤的存在——進入二十世紀後則是擁有石油和天然氣與否。靠近煤產地的地方往往較早工業化，離煤較遠的地區則通常遲得多。如圖7.4（見頁二〇二）所示，世界藏煤量最豐富的地區包括西歐、美國、澳大利亞、俄國、中國、印度、印尼、南非、安地斯山脈、巴西東南部；赤道非洲及熱帶美洲大部分地區則沒有蘊藏煤礦。

以煤為基礎的第一階段工業化是在十九世紀前半、跟著英國早期的領導在西歐開始；數十年後，即十九世紀後半，採煤和以煤為基礎的工業化才在美國、澳大利亞、日本和俄國展開，最後於二十世紀擴散到其他產煤區。二十世紀，隨著內燃機和燃氣渦輪發動機等發明，出產碳氫化合物不僅成為生產石油天然氣的優勢，也對發展石化工業和其他能源密集產業大大有利。

亞洲劇場：中國、印度、日本

我們必須了解昔日亞洲面臨歐美工業化的故事，因為正是這個故事形塑了我們繼承、並於今日迅速重新洗牌的世界。一八二〇年擁有全球高達三七%人口的中國，發現自己被數個疆域不及自己十分之一的國家羞辱了。雖然中國成功避免在十九世紀被直接殖民，卻未能避免混亂、軍事挫敗、主權遭歐洲帝國列強侵蝕。

人口占世界二〇%的印度更慘。從十八世紀中葉開始，印度一步一步被東印度公司併吞，到一八五八年完全淪入大英帝國之手，帝國正式從東印度公司承接殖民統治的工作。

日本是亞洲相對成功的故事，不僅保住主權，也順利在十九世紀末開啟工業化之路，儘管所得仍低於歐洲甚多。拜工業化所賜，日本從十九世紀末開始成為亞洲的軍事強權，直到二次世界大戰戰敗為止。解析這三國路徑大不同的原因，是經濟史和政治史最艱鉅的任務之一。

中國的故事從一七九三年開始，當時英國使節團請求中國開放中英通商，遭到清朝皇帝斷然拒絕。清朝皇帝不認為兩國通商有何好處，便打發了使節團。第二次的出使任務在一八一六年鎩羽而歸。而當英國人下一次回來，就是來尋仇了，他們在一八三九年發動惡名昭彰的鴉片戰爭。這一次，英國人不接受拒絕，中國被迫開放對英貿易——不僅是一般的買賣，還有來自印度、由英國商人兜售的鴉片。當中國官員反對並打算沒收被帶進中國水域的鴉片，英國便以發動戰爭作為回應。一支英國遠征軍連連進犯沿海城市和港口，逼清廷於一八四二年簽下《南京條約》——開放包括上海在內的四個港口通商，並將香港島「永久」轉讓給英國。而英國食髓知味，在一八五〇年代增加要求，因此爆發第二次鴉片戰爭（一八五六至一八六〇年）；這一次，英法聯軍攻進北京，放火燒了圓明園。

歐洲帝國主義者的侵略讓中國陷入百年難以掙脫的經濟困境。清朝在第一次鴉片戰爭戰敗蒙羞後，史稱「太平天國之亂」的內亂在一八五〇到一八六四年間爆發，清廷與自稱耶穌的支持者針鋒相對。叛變最終演變成一場全面戰爭，多達數千萬人死亡。中國試著從流血屠殺中恢復，並於十九世紀後半進行「戊戌變法」，期盼能與歐洲人抗衡；但清廷始終無法制定一貫的改革計

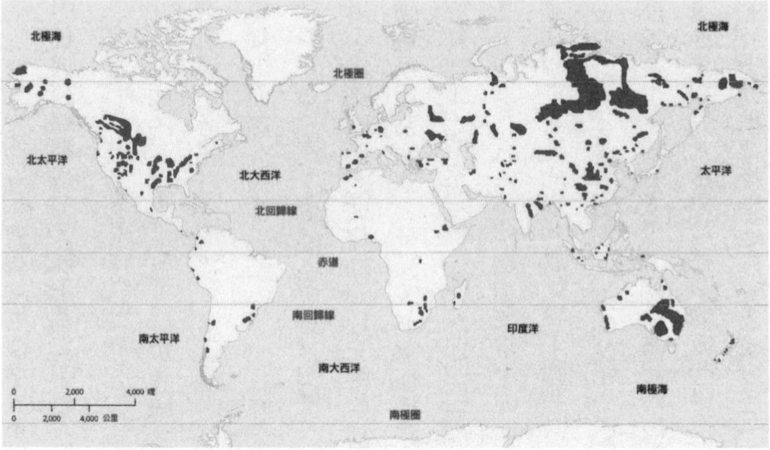

圖7.4　2017年，煤的主要地質礦床

資料來源：“World Coal Deposits Map,” mapsofworld.com

畫，也無力抵抗歐洲帝國主義者變本加厲的要求。一八九九年，另一場反對清廷對歐洲人讓步的叛亂爆發，「義和團之亂」再次引來歐洲列強的武力威懾。一九〇一年，清廷在列強脅迫下簽訂「辛丑條約」，允許外國強權駐軍北京，並支付賠款。

清朝的權力終於在一九一二年崩潰，孫中山宣布建立中華民國；但不出幾年，整頓秩序、改革和經濟發展的機會再次因內部動亂煙消雲散。中國的國土四分五裂，軍閥割據爭權。一九二七年，國民政府對中國共產黨發動攻擊，引爆一場將持續至一九四九年的內戰。日本在一九三一年進犯中國，蠻橫地占領中國的部分區域，直到一九四五年日本於二戰戰敗為止。以毛澤東為首的人民解放軍（共產黨軍）在一九四九年擊敗蔣介石率領的國民政府軍（國民黨軍），宣布成立中華人民共和國。

中國的動盪沒有就此結束。新中國在一九五〇年代實施蘇維埃式的中央計畫經濟，但同年代晚期，毛澤東對其成果感到不耐，遂發動「大躍進」來加速工業化，結果引發混亂與飢荒，農人被迫離開田地，為毛澤東以土法煉鋼建國的幻想投入貧乏的資源與勞力，約有四千五百萬人因此餓死。但毛澤東惹的亂子還沒完，因為他隨即發動文化大革命，導致另一波十年混亂——從一九六六年到他一九七六年去世為止。直到一九七八年（第一次鴉片戰爭一百三十年後），中國才終於展開以市場為基礎的經濟改革與轉型。而此時的中國是貧窮的農村經濟體，人均所得不到西歐的十分之一。

印度也是一則長期衰退的故事。十七世紀時，印度還是蒙兀兒統治的一統國家。它是世界四分之一人口的家園，產出也約占全球四分之一。當時印度顯然是世界最大的製造國，紡織品廣受歐洲消費者欣賞和喜愛；但一如中國，印度相較於工業國家的人均所得，以及在世界經濟的分量，都從崇高的位置一落千丈，到二十世紀後半才開始復甦。

印度的衰退始於蒙兀兒政權在十七世紀晚期遭遇的重重難關。在印度西部，蒙兀兒的統治受到諸多強敵挑戰，包括波斯、旁遮普的錫克人（Sikh）邦聯、德干高原新崛起的馬拉塔帝國（Maratha Empire）。馬拉塔帝國在數場戰役中打敗蒙兀兒人，進而掌控印度大半地區。在東部的孟加拉，英國東印度公司的私人軍隊在一七五七年的普拉西戰役（Battle of Plassey）中打敗統治的王公，為該公司取得對孟加拉的實質控制與徵稅權力。該公司也成功在東南沿海的戰役中擊敗法國（此為英法七年戰爭的全球戰場之一）。自此，蒙兀兒的統治可說名存實亡了。

從普拉西戰役到一八五七年印度民族起義（Indian Rebellion of 1857）為止，東印度公司打了無數場戰爭，包括一七七五到一八一八年間與馬拉塔帝國的三場戰事，因而掌控了印度全境。英國人的統治嚴酷且極具破壞力，數場飢荒和冷酷的暴政導致數百萬人喪命。公司官員腐敗成性，使英國政府在十八世紀末出手接管部分公司事務與政策，因此十九世紀前半，英國在印度的統治可說是公司與王室共治。一八五七年，反抗英國統治的印度叛亂被徹底擊潰，英國政府利用此事直接接手對印度的控制，創立英屬印度（British Raj），直到印度在一九四七年脫離殖民統治獨立為止。

英國的經濟政策導致了印度的經濟與社會積弱不振。歷史學家普拉桑南．帕塔薩拉蒂（Prasannan Parthasarathi）說得生動：英國於整個十八世紀實行貿易保護制度，讓印度著名的紡織品無法打入英國市場，最終使得數百萬紡紗及編織者在十九世紀落入貧窮，這絕非自由市場的勝利；英國是透過一連串的措施才在十八世紀打敗印度紡織業，包括越漸嚴格地禁止印度紡織品進口。帕塔薩拉蒂這麼總結這一連串的政策：

從十七世紀末，英國製棉業就與國家保護政策並轡擴張。一七〇〇年禁止印度染色及印花布進口，大幅提振了英國的織物印花產業，也壟斷國內市場的供給。一七二一年禁止印度白棉布（calico）進口，促使英國製造業者尋找並發展當地製造的代用品，以頂替先前從次大陸進口的產品。一七七〇年代，隨著阿克萊特（Arkwright）水力紡紗機和克朗普頓（Crompton）走錠紡紗機的發明，替代任務圓滿功成。但保護年代並未就此結束。一七八〇年代針對印度平紋細布徵收的關稅，協助英國平紋細布製造業者擴張及改善他們的製造能力。貿易政策是英國棉業發展不可或缺的一塊。[9]

從一八五八年到印度獨立，英國的政策旨在將印度變成英國市場的原料供應者，而非紡織成品製造業的競爭對手。英國殘酷地統治農村，袖手旁觀數場飢荒發生——那既反映自然天候，也反映英國有多麼漠視印度人的性命。基本的健康、教育、糧食救濟等服務付之闕如，任憑廣大的貧窮人口和大抵不識字的農民自生自滅。當全球於二十世紀前半出現好幾個工業化（例如鋼鐵），印度的工業化和發展則要等到政治獨立才能起步。而在獨立之際，印度的不識字率高達八〇至八五%，一九五〇到一九五五年期間的預期壽命只有三十七年。[10]

十九世紀的工業化在亞洲只發生於一個地方：日本。只有日本不但能避免屈從於歐洲，還以內部改革推動早期的工業化。日本的成功反映了它的歷史、地理和面對歐美帝國主義威脅時的有效改革，三者缺一不可。日本的早期近代史可追溯到一六〇三年，幕府將軍德川家康將日本一統於他的封建統治。德川幕府從一六〇三年統治到一八六八年，定都江戶（今東京），天皇則在京都擔任象徵性的元首。一六三五年，日本斷然限制國際接觸和貿易，阻止基督教和西方列強對日本政治和社會與日俱增的影響。貿易僅限少數港口，也僅限從中國、韓國、荷蘭歸航的船隻。

德川時代是內部和平的時代，也是文化、基礎教育、農業強化、都市化和原始工業（高勞力密集工業）發展的時代。根據麥迪森的估計，日本的人口從一六〇〇年的一千八百五十萬，增長到一八七〇年的三千四百四十萬。到德川時代晚期，約有四〇到五〇%的男性和一五到二〇%的女性識字，以那個年代而言相當高。早在一七五〇年，江戶的人口就有一百二十萬人，另外四個大城（大阪、京都、名古屋、金澤）的人口也都超過十萬。

日本在一八五三年以後的發展是史上最驚人的歷程之一。那一年，美國海軍軍艦在培里准將（Commodore Perry）率領下進入江戶灣，培里要求日本比照中國和印度對歐洲列強開放的方式對美通商。日本一如中國和印度，面臨著西方帝國進犯的嚴峻威脅；但只有日本回應得夠快、夠一致，讓它能夠阻止外人入侵、捍衛主權，進而開啟成功工業化的階段。

地理也為日本的成功扮演要角。群島地形讓日本較能抵禦侵略，農業生產力確保糧食能自給自足，本土出產的煤礦也提供早期工業化的基礎。而作為一個聚落密度高、部分都市化的社會，日本遠比中國或印度更能決然且有效地實行經濟、政治、社會改革。憑藉著幸運和得當的策略，日本得以在十九世紀後半維持統一陣線，對抗歐美的威脅，並且在二十世紀初成功現代化。

決定性的事件發生在一八六八年，德川封建體制下的一群氏族以擁立天皇、反對德川幕府統治為名起義。之後的明治維新便企求以現代化的日本因應西方的挑戰。封建制度遭廢除，封建領主（大名）轉任地方行政官，受新的中央集權政府管制。封建社會的四個階級也隨之打破，其中包括武士階級的解體。

日本政府也派出岩倉使節團（Iwakura Mission）進行傑出的外交計畫：資深日本外交官員周遊世界，與歐美建立新的外交關係，並研究海外的最佳實務，以作為日本許多關鍵領域改革的基礎，包括政府架構、中央銀行、軍事、高等教育、工業化等等。

於是，這造就了一場幾乎風平浪靜的成功轉型（除了一八七七年短命的西南事變〔Satsuma Rebellion〕外）。這樣的結果或可稱作一場反對德川時代封建制度的「資本主義革命」。工業開始成長、基礎建設扎根、外國專家為日本帶來新的機器技術、帝國大學設立，到了一八九〇年代，日本已成為亞洲的工業重地。

在一八七〇到一八九〇年間，日本的人均GDP以年均一．六%的速度成長；軍事實力的成果則在一八九四到一八九五年甲午戰爭中展現：日本打敗了中國，在臺灣建立帝國統治。接著日本在一九〇四到一九〇五年的日俄戰爭擊敗俄國，復於一九〇五年在韓國建立帝國統治。儘管日本在人均所得上仍遠遠落後於歐美，但一九一三年時，日本的人均所得大約是中國的二．五倍。

歐洲併吞非洲

雖然非洲是世界最貧窮、工業化程度最低的地方，且歐洲人數百年來一直以非洲人為奴，非洲卻是最後一個面臨歐洲殖民霸權全面進犯的大陸。至十九世紀末，歐洲在非洲的帝國據點仍只有非洲北部及南部的殖民地、以及東非和西非沿海的一些貿易站和要塞；非洲內陸大致不受歐洲控制，甚至不為歐洲人所知，最重要的原因還是與疾病息息相關。

地處熱帶氣候、坐擁無數動物宿主，熱帶非洲是許多人畜（包括馬）致命疾病的溫床。由甘比亞瘧蚊（*Anopheles gambiae*）叮人傳播的惡性瘧疾，形成了一道阻絕歐洲征服的天然屏障。非洲人類錐蟲病，亦稱嗜睡病，是由采采蠅傳播，在中非各地重創牛馬。要到各種疾病、特別是瘧疾的預防和治療方式發現後，非洲才淪為歐洲貪婪帝國競爭的祭品。

瘧疾的治療之道在祕魯發現，祕魯原住民會飲用金雞納樹皮泡成的茶來治療熱病。英國人一聽說這種茶飲，便偷取金雞納樹的種子，開始在英國種植。茶飲中的活性抗瘧疾成分是奎寧（quinine），一種味苦但能預防、治療瘧疾的物質；更棒的是，奎寧還可以加入琴酒，調成非常適合在殖民建築外廊享用的飲料。琴酒和奎寧水不僅能撫慰歐洲人的味蕾，也為一八八〇年代歐洲征服熱帶非洲內陸掃除了障礙。「琴通寧」加上更先進的槍械（包括新研發的機槍），讓歐洲列強得以迅速瓜分及征服非洲。[11]

一八八〇年代的歐洲，其帝國主義已高度發展，甚至更為精煉：為了不要讓各國在瓜分非洲時產生紛爭，一八八五年召集各帝國外交官舉行柏林西非會議（Conference of Berlin）。會議紀錄顯示了歐洲外交官圍桌而坐，牆上掛著非洲地圖，但房裡沒有半個非洲人。帝國主義是單向的事。一九一三年，非洲全境都落入歐洲帝國的掌控，僅除了位於非洲之角（Horn of Africa）的衣索比亞和西非的賴比瑞亞。見圖7.5（見頁二一〇）所示。

英美霸權

十九世紀末，英國是首屈一指的帝國強權，維多利亞女王統治不列顛群島、印度、緬甸、錫蘭（斯里蘭卡）、馬來亞（Malaya）、非洲大半地區（「開普敦到開羅」）、新幾內亞和世界各地數十座島嶼及較小的據點。其中許多儼然成為皇家海軍的「加油站」——當時絕對是世界上最強大的英國海軍，監控了印度洋的航道（經由一八七一年開通的蘇伊士運河連接英國與印度）。一八八二年後英國仍實質掌控埃及，主要就是為了確保這條通往印度的航路。有趣的是，中國的GDP一直是世界最高，到了一八八八年才總算被美國超越，但中國非常貧窮。一八七〇年，人口約三億五千八百萬的中國，人均所得只有五三〇元（依據麥迪森的資料，並依一九九〇年國際物價調整）；而人口僅三千一百萬的英國，人均所得高達三一〇〇元，約為中國的六倍。[12]

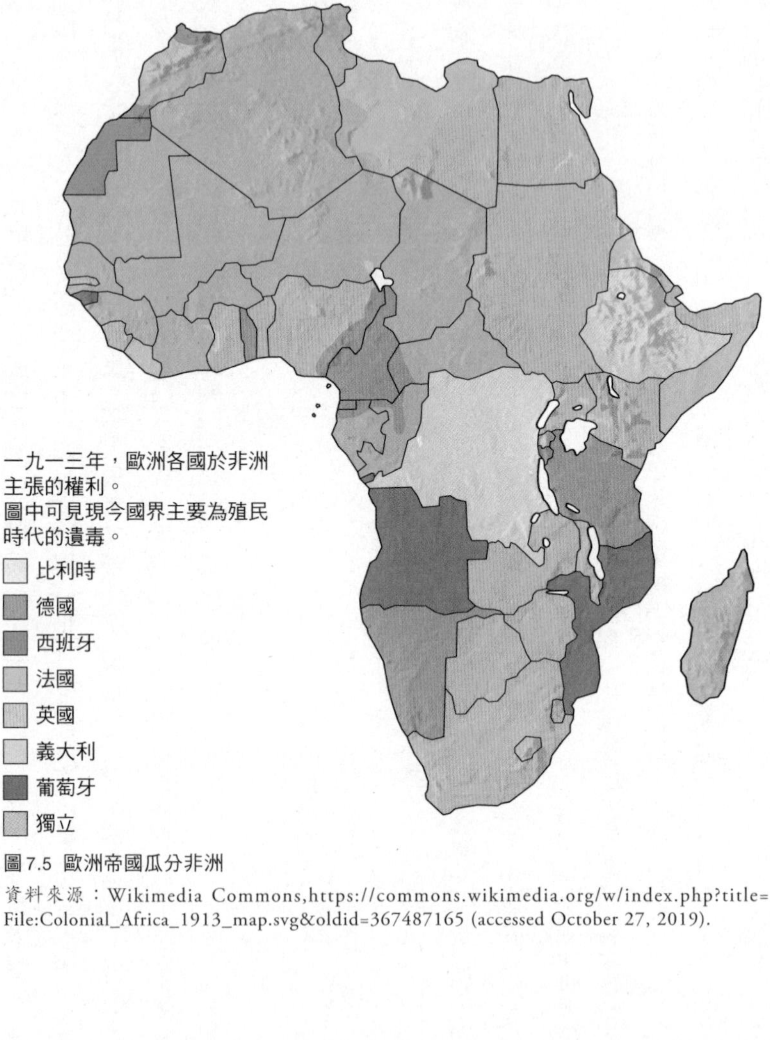

圖7.5 歐洲帝國瓜分非洲

資料來源：Wikimedia Commons,https://commons.wikimedia.org/w/index.php?title=File:Colonial_Africa_1913_map.svg&oldid=367487165 (accessed October 27, 2019).

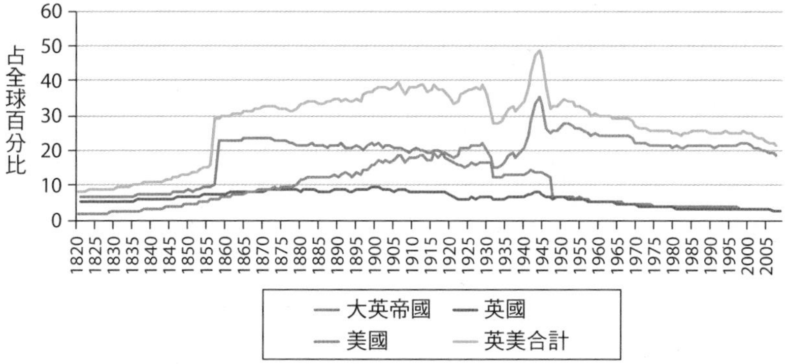

圖7.6　1820年－2008年，英美經濟優勢的興衰

資料來源：Angus Maddison. "Statistics on World Population, GDP and Per Capita GDP, 1-2008 AD." *Historical Statistics 3* (2010): 1–36.

當然，英國也孕育了英語的分支，尤以美國、加拿大、澳大利亞、紐西蘭最為重要，後三者在《一九三一年威斯敏斯特條例》實施前仍隸屬於英國王室。美國的經濟蓬勃發展，依照麥迪森的估計，總GDP和人均GDP分別在一八七二及一九〇五年前後超越英國。

讓我們想想英美經濟體的規模，也就是把大英帝國和美國加起來，占有世界經濟多少比重（見圖7.6）。這裡的大英帝國指英國和十六個殖民地（採麥迪森提供的十九世紀GDP估計值），其中最大的是愛爾蘭（到一九二一年）、加拿大和澳大利亞（到一九三一年）及印度（到一九四七年）。

一八二〇年時，大英帝國的產出約占全球六%。到了一八七〇年，拜英國本身的工業化和帝國領土擴張之賜，大英帝國約占全球經濟的二三%。自此到一九一八年，大英帝國占全球經濟的百分比都維持在二〇%左右，之後才隨著殖民地紛紛獨立而下降——從一九二二年的愛爾蘭獨立開始。

十九世紀期間，美國成為世界最大的經濟體，在世界產出所占的比重，從一八二〇年的二%一路提升到一八七〇年的九%、一九〇〇年的一六%及一九一八年的一九%。因此，第一次世界大戰結束時，英國和大英帝國的經濟規模仍大致相仿。但也是從那時起，美國的比重持續上升，在第二次世界大戰結束時超過二五%；大英帝國則持續衰退，到了一九五〇年，因印度於一九四七年獨立之故，跌至全球經濟的一〇%。如果把英美的世界加起來，這對英語雙霸在一九〇〇年時約占世界產量的四〇%，此後直到二戰都維持可觀的比例。二戰後，印度和其他英國殖民地陸續得以獨立。到了一九八〇年，大英帝國基本上已經消失，而英國本身占世界產出的分量不到四%。

在一戰之前，英國無疑是英美管弦樂團的指揮。英國是工業重地，倫敦市是世界無可爭辯的金融中心，英鎊是全球最強勢的貨幣，英國海軍支配海洋。遲至一九一三年，人們仍很難想像英國不再是霸權，或至少不能在二十世紀至少和美國平起平坐。當然，法國是歷史悠久的帝國，德國也在非洲有所斬獲。美國雖是世界上最大的國家，拓展海外帝國的起步卻比較晚。

第一次世界大戰前夕，世界被貿易、帝國及「不列顛治世」（Pax Britannica）連結起來。說英國是世界第一個霸權並不為過。雖然第一個全球帝國是西班牙建立的，但始終未能像英國那般控制海洋。凱因斯（John Maynard Keynes）在他的大作《凡爾賽和約的經濟後果》（*The*

Economic Consequences of the Peace）中，就從倫敦在一戰爆發前的有利位置生動鮮明地描述了這個相互連結的世界。

倫敦居民可以一邊在床上喝他的早茶，一邊打電話訂購全球形形色色的商品，想要訂多少就訂多少，然後合理地指望東西不久就會送到家門口；他可以在同一時間，用同樣的方式將財富投資於世界任何地區的天然資源和新企業，並且毫不費力地分享預期中的成果和利益。或者他也可以將他的財產安全，與任何大陸、任何大城居民的誠懇踏實結合在一起（無論是他人推薦的、或是異想天開的）；如果他想，他馬上就能以便宜又舒適的運輸方式前往這些國家，無須護照或其他正式手續；他可以派僕人到附近的銀行換來看似便利的貴金屬，然後帶著身家前往海外，毫不了解對方的宗教、語言或習俗，一旦遇到一點點阻礙就忿忿不平、驚詫不已。[13]

但令人震驚的是，沒過多久，歐洲和大英帝國就崩毀了。一如羅馬敗給日耳曼民族、拜占庭敗給鄂圖曼人、中國人敗給蒙古人、亞洲敗給歐洲，歐洲也在一九一四年經歷一波決定性的衝擊，而這波衝擊將再次改變世界，讓歐洲帝國跌落全球霸權的高峰。

歐洲流血三十年

一九一四到一九四五年這三十年，可視為人類史上最大的威脅。那可說是第二次三十年戰爭。第一次從一六一八到一六四八年，是神聖羅馬帝國內部、主要為不同基督支派之間的爭鬥。而第二次的三十年戰爭，則是德語系國家，特別是德國和奧地利，與歐洲其他國家包括英國、法國、俄國之間綿延無盡的對抗。

這場從一九一四年延續到一九四五年的戰爭，是世上幾個最強大工業強權之間的戰爭。也是沒有根本目的的戰爭。世界從來沒有經歷過如此繁榮的國家最後差點毀了自己又同時殺害數千萬人民的事件。最重要的是，這兩場歐洲血腥屠殺展現了暴力與自我毀滅的瘋狂，缺乏任何理性目的。

第二次三十年戰爭從一戰開始。一戰結束後簽訂的《凡爾賽和約》（Treaty of Versailles）理應是終止所有戰爭的條約；但在後世史學家心目中，它成了終止所有和平的條約。那些在法國凡爾賽達成的協議是如此憤世嫉俗又具顛覆性，使歐洲無法恢復其經濟活力，各國的政治、外交和經濟衝突依然劇烈，並因此引發了經濟大蕭條，而這場經濟崩潰慘重到讓現代史上——或許是全部人類史上——最邪惡、最令人髮指的政權上臺，也就是希特勒的納粹政權。德國的侵略引發第二次世界大戰，戰火摧殘了大半個世界，延燒到一九四五年德國戰敗為止。

一戰爆發至今已過了整整一個世紀，但我們仍無法確實解釋這場戰爭。當然有編年史，卻無法完整的詮釋，理由就是這句話：一戰缺乏實質目的，且原本可以避免。

一九一四年七月，哈布斯堡的奧地利大公在哈布斯堡奧匈帝國的塞拉耶佛（Sarajevo）的一場恐怖行動中，被十九歲的分離主義者普林西普（Gavrilo Princep）刺殺身亡。為回應此次攻擊，德國慫恿哈布斯堡王朝向塞爾維亞提出不可能辦到的要求。當時塞爾維亞被視為收留反哈布斯堡恐怖分子的首要國家，當塞爾維亞拒絕那些極端的要求時，哈布斯堡王朝便向之宣戰。身為塞爾維亞保護國、同為斯拉夫國家的俄羅斯，遂動員軍力以保護塞國。向來與俄國敵對且保衛奧地利的德國發動了戰爭，但此舉也把俄羅斯的盟友英國和法國拉了進來。許多史學家主張，德國軍事指揮部積極求戰是針對俄國先發制人：擔心俄國在二十世紀初增添太多經濟與軍事力量，德國若不先對俄羅斯出手，很快就會相形見絀。

歐洲突然被戰爭吞沒，而且不只是戰爭，還是第一場全工業戰爭，有轟炸、機槍、坦克、潛水艇——工業化的奇蹟全化為毀滅人類的夢魘，約有兩千萬人死於這場戰爭。

在這場戰爭的第三年，美國也因威爾遜總統的耳根子軟而被捲入。威爾遜天真地相信他能以「這場戰爭來中止一切戰爭」。事實證明他的願景是幻夢一場。

隨著美國參戰，原本可能陷入僵持而回復長期和平的歐洲，變成德國被美國及其盟軍擊潰；且隨著敗戰而來的是普魯士君主國被推翻、《凡爾賽和約》強加給德國過於苛刻的條件、德國在一九二〇年代動盪不安而導致希特勒在一九三三年年初崛起。

事實上，一戰破壞力之大，可說徹底摧毀了回歸正常生活的基礎——不僅是歐洲，還有俄羅斯及中東。在西歐及中歐，哈布斯堡和普魯士帝國覆滅；俄羅斯經歷羅曼諾夫王朝（Romanov Empire）被布爾什維克推翻，展開長達七十五年嚴酷的蘇維埃統治；鄂圖曼帝國戰敗解體，開啟了歐洲以英、法為首，在中東及北非厚顏無恥的新帝國主義。

簡單地說，這場戰爭除了使歐洲的政治組織、前鄂圖曼的土地、以及中東和俄羅斯陷入混亂之外，一事無成。歐洲各國的貿易和戰前的金本位制始終無法恢復，反而在一九二〇年代經歷十年深刻的貨幣不穩定，接著便是三〇年代的經濟大蕭條。

在凡爾賽締約會議上，經濟學家凱因斯是英國談判代表團中的專家之一。他對列強目光之狹隘，以及強加於德國之懲罰性協議深不以為然。他在一九一九年談判終了時所寫的《凡爾賽和約的經濟後果》鞭辟入裡。書中警告，如此嚴酷的協議條件，特別是強迫德國背負的沉重賠償，將導致歐洲的經濟失序，甚至可能帶來另一場災難。他的話頗具預言性：

> 如果我們刻意以讓中歐陷入貧困為目標，我敢預言，這完全不會達到懲治的效果。如此一來，沒什麼可以長久延緩反動勢力與絕望的革命力量所造成的最終內戰，在這場內戰面前，最近的這場德國戰爭引起的戰慄也將顯得黯然失色，而這場內戰無論由誰取勝，都將

摧毀我們這個世代的文明與進步。[14]

一九三三年一月底，就在全球經濟大蕭條來到谷底時，德國蒙受二五％失業率與還不了的外債之際，年邁的德國總統興登堡（Hindenburg）任命阿道夫．希特勒為新總理。希特勒重新武裝德國，一面發動征服東邊土地的戰爭，一面將猶太人逐出德國。二戰遂於一九三九年九月一日德國和蘇聯雙雙入侵波蘭時爆發。戰爭的全面殺戮接踵而至，包括對猶太人及其他族群的大屠殺。與此同時，日本的軍國主義政權——納粹德國的盟友——也對美國發動戰爭並襲捲亞洲。熊熊烈焰蔓延全球。

這時，英國首相邱吉爾呼籲新世界「拿出自身一切的力量」、挺身「拯救和解放這個舊世界」。而美國總統羅斯福與之呼應，以其工業力量前來救援。當蘇聯在戰場拚鬥，失去數百萬條人命，美國的工業力量卻如日中天，提供勝利的軍需。戰爭落幕時，美國絕對是世界的經濟霸主。除了一九四一年十二月七日夏威夷珍珠港海軍基地受到為期一日的攻擊以外，美國本土沒有遭受任何進犯。工業部門欣欣向榮，從一九四〇到一九四五年成長六〇％。到了一九五〇年，美國占全球產出的二七％左右。

美國人的世紀

我們已經來到美國獨霸全球的時刻。一九四一年，《時代》（*Time*）雜誌發行人亨利．魯斯（Henry Luce）率先提出「美國人的世紀」。他的直覺正確：當戰爭結束時，美國將成為世界經濟、技術及地緣政治的霸主。美國不僅擁有絕對冠於世界的經濟體，且這個經濟體已然受惠、且將持續受惠於戰爭期間長足的技術進步。戰事奠定了諸多技術發展的基礎：航空、電子計算機、模控學（人類與機器的互動）、公共衛生、電子（包括半導體）、雷達、通訊，當然還有核能及核子武器。同樣重要的是，戰爭的經驗促成科學領導經濟成長的概念。一九四四年，羅斯福請科學顧問凡內瓦．布希（Vannevar Bush）擬訂將戰時技術發展轉為和平時期使用的計畫。布希於一九四五年回覆的《科學：永無止境》（*Science: The Endless Frontier*）一書，卓絕地闡述了為追求社會經濟發展而積極投入科學的策略。

從十九世紀初開始成長，到魯斯宣稱美國人的世紀，美國經濟崛起的速度和規模史無前例。總產出從一八二〇年的一百二十五億元，躍升到一九四〇年的九千兩百九十億元（以一九九〇年的國際元計），平均每年成長三．七%。人口從一八二〇年的一千萬人增至一九四〇年的一億三千三百萬人，年增二．二%，人均產量則從一二五七元增至七〇〇〇元，年增一．四%。最重要的是，美國成為大陸級的工業強權，且是全球唯一（蘇聯曾試圖迎頭趕上美國的工業規模，但始終望塵莫及）。一八二〇年時，美國還僅有二十三州，除了路易斯安那州外，悉數位於密西西比河以東；到了一九四〇年，美國有四十八州，東、西兩岸有鐵路網連結（在一八六九年後橫越大陸），巨型企業也橫跨東西、縱貫南北。這座大陸的天然資源豐富得驚人：廣闊的中西部平原有肥沃的土壤、礦產、煤和石油、木材、可航行的河川及水路、大致溫和的氣候。歐洲殖民者及其後代願意採取任何措施來為殖民、利益與工業掃除障礙，包括南北戰爭前的大規模奴隸制度、一八四六至一八四八年與墨西哥交戰，以及整個十九世紀針對美洲原住民人口發動的種族滅絕戰爭。受到兩大洋的保護，美國得以在兩次世界大戰期間、其他工業國家喪失莫大生產資本時打造它的工業。

從一開始，美國的經濟活力就可從基礎建設的發展（包括運河、鐵路、道路的闢建）、以及新技術的迅速吸收（包括一再剽竊、抄襲英國更優秀的技術）上窺見。十九世紀前半，美國投資人改進了蒸汽機、修正了鐵路、提升了軋棉機、發展了汽船、發明了電報，族繁不及備載。到了一八六一至一八六五年南北戰爭時，美國整體經濟仍以鄉村和農業為主，南部棉花生產仰賴奴隸勞動的程度更高。一八六〇年時，美國的都市化程度約在二〇％；南北戰爭後，工業化急速成長，至一九一〇年，全國已有四六％為城市，一九四〇年更達五七％。美國的ＧＤＰ分別在一八七二及一八九八年超越英國和中國，人均所得則在一九〇五年凌駕英國。美國運用它二次大戰後的地緣政治領導力和經濟實力，建立一連串機構來協助管理戰後秩序。其中最重要的莫過於一九四五年成立的聯合國——接替一次大戰後建立、但毫無發揮作用的國際聯盟（League of Nations），作為和平與經濟發展的堡壘。兩個新的經濟機構：國際貨幣基金（Bank Fund）及世界銀行（World Bank，前稱國際復興開發銀行〔International Bank for Reconstruction and Development〕）在聯合國的保護傘下成立，旨在促進金融穩定並為戰後的重建與發展籌措資金。新一套貿易規範：關稅暨貿易總協定（General Agreement on Tariffs and Trade，GATT），意在重建於大蕭條及二戰期間崩潰的市場貿易。其他如糧食及農業組織（Food and Agricultural Organization，1945）和世界衛生組織（World Health Organization，1948）也加入「聯合國大家庭」，協助提供諸如糧食安全與疾病管制等重大全球公共財。

雖然美國的經濟實力和技術才能無人能敵，但卻面臨安全上的挑戰，特別是與蘇聯爭奪戰後秩序掌控權。儘管蘇聯的經濟體只及美國的一小部分，或許僅是三分之一而已，但蘇聯土地幅員遼闊、一九四九年後擁有核子武器、又在中歐部署龐大的軍隊，且執著於一黨專政的社會主義和中央計畫。兩國在歐洲對峙，數度差點為德國的未來開戰，也在國際上爭奪盟友、資源和軍事優勢。最糟的是，這兩個國家展開一場大規模的核武競賽，積聚了足以多次毀滅地球所有人口的核子軍備。由於數起意外、失策和誤解，兩國在一九六二年十月來到全球核武殲滅戰的臨界點，另有好幾次起碼已接近崖邊。

美國地緣政治的領導對世界展現兩種面貌。其一是美國意欲建立以法律為基礎的多邊機構，包括聯合國系統的全球機構，以及區域性的機構如歐洲共同體（European Community）和後來的歐洲聯盟（European Union，美國從一開就是倡導者）。第二種面貌是為狹隘的美國利益自私地運用權力，雖然二戰後美國沒有直接殖民任何國家，卻一再運用強大的軍力和經濟槓桿，不時野蠻地扶植擁護美國商業及安全利益的政府、攆走反對美國特權的政府。「政權更替」（Regime change）——意指美國發動侵略、政變或布施詭計，以推翻美國官員認為違背美國利益的外國政府——成了美國外交政策的支柱。一九六〇年代，美國在越南、柬埔寨、寮國等地開戰，希望設立非共產黨政府。一九六〇及一九七〇年代，美國支持拉丁美洲各地的軍事政變，拉下被美國戰略專家視為太左傾的民主政體。一九八〇年代，美國資助反對中美洲和加勒比海地區左翼政府的戰爭。從一九九〇到二〇一〇年代，美國也在中亞、中東、北非等地發動數場戰爭來打擊俄國的盟友或它不喜歡的政府（例如伊拉克、敘利亞、利比亞）。

最引人側目的是，美國在世界各地建立了史上無與倫比的軍事機構和基地：據估計美國約在七十個國家設有軍事基地，更在一百多國部署軍事人員。因事屬機密，美國海外基地的確切數字不得而知，但學者大衛・范恩（David Vine）與調查記者尼克・圖爾斯（Nick Turse）透過明查暗訪，對揭露基地的驚人實情有莫大的幫助。[15]根據美國國防人力數據中心（Defense Manpower Data Center）彙編的資料，二〇一九年三月時，美國在世界六十多個國家部署了二十名以上的現役軍事人員，請參見圖7.7（見頁二二二）。[16]

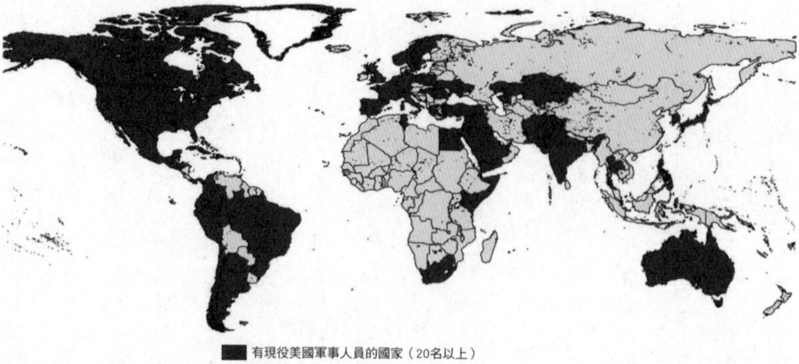

圖7.7 有現役美國軍事人員的國家（20名以上）

資料來源：Map created using data from: Defense Manpower Data Center, "DoD Personnel, Workforce Reports & Publications," DMDC.osd.mil: USA.gov, 2019.

解殖與全球收斂的開端

二戰為歐洲帝國敲響喪鐘。從十六世紀初開始的歐洲殖民過程，在一九四五年後戛然而止。歐洲列強因戰爭精疲力竭、負債累累，在殖民地也不具維持統治的正當性，各地的獨立運動若非說服帝國強權平和地撤出，便是發動革命，例如一九四七年的印度，就是透過解放戰爭迫使帝國接受，印尼、阿爾及利亞、越南、安哥拉等地也是。當新獨立的國家加入世界舞臺，聯合國會員國也迅速增加。一九四五年聯合國創辦時只有五十一個會員國，到了一九六五年時增至一百一十七國，一九八五年增至一百五十九國，二〇一五年增至一百九十三國。

殖民時代的結束引發工業化過程的根本轉變。忽然間，獨立國家可以追求自己的命運、提升工業化，不必只乖乖當帝國原物料的產地了。另外，至關重要

表 7.4　1950 年特定國家的不識字率和預期壽命

	不識字率（%）	預期壽命（年）
高所得國家		
英國	1-2	69.4
美國	3-4	68.7
法國	3-4	67.1
前殖民地		
肯亞	75-80	42.3
印尼	80-85	43.5
印度	80-85	36.6

資料來源：UNESCO, *World Illiteracy at Mid-Century: A Statistical Study* (Paris: UNESCO, 1957), https://unesdoc.unesco.org/ark:/48223/pf0000002930; World Population Prospects: The 2019 Revision | United Nations Population Division, http://data.un.org/Data.aspx?d=PopDiv&f=variableID%3A68#PopDiv.

的是，它們可以投資自己的人民：推行大眾識字、公眾教育與公共衛生計畫。儘管貧窮國家受限於微薄的預算，難以徹底實現提升教育與醫療的雄心壯志，但企圖心十分明確。世界各地新獨立的國家想要彌補逝去的光陰，因此努力培育必要的人力資本和基礎建設以打造新產業、吸引國內與跨國的資本。

要迎頭趕上，它們有很多事情要做，因為歐洲帝國強權將其非洲及亞洲殖民地丟在不識字率極高、預期壽命低得可怕的絕望狀態。表7.4顯示一九五〇年特定國家的情況：三個工業化國家和三個長期受殖民統治的國家（英國殖民的肯亞和印度；荷蘭統治的印尼）。一九五〇年時，高所得國家的文盲近乎絕跡，預期壽命約六十八歲；但在長期殖民地，不識字率高達八成，預期壽命只有四十年左右。

一般而論，發展過程是隨著解殖而開始，但腳步不一。開放全球貿易與投資、維持和平，並進行健康、教育、基礎建設等公共投資的新獨立國家，也能展開收斂性成長的過程，意即人均成長會較高所得國家還要快。隨著教育及醫療水準顯著提升、不識字率驟降、預期壽命拉長，到二〇〇〇年，肯亞的不識字率降至一八%，印尼更只剩一〇%。肯亞、印度、印尼的預期壽命分別增加到五十三、六十三及六十六年——雖然仍遠遠落後於富裕國家，但差距拉近了。

最成功的發展故事絕對在東亞，戰後初期工業化的「四小龍」——香港、南韓、新加坡、臺灣——達成驚人的成長率，也大幅消弭貧窮。中國在三十年後跟進，工業化從一九七八年起飛，經濟迅速成長。印度則更晚才急起直追——在一九九一年擺脫獨立數十年來了無生氣的經濟發展策略之後。

收斂性成長的延伸影響之一，是全球整體成長在二戰後加快腳步。根據麥迪森的估計，二十世紀前半的全球成長約在年均二%。二十世紀後半，從一九五〇到二〇〇〇年，全球總成長約為每年四．六%，速度超過前半世紀的兩倍。

總而言之，世界已從長久的分散時代、也就是早期工業化地區（如歐洲、美國、加拿大、澳大利亞、日本等地）遙遙領先世界其他地方的時代，轉變成收斂時代，意即落後國家（特別是亞洲，但也包括發展中世界其他地方）開始縮小與早期工業化地區之間的所得和技術差距。

解殖加快了全球各地的收斂現象。一八二〇到一九五〇年這段期間，富裕的北大西洋國家

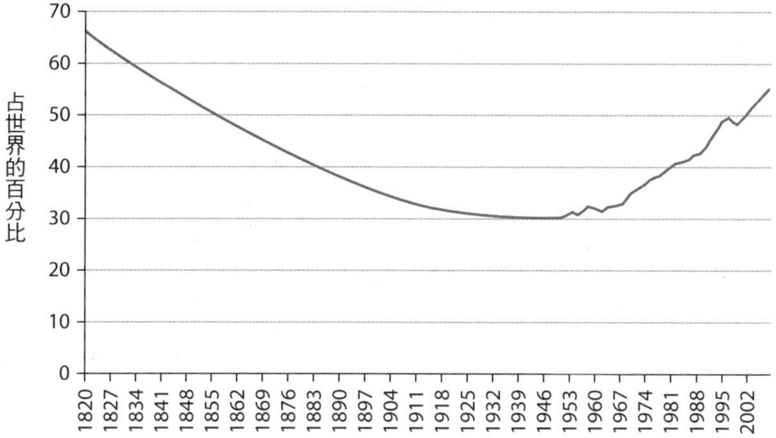

圖7.8　1820－2008年，北大西洋以外地區占世界產出的比例（亞洲、拉丁美洲、非洲）

資料來源：Jutta Bolt, Robert Inklaar, Herman de Jong, and Jan Luiten van Zanden. "Rebasing 'Maddison': New Income Comparisons and the Shape of Long-Run Economic Development." *GGDC Research Memorandum* 174 (2018)

成長得遠比較貧窮的地區快，貧富國家的差距越拉越大，歐美占世界產出和所得的比重也越來越高；但從二戰後的解殖開始，新獨立國家開始追趕，亞洲、非洲、拉丁美洲占全球所得的比例開始提升（見圖7.8）。那些國家的相對低點是一九五〇年，上述三洲人口合計占了世界的七〇%，產出卻只占三〇%。

一九五〇年起，世界走上史無前例的技術與經濟收斂之路，而收獲不單是所得而已。綜觀發展中國家，預期壽命逐漸增加、極端貧窮率逐漸下降，就業也從勞動轉移到報酬和技術要求都比自給農業及採礦等傳統工作來得高、但沒那麼艱苦的事務。發展的任務當然尚未功成：仍有七億人困於極度貧窮，數億人距離赤貧僅一線之隔；然而，脫貧的進展千真萬確、實實在在。[17]

未來還會有進一步的收斂，因為數位革命勢將提高技術發展的益處。發展中國家若駕馭得當，這波新的技術浪潮——人工智慧、智慧系統、機器人、高速無線網路等——很可能進一步刺激收斂性的經濟成長。而隨著這樣的成長，發展中國家在全球事務中所占地緣政治的分量，也越來越重。

身為一九五〇到二〇〇〇年的全球領導者，美國對解殖、收斂性成長和發展中國家在全球事務聲量漸大等現象，抱持著複雜且曖昧的態度。在後二戰時代之初，美國支持解殖，這非常切合美國想取代英、法領導全球事務的目標。一九六〇及一九七〇年代，美國大致上繼續支持發展中國家的經濟利益——部分是為了引誘它們與美國結盟共抗蘇聯——但隨著發展中國家逐漸取得經濟實力和政治聲量，美國的立場開始改變。

一九七〇年代，當發展中國家在聯合國呼籲「國際經濟新秩序」（New International Economic Order，NIEO）的觀點，以重新平衡已發展和發展中國家的全球權力與財富時，美國的態度轉向敵對，堅持發展中世界要以美國馬首是瞻——不然就走著瞧。川普當上總統後，美國的立場變成「美國優先」（America First），擺明重視美國的私利勝過國際主義。許多美國戰略家也開始認為收斂、特別是中國的收斂，會直接威脅到美國的利益，並非美國政策的目標。

工業時代的一些教誨

工業時代是全球化史上一個獨特、非凡的階段。史上第一次，技術進展快又廣，足以迅速且長久地提升物質生活水準。在這個新時代的前一百五十年，經濟獲利幾乎盡歸一小群人：西歐、美國和其他少數工業化國家。世界多數地區淪入更深的苦難，不但生活一貧如洗，政治上還要屈從於工業帝國。

作為工業時代先驅的英國，順理成章地成為世界第一個超級強權——更確切地說，是世界第一個霸權。但一如我們在歷史各階段認識到的，即便是看似難以撼動的強權，也可能迅速式微。在英國的例子裡，權力迅速喪失是兩次世界大戰和其導致的經濟大蕭條的結果。英國領導時期的遺產包括將議會民主傳播到許多前殖民地、共享全球商業機構，以及或許意義最為重大的：英語成為全球商業、政治、觀光、科學的通用語言。沒有其他語言能和英語爭奪世界性第二語言的地位。據估計，今天全球約有十億人會說英語，其中五億人將英語當作第二語言，英語也成為全球的科學、金融和外交用語。

二戰後，美國取代英國成為全球霸主，但時至今日，隨著權力在世界散布得更廣，美國的地位眼看越來越不穩固。歐洲帝國在亞非的統治一落幕，便開啟了前殖民地的成長過程——當然不是平穩地成長，而是迅速得足以大幅提升人均產出、減少赤貧、促進都市化、告別吃重體能勞動的結構性轉變，並提供更多教育和休閒機會的成長。在收斂性成長方面最引人注目的例子是中國。過去四十年來，從一九七八年展開市場改革到現在，中國已消弭赤貧、建立以技術為動能的經濟。地緣政治的權力和技術能力，已不再是北大西洋的專利。

由此我們來到第七個全球化時代，也就是數位技術重新塑造全球經濟和地緣政治的時代。每一個經濟層面都深受數位技術影響，全球的權力關係也將再一次變動。這個嶄新而複雜的全球場景，又因伴隨全球經濟成長而來的生態危機顯得更加撲朔迷離。從全球觀點來看，世界面臨的主要挑戰相當明確：繼續經濟收斂的過程，同時解決各國在地緣政治上重新洗牌且越演越烈的不平等，以及越益急迫的環境危機。這就是我們此刻面臨的戲劇性事件。

註釋

1 自一九五〇年後所有國家人口、壽命、都市化及年齡結構性的人口資料，由聯合國人口司提供，可上https://www.un.org/en/development/desa/population/publications/database/index.asp查詢。一九八〇年後各國及世界所得的資料是由國際貨幣基金提供於世界經濟展望（World Economic Outlook）資料庫：https://www.imf.org/external/pubs/ft/weo/2019/01/weodata/index.aspx。

2 一部引人入勝、特別著重技術發展（包括蒸汽機）的英國工業革命史，請參考大衛．蘭德斯（David

Landes）的經典研究：*Unbound Prometheus: Technological Change and Industrial Development in Western Europe from 1750 to the Present* (Cambridge: Cambridge University Press, 1969)。

3 Jutta Bolt, Robert Inklaar, Herman de Jong, and Jan Luiten van Zanden, "Rebasing'Maddison': New Income Comparisons and the Shape of Long-Run Economic Development," GGDC Research Memorandum 174, January 2018。

4 E. A. Wrigley, *Energy and the English Industrial Revolution* (Cambridge University Press, 2010)。

5 GPT及經濟成長的開創性理論研究，請參閱Bresnahan和Trajtenberg (1995)、Helpman (1998)。

6 Martin Weitzman, "Recombinant Growth," *Quarterly Journal of Economics* 113, no. 2, (May 1998): 331–60。

7 Markku Wilenius and Sofi Kurki, "Surfing the Sixth Wave: Exploring the Next 40 Years of Global Change," in *6th Wave and Systemic Innovation for Finland: Success Factor for the Years 2010–2050 Project*. University of Turku: Finland Futures Research Centre, 2012。

8 Klaus Schwab, *The Fourth Industrial Revolution* (Geneva: World Economic Forum, 2016)。

9 Prasannan Parthasarathi, *Why Europe Grew Rich and Asia Did Not: Global Economic Divergence, 1600–1850* (Cambridge: Cambridge University Press, 2011), 131。

10 一九五〇年前後印度及其他國家的估計不識字率，請參閱聯合國教科文組織統計司：World Illiteracy Mid-Century: A Statistical Study (1957)；壽命方面請參考聯合國人口司的資料：https://population.un.org/wpp/Download/Standard/Mortality/。

11 請參閱John Iliffe所著之*Africans: The History of a Continent* (New York: Cambridge University Press, 1995)，頁198–99。

12 Bolt et al., "Rebasing 'Maddison'"。

13 John Maynard Keynes, *The Economic Consequences of the Peace* [1919] (Jersey City, N.J.: Start Kindle Edition, 2014)。

14 Keynes, *The Economic Consequences of the Peace*。

15 David Vine, *Base Nation: How U.S. Military Bases Abroad Harm America and the World* (New York: Metropolitan Books, 2015); Nick Turse, "U.S. Military Says It Has a 'Light footprint' in Africa," *The Intercept*, December 1, 2018, https://theintercept.com/2018/12/01/u-s-military-says-it-has-a-light-footprint-in-africa-these-documents-show-a-vast-network-of-bases/.（《基地帝國：美軍海外基地如何影響自身與世界》，八旗文化，2016）。

16 Defense Manpower Data Center, "DoD Personnel, Workforce Reports & Publications," DMDC.osd.mil: USA.gov, 2019。

17 世界銀行最近期的估計是二〇一五年有七．三六億人口處於極度貧窮，比一九九〇年的一八．五億人來得少。請參閱"Poverty: Overview"，https://www.worldbank.org/en/topic/poverty/overview，二〇一九年十一月十一日查詢。

Chapter 8

數位時代

（二十一世紀）

根據估計，二〇二〇年，全世界每日創造並傳輸皆位元組（zettabytes）的數據[1]，如果寫成阿拉伯數字，是44,000,000,000,000,000,000,000位元組。每一位元組都攜帶了一個字母或數字的資訊。

然而，沒有多久，這驚人的數字將會被更巨大的數字取代，其普及性與數據處理傳輸的規模，實在令人咋舌。

以下是二〇一九年的一些估計：

- 每日十六億次臉書登入
- 每日三十五億次Google搜尋
- 五十億次YouTube影片觀看
- 四十四億名網路使用者（至二〇一九年六月三十日），其中八億兩千九百萬人位於中國，五億六千萬位於印度，兩億九千三百萬位於美國

■每日透過SWIFT銀行系統進行跨境結算的金額為五兆元[2]

在二十一世紀，世界來到了普及運算的境界。而隨著網路的覆蓋度、性能，以及5G等等相關數位系統的進步，連接性將會更高。數位革命的根深柢固，讓我們無庸置疑可將這個世紀當成第七個全球化時代。

這個新的全球化時代就如過去的那些時代，會創造出新的全球經濟活動、工作、生活方式和地緣政治學模式。然而這個新時代也與人為的生態危機一同衝擊地球。過去兩個世紀，在全球化帶來戲劇性成功的同時，也種下了生態危機的種子。人類的活動，尤其是化石燃料的使用、農業、交通運輸及工業生產，皆製造出全新且巨大的挑戰。人類引起了氣候變遷，生物多樣性受到巨大的破壞，同時人們還汙染了空氣、土壤、淡水和海洋。人口統計資料的加速變化將產生另一連串的挑戰，包含世界人口的規模、年齡結構、區域分配，以及全世界人口居住在城市或鄉村的分配比例。

因此，在這一世紀，我們會目睹幾個強烈的趨勢：中國與印度經濟持續增長，美國在世界生產輸出與全球影響力相對下降，非洲人口與經濟急速成長，都市化程度上升更為迅速，以及連帶的，數位科技與其使用更為普及。由於這般未來巨變，我們的社會和政治系統將會承受極大的壓力。正如演化生物學家愛德華・威爾森（E. O. Wilson）在其著作《群的征服：人的演化、人的本性、人的社會，如何讓人成為地球的主導力量》（*The Social Conquest of Earth8*）概言，我們是一種「石器時代的情緒、中世紀的制度、神一般的科技」的奇特組合。

數位革命

數位科技的使用是史上最快速的技術變化。臉書、Google和Amazon橫空出世，以短短數年躋身世界最大的公司之列。智慧型手機發展不過十年，卻已顛覆我們的生活方式。這種革命是如何發生的？

數位革命可追本溯源至英國的天才艾倫．圖靈（Alan Turing）於一九三六年撰寫的傑出論文。圖靈想像一種新概念的裝置，某種通用計算機——亦即眾所周知的圖靈機（Turing machine）——能夠持續不斷讀取0與1的紙帶，藉此計算任何能計算的事物。在電腦還沒被發明之前，圖靈就將通用型的可編程電腦概念化。他的想法從根本上形塑了未來的數位革命。圖靈也展示了如何使用數學密碼學和早期電子儀器來破解納粹的軍事密碼，為二次世界大戰的同盟國做出傳奇貢獻（儘管他兼具了才華與貢獻，並成為數學史上的卓越人物，卻在二戰後因同性傾向遭到英國當局不斷騷擾，並可能因此被逼自殺——他的死因至今仍有爭議）。

數位革命的下一步來自另一顆聰明絕頂的大腦——馮紐曼（John von Neumann）。一九四五年，他將現代電腦基礎的內部構造概念化，組成包括處理器、控制單元、工作記憶、輸入輸出裝置與外接硬碟。馮紐曼的電腦構造成為世上第一臺電腦的設計藍圖，裝置使用真空管執行電腦的邏輯電路元件。麻省理工學院的工程師兼數學家克勞德・夏農（Claude Shannon）為邏輯閘和處理系統提供了數學運算法，可將圖靈的0與1程式實踐於馮紐曼的電腦結構。

下一塊拼圖則在一九四七年被解開。貝爾實驗室發明了現代電晶體，該實驗室的建立是為了更進一步了解二戰時因雷達系統而發現的半導體。在夏農的邏輯電路元件中，電晶體取代了真空管，並讓微處理器的電晶體從最初的一千進展至百萬，甚至到十億。一九五〇年代初期，單一電晶體會焊接在主機板上。一九五八至一九六一年，羅伯特・諾宜斯（Robert Noyce）和傑克・基爾比（Jack Kilby）發展出各式各樣直接將電晶體和其他電子元件蝕刻在矽晶圓的方式，發明了積體電路。有了積體電路，便有可能在矽晶片上置入更多電晶體，微處理器的速度能因此更快、效能更強。因為微型化，使得鞏固數位革命基礎的計算速度、記憶與資料傳輸呈指數型增加。

當電腦開始滲透進入科學、軍事和商務中，美國國防部提出了非常基本的疑問：電腦要如何相互溝通？假若網絡在戰時受到干擾，要如何百折不撓地繼續溝通？答案是：透過靈活的路徑，在電腦間互傳檔案封包（0與1位元）。這方式稱為「封包交換」（packet switching），也成為網際網路的全新基礎。網際網路最初只是美國政府的一個計畫，由數所參與計畫的美國大學使用，之後才於一九八七年開放商業用途。

一九六五年，高登．摩爾（Gordon Moore）——之後成為英特爾創辦人，亦為早期積體電路之生產商——發現蝕刻至微晶片的電晶體總數，每一、兩年會約莫增加一倍。更甚，他預測這個趨勢會在接下來十年持續。摩爾的觀察和預測是半世紀之前的事，如今證實他的確有先見之明。微處理的各種屬性（在諸多屬性中，速度、電晶體總數及價格尤其明顯）加倍時間不斷以幾何級數模式快速增長，直到二〇一〇年因其他方面的計算方式稍微抵銷了加快的速度。英特爾一九七一年的4004微處理器共有兩千三百個電晶體，二〇一七年的Xeon白金級微處理器有八十億個電晶體。四十六年來，每兩年增加一倍，又或者說，兩倍乘以二十三。摩爾法則（Moore's Law）可參見圖8.1（見頁二三六），此圖以英特爾微處理器之發展來說明。

電腦效能一飛衝天，其連結性亦然。光纖電纜的發展促使速度、精確度和資料傳輸規模上皆獲得巨大進展。微波傳輸也推動一場無線上網的變革，讓行動裝置能連接上網際網路。同時間，數位媒介如文字、圖片和影片也有長足的進步。此進步市帶動了科學研究與測量技術的前進，如衛星影像、基因序列，以及可透過裝置採集大量即時訊息的感應器。

在數位技術的突破性發展上，行動電話的使用在擴散速度上可說與網路並駕齊驅。一九七三年，貝爾實驗室發明了行動電話。從早期一九八〇年僅數千用戶，在二〇一七年來到七十八億個用戶（見圖8.2，見頁二三六）。

數位革命的第三個面向是電腦智能。圖靈再次領先眾人，提出關鍵質問：機器可以有智能

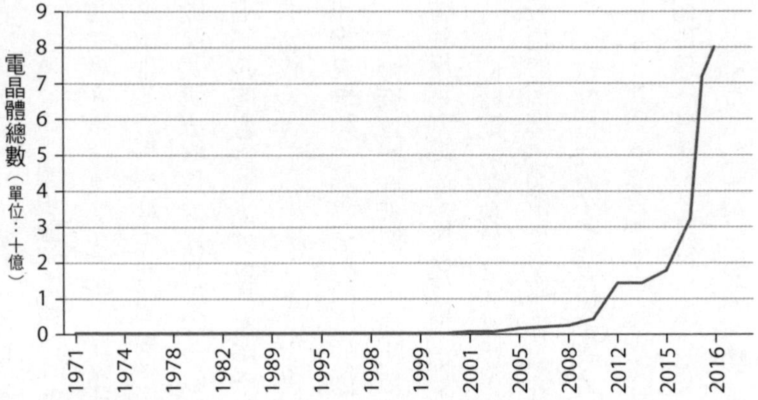

圖8.1　發展中的摩爾定律：1971－2016年英特爾公司電晶體總數

資料來源：Wikipedia contributors; Transistor count Wikipedia, https://en.wikipedia.org/w/index.php?title=Transistor_count&oldid=923570554.

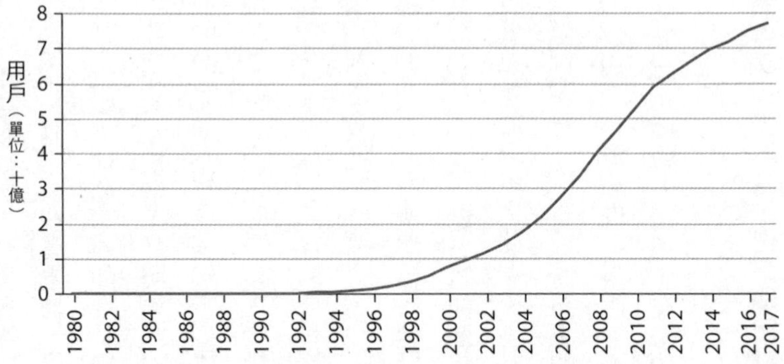

圖8.2　1990－2017年全世界手機用戶之數據

資料來源："Mobile Phone Market Forecast - 2019." areppim: information, pure and simple, 2019, https://stats.areppim.com/stats/stats_mobilex2019.htm.

嗎？如果可以，我們怎麼曉得？一九五〇年，他提出知名的圖靈試驗（Turing Test）來測試機器的智能：一臺擁有智慧的機器（以電腦為主系統）能夠和人類互動，並且讓人類無法分辨互動對象是機器還是人類。舉例來說，受試者可以和位於另一個房間的機器或人類進行對話、傳遞或接收訊息，然而無法得知對方是人類或智能機器。

不管機器是否能發展出人工智能，毫無疑問的是，機器越來越懂得學習，能成功做到從前被認為專屬人類才能駕馭的複雜任務。智能機器現在隨時都可以翻譯文字、辨認圖片中的物品、駕駛車輛，玩須具備高度複雜技巧的遊戲。近十年透過人工神經網絡的應用，機器已取得令人驚異的突破。現今，智能機器已是人工智慧的中流砥柱。

人工神經網絡處理數位輸入與產生數位輸出的方式，是基於多層人工神經來處理，可參見圖8.3（見頁二三八）。輸入層的資料先同時在一層進行處理，直到訊號來到輸出層，才開始揀選行動。打個比方，輸入層能對數位影像的像素進行編碼，如X光片，或對棋局的棋盤位置、或將自然語言進行數位編碼；接著輸出層會轉譯機器對X光片的分析結果，或棋步、或將文字經電腦翻譯轉成選定的自然語言。

人工神經網路的「智能」，關鍵在於每個人工神經元與其由較低神經元階層接收的訊號間的相關數值權重，這決定了神經元外傳給更高一層神經元的訊號。這些權重就好比是人類腦中突觸的連接強度。它們定義了人工神經網路如何將輸入層的訊號轉譯成由輸出層製造的訊號。

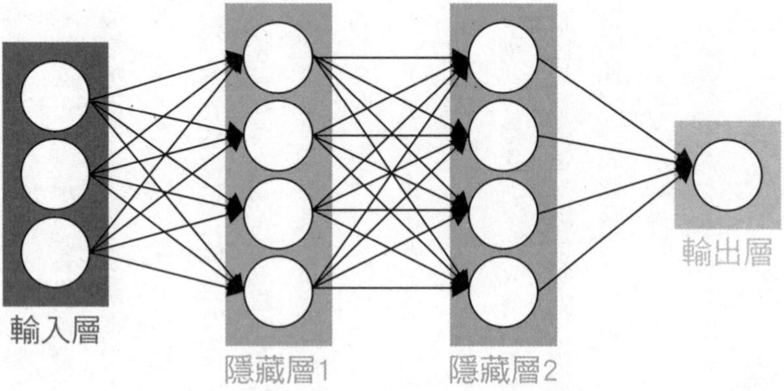

圖8.3　人工智能的神經網絡基本架構

該權重數值可透過複雜的演算法對機器進行「訓練」，予以調整。這個訓練能根據受測機器的表現，更新每個神經元被分配到的權重。調整權重是為了改善電腦的效能，例如能更正確地辨識圖像，或贏得棋局，或翻譯文字。為了產生高品質的輸出動作，使權重更加完善，這樣的數學運算過程，便稱為「機器學習」。例如，機器若受訓練，必須從數位X光片中辨識腫瘤，相關人工神經元便調整權重依據，也就是讓機器學習對於每幅測試圖像的診斷是否正確。只要有這樣充足的「監督學習」，並使用複雜的數學技巧更新人工神經網路的權重，學習後的人工智慧系統將擁有了不起的技術。

計算效能大增後，再加上摩爾法則所代表的電腦速度，今日的人工智慧系統內建了上百層數位神經元階層及高維度數位輸入與輸出。神經網路獲得充分且數據龐大的「訓練集」，加上下文將提到的自我對戰設計，便能在迅速擴增的大量挑戰中磨練出超人的技巧——諸如西洋棋、圍棋之類棋盤遊戲，撲克牌這類人與人的遊戲，再到如即時翻譯的複雜語言運算，或需要複合診斷的專業醫學技巧。

這樣迅速的進展著實令人喘不過氣。一九九七年，前世界西洋棋冠軍加里．卡斯帕洛夫（Garry Kasparov）與ＩＢＭ電腦「深藍」進行對戰。令卡斯帕洛夫相當驚訝與錯愕的是，他被電腦擊敗了。在這個早期的例子裡，深藍的程式是由海量的古今著名棋局與棋步寫成的老練專家，而今日，一個「自學」的ＡＩ西洋棋系統可以在幾小時內從零開始學習下棋，無須海量的棋局資料，或輸入什麼專業的下棋戰略，不但能痛宰現任世界西洋棋冠軍，甚至是所有過去的電腦冠軍，例如深藍。

二〇一一年，另一個名叫「華生」的ＩＢＭ系統學習電腦，參加電視益智節目《危險境地！》（Jeopardy!），這節目的參賽者必須了解各式各樣的雙關語、大眾文化流行語和自然語言，「華生」並在電視直播中打敗了世界級冠軍。這是一大驚人成就，在圖靈測試的路上又往前推進了一點。獲得《危險境地！》冠軍之後，「華生」繼續前進醫藥領域，與醫生一同合作，鑽研專業的診斷系統。

時間更近一些，我們再度目睹深度神經網路中的驚人突破，也就是有著上百層人工神經元的神經網路。二〇一六年，來自Deep Mind公司的ＡＩ系統AlphaGo，挑戰世界圍棋冠軍李世乭（Lee Sedol）。圍棋遊戲極度複雜、細緻，被認為在未來幾年、甚至幾十年，機器都無法與人類抗衡。李世乭就像之前的卡斯帕洛夫，相信自己能夠輕取AlphaGo。然而，在這場大賽中，他被系統乾淨俐落地打敗，更加戲劇化的是，AlphaGo也一樣乾淨俐落地遭到下一代AI系統打敗。該系統僅花幾個小時的自我對戰、從零到有學會圍棋。上百年的專業研究和競賽，又一次輕而易舉地遭到幾個小時的自我對戰學習碾壓。

自我對戰學習法的出現，有時被稱為「tabula rasa」或「白板學習」。其中，AI系統以上百萬個棋局為範例，訓練自己與自己對戰，並根據自我對戰的輸贏，更新神經網路的權重。除了棋局規則之外，沒有任何其他資訊，AI系統得透過與自己對戰上百萬次以學習下棋技巧。了不起的是，在短短四個小時的自我對戰中，DeepMind公司研發的高階電腦AI系統就和前一個AI世界冠軍棋手一樣，學會了能輕鬆打敗世上最強人類棋手所需的技能。[3]幾個小時的白板學習就勝出了歷史上所有西洋棋專家六百年來的下棋技術。

技術的進步與貧困的終結

二〇〇六年，我出版了一本書名為《終結貧窮：可以在2025年以前達成》（*The End of Poverty*）。在書中，我認為如果全球能同心協力實行濟窮，[4]確實能在我們這一世代終結赤貧。有一些面向是可以特別去努力的，諸如援助衛生、教育，為世界上最窮的族群建造基礎建設，特別是非洲撒哈拉以南與南亞，這些地方住了世界上絕大部分的赤貧人口。上一世紀末尾至今，

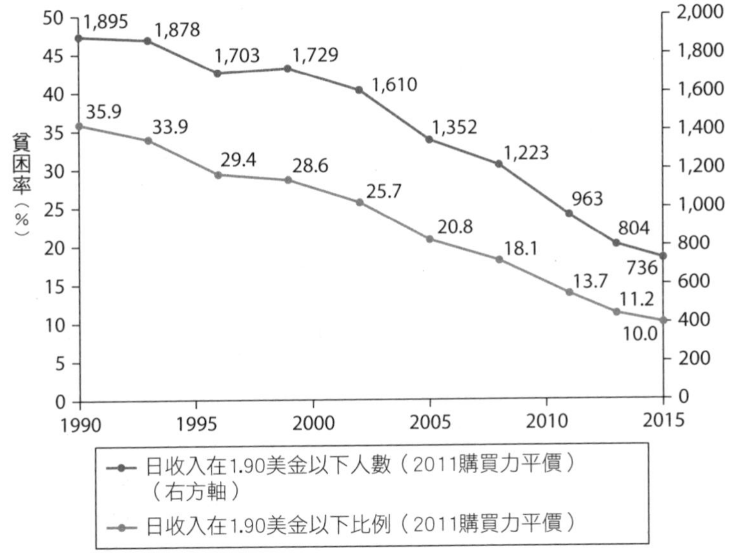

圖8.4　1990－2015年的極度貧困率（比例與總人數）

我們確實成就了一些了不起的進展，世界銀行於一九九〇至二〇一五時期的數據可見圖8.4。一九九〇年，估計約有十億人生活於赤貧之中，相當世界三五．九%的人口。到二〇一五年，數字落至七億三千六百萬，或者說世界人口的一〇%。[5]

此進展最重要的原因之一，當然是科技的快速進步使得疾病控制、資訊獲取與普惠金融[6]（例如能獲得貸款的能力）上皆有重大的突破，讓收入增加，甚至在世上最貧困的地方，也能擁有滿意的工作環境。知識、技術與技術系統透過數位連線增加了便利度，數位革命不只加速了數位科技的取得，其他科技也因此受惠。針對降低貧窮率，最大的進步自然是由中國所達成。一九九〇年，該國的赤貧比例估計占約六六%的人口，而在二〇二〇年驟降。無論用什麼標準來看，都是一大經濟奇蹟。[7]

此時此刻，降低全球貧窮率的速度應該可以更快，並且若全人類針對目標付出更多努力的話，依舊能在近未來達標。只要我們將援助目標放在針對赤貧社群的一些具體挑戰（如疾病控制、就學率、能使用的基礎建設等），便能比單靠經濟成長的一般性力量，其進展來得更為快速。不過，迄今的進展已經使聯合國成員擁有自信，他們在二〇一五年採用永續發展目標（Sustainable Development Goals，ＳＤＧ）時，便設定要在二〇一五年終結赤貧。這可說是野心龐大。然而，假使我們一切照舊，這個目標就不可能成真；但只要富有國家更認真地對貧困國家負起責任和承諾，就有可能達成。

趨同成長與躍上浪尖的中國

二十世紀後半的重點，是全球整體經濟由趨異轉為趨同。工業化的第一個一百五十年，拓寬了貧富國家之間的差距，使得許多發展中世界受到歐洲工業化國家使役。然而，二戰之後，貧困區域成功脫離殖民統治而獨立，得以增加成長率。政治主權使得新出現的獨立國家能夠自由施政，藉此在衛生、教育與基礎建設方面增加公共投資。不過，並非每個國家都處理得當，有些陷入債務，有些則高度通貨膨脹。但是，許多國家成功建立了公共衛生與教育系統，並提高經濟成長所需的人力資本。平均來說，在人均GDP上，發展中國家比高收入國家成長得更加飛速，因此收入相對差距開始縮減。這個模式持續到進入二十一世紀，國際基金貨幣組織（International Monetary Fund，IMF）的資料如圖8.5（見頁二四四）所示。大體而言，發展中國家的人均GDP，以每年一至五%的比例超越已發展國家，儘管在二〇一〇年有微幅減少。較快的人均GDP成長結合較高比例的人口成長，表示由發展中國家提供的全球產出比例也同時增加——與我們在前一章節中，一九五〇至二〇〇八年這個時期觀察到的模式相同。已發展和發展中國家於全球產出比例的變化顯示於圖8.6（見頁二四四）。有鑑於已發展國家在二〇〇〇年占全球產出的五七%，根據IMF估計，其於二〇一八年全球產出的比例約降到四一%。當然，發展中國家的比例從四三%升高到五九%。十九年內，兩個區塊在全球產出的比例中交換了位置。

近年最戲劇化的改變則是經濟發展的激變，包括了中國在世界上的角色。歷經幾乎一百四十年經濟上和社會上的紛亂，較顯著的包含外國勢力入侵、本土發生叛亂、內戰，以及在歷史層面上的內部政策鑄下大錯後，中國終於在一九一八年以後安定下來，成為一個穩定、由市場主導生產與交易的國家，並倚靠所謂的趕超策略迎頭趕上其他國家。該策略在中國鄰近區域可說極度成功：日本在一八六八年與接下來數年的明治維新時期亦倡導這樣的策略，並且再一次應用於二戰後的復原。接著「亞洲四小龍」——南韓、臺灣、香港與新加坡——證明了出口導向、勞動密

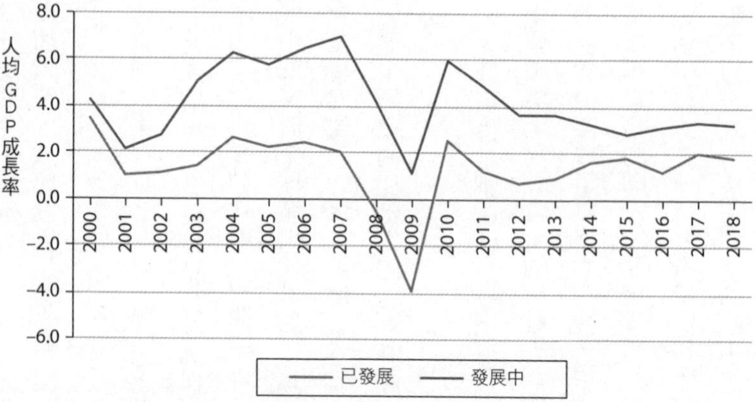

圖8.5　2000－2018年，已發展國家和發展中國家的人均GDP發展率

資料來源：IMF World Economic Outlook. Developed countries are the "Advanced Economies," and developing countries are the "Emerging market and developing countries." Data are for GDP per capita at 2011 international dollars.

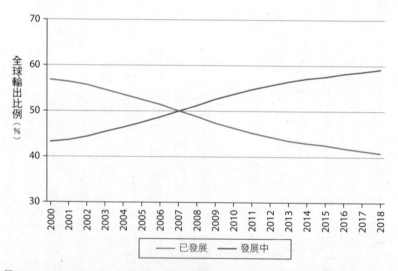

圖8.6　2000－2018年，先進國家和發展中國家的全球產出比例交換了位置

資料來源：International Monetary Fund, World Economic Outlook Database, October 2019.

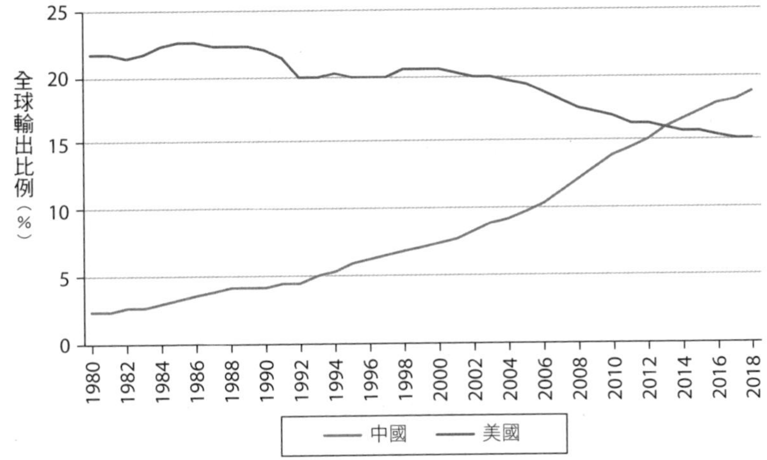

圖8.7　1980－2018年，中國與美國占全世界輸出比例改變了位置

資料來源：International Monetary Fund. "China: Gross domestic product based on purchasingpower-parity (PPP) share of world total (Percent)", World Economic Outlook (April 2019).

集型製造業的成功。一九七八年，鄧小平崛起，中國便毅然決然地踏上那條路。

鄧小平對開放市場的務實想法，以及他非意識形態的名言（「無論黑貓白貓，只要會抓老鼠的，就是好貓」），讓中國約莫從一九八〇到二〇一五年，近三十五年來，每年GDP成長達到約一〇%。七年翻一倍，三十五年就翻了五倍，或說複合成長率為2×2×2×2×2＝32倍。事實上，根據IMF的數據，中國的成長每年只稍稍低於一〇%（實際為九．八%），因此，複合成長率共計增加二十六倍，著實是個了不起的結果。[8]

其結果見於圖8.7。根據IMF的評估，以購買力平價計算，中國在二〇一三年超越美國，成為世上最大的經濟體，其差距在近幾年持續利於中國。中國的成長每年約高出美國三至四%(以近年中國每年六%與美國每年三%比較)。然而此處需要注意的是，所謂中國超越美國是根據總計。中國的人均GDP依舊大約只有美國的三分之一，而且市場匯率與價格也大約只有美國水平的五分之一。因為中國的人均收入仍遠低於美國和其他高收入國家，因此中國仍有機會進行快速的「趕超」成長，儘管它們的腳步已經比一九七八到二〇一五年慢。但是，中國仍在持續縮短和美國人均GDP的相對差距，另一方面，中國的經濟體在絕對尺寸上變得比美國經濟體更為巨大，畢竟中國的人口是美國的四倍之多。

我們之所以應該期待中國持續活躍於經濟快速成長，關鍵原因之一是中國從一個進口美國與歐洲科技的輸入國，靠著自身能力轉成主要的科技革新者與輸出國。其中一例便是高速無線網路的技術，尤其是5G系統。中國的華為搶先展示了5G技術，而非美國或歐洲的公司。美國已對華為的成功表現出憂慮，並試圖阻擋其前進全球市場，控訴華為造成安全上的威脅；然而，這種宣言多少也有地緣政治的因素，美國政府更警覺的似乎是華為於尖端數位科技上的成功，而非任何特定的安全風險。事實上，美國政府在對該公司做出的公開宣言中，並未提供任何具體威脅的證據。

概括而言，中國在革新方面的努力不斷攀升。根據研究與發展的關鍵績效指標——包含R&D(研究發展，Research and Develop)的支出、技術工作者的訓練和雇用、新專利的數量，以及高科技產品的銷售——中國急速成為一個高科技的世界強權。圖8.8（見頁二四八）顯示了R&D開支占美國、歐盟和中國的比例，很顯然的，中國的R&D急速上升，超越歐盟。同時，創投（Venture capital）基金也明顯地大量移入中國公司，對中國的創投也大大超越了歐盟，如圖8.9（見頁二四八）所示。

其結果也在專利上得到體現。中國在二〇一七年成為世界智慧財產權組織（World Intellectual Property Organization）第二大依據專利合作條約（Patent Cooperation Treaty，PCT）申請專利權的來源國。二〇一七年，美國提出五萬六千六百二十四件PCT申請，次之為中國的四萬八千八百八十二件，以及日本的四萬八千兩百零八件，德國的一萬八千九百八十二件，韓國的一萬五千七百六十三件。[9] 如果我們用區域而非國籍的方式思考，可說當今世界經濟有三個內生成長中心：美國、歐盟、東北亞。包含三個R&D強權大國：中國、日本與韓國。自工業革命後第一次，革新不單以北大西洋區域為中心。繼一五〇〇年之前那段漫長的全球化中，我們也許能再次看見未來的關鍵技術在東西之間雙向流動。

永續發展的挑戰

由於趨同成長和貧窮率降低，世界經濟似乎有走出困境的可能。科技進步使得終結貧窮觸

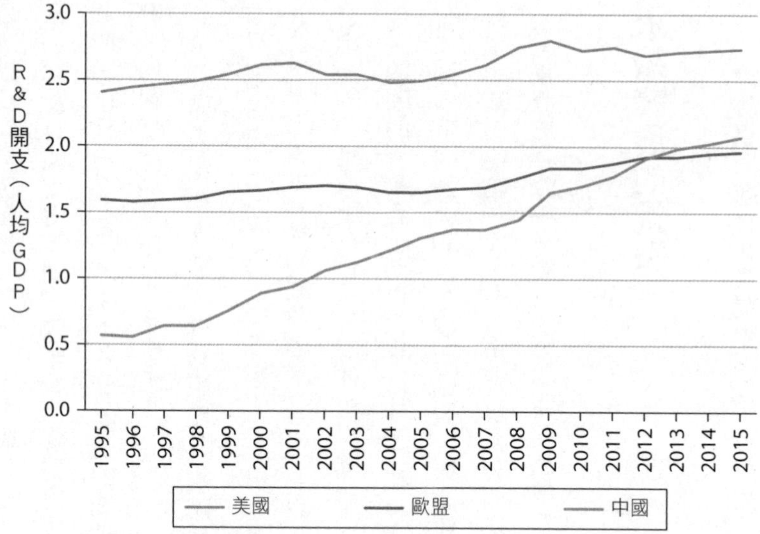

圖8.8　R & D開支占美國、歐盟和中國GDP比例

資料來源：National Science Board. In Science and Engineering Indicators 2018 Alexandria, VA: National Science Foundation, 2018.

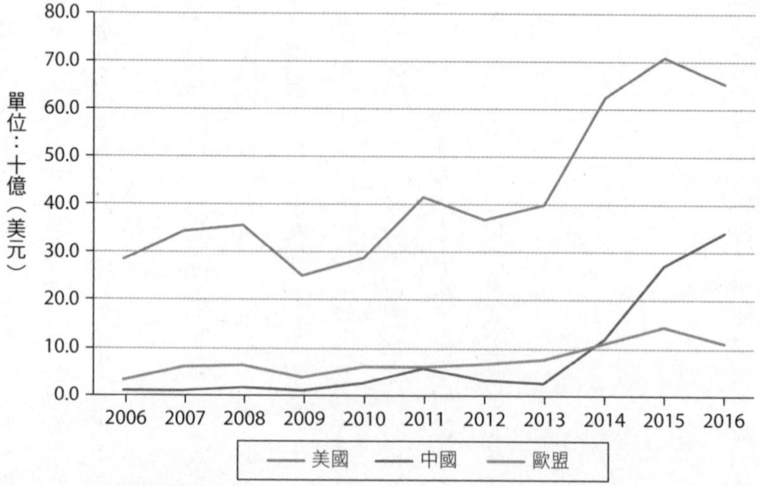

圖8.9　早期與後期創投資金

資料來源：National Science Board. In Science and Engineering Indicators 2018 Alexandria, VA: National Science Foundation, 2018.

手可及，更能重新找回對北大西洋區域以外的國家更公平的國際秩序。但我們仍不能太得意，不斷上升的焦慮隨處可見，而這種焦慮乃因於數位時代至少構成了三個巨大風險。

第一個全球風險是儘管科技守住了終結貧窮的承諾，卻也使得經濟不平等更為加劇、也更動盪不安。經濟成長中所得的利益並非均分。在大多數國家，包含美國和中國，不平等與經濟成長可說是並駕齊驅。在部分勞動者所得上升的同時（尤其是擁有高學歷的人），工作受機器人和人工智慧取代的勞動者，其所得皆停滯或降低。當部分人享受收入增加的同時，抵銷了落在後頭的人。事實上，在美國和許多其他國家，薪資重新分配的狀況實在是少數。

第二個全球風險是毀滅性的全球環境危機。兩百年來急速的經濟成長釋放數個互有關連的全球環境衝擊。第一個是人類造成的地球暖化，起因是大量排放吸熱的溫室氣體進入大氣層，最大的犯人是燃燒化石燃料所產生的二氧化碳（CO_2）。第二個是大量流失的生物多樣性，根據最近的研究報告指出，估計有一百萬個物種處於瀕臨絕種的危機。[10]流失生物多樣性的主因是土地大量轉為農產製造，因為搶奪了許多其他物種的棲息地，讓這些物種被逼到絕種邊緣。第三個是對空氣、土壤、淡水和海洋的巨大汙染。我們使用的工業化學物質、塑膠，以及其他在製造和消耗時未適當回收或減低的廢棄物，對環境造成衝擊。

第三個全球風險是戰爭——而且是在一個全副武裝的世界。此時此刻，主要大國之間的戰爭很可能超乎想像，並且具有高毀滅性。一九一〇年的第一次世界大戰前，也有相同的評論，而今日就如一九一〇年，廣泛推測兩大強權間不開戰的情況會持續下去。但是歷史告訴我們相反的結果，每個全球化的新時代都伴隨地緣政治權力的大轉移，自然也伴隨著戰爭。在將來，我們必須付出極大的努力才能建構和平，避開盛行在人類歷史中的自毀模式。

這些挑戰——不平等、環境危機、以及脆弱的和平——是許多科學家、精神領袖與政治家極力主張世界應朝永續發展的關鍵原因。此概念本身代表對全球化的全面分析，希望經濟成長同時結合了社會包容性、環境永續性與和平。永續發展的理論和全球化的歷史顯示，單純以市場為基礎的成長永遠不夠。自從一五〇〇年資本主義全球化開始，全球經濟系統便變得殘忍無情而激烈，無法從根本上解決不平等和戰爭。而今，我們得再加上複雜難解的環境挑戰，規模還是全球等級，就我們這個種族而言毫無前例。我們用前所未有的方式危害我們的星球，沒有任何一本指南能告訴我們該如何前進。

不平等的挑戰

科技進步的同時也助長了不平等的根源。在市場中，新科技同時創造出贏家和輸家。珍妮紡紗機和動力織布機的出現，取代印度許多紡紗與織布工人，使他們陷入貧窮；機械化農耕讓全世界無數小型佃農陷入貧困，絕望地逃入城市，尋找維生之道；汽車工廠生產線引入機器人，導致工人被工廠裁員、失業或者減薪。而今，來到數位經濟，目前本由勞動者完成的工作項目，能被更聰明的機器和系統取代。究竟勞動市場上誰贏誰輸呢？

大致上，未來勞動者市場的贏家會是擁有機器無法取代的高技術人才，或是能與新型智慧機器一同工作的人，例如為新機器設計程式的專業人士；輸家會是那些工作能輕易被機器人和人工智慧取代的勞動者。

在過去四十年，工作機會的喪失集中在商品生產工業，尤其是農耕、礦業與製造業，而且這樣的喪失在未來也將持續。農耕與礦業兩者都大量自動化，使用能自動駕駛的運載工具，例如在礦場使用複合牽引機、大型挖土機和運輸設備。機器人不斷在數種製造業的工廠中取代勞動者，很顯然，服務業的其他工作似乎也將在未來消失。卡車和計程車也可能變成自動駕駛，並取代數百萬名專業駕駛。大量的倉庫運作改為透過機器人搬運、堆疊和打包商品。零售商店讓位給電子商務與購買後直接遞送的服務——使用專家系統，也利用自動駕駛的遞送工具。

近幾十年，被機器取代的低技術勞動者眼見自己的所得停滯或下降，技能較高的勞動者卻藉由同樣的機器獲得更高的生產力，並使所得上升。這樣的趨勢在許多國家成為收入不平等漸增的關鍵原因，當然也包括美國。然而這個傾向最終會造成的影響依然可以扭轉：低技術勞動者在某種程度上透過提升教育和訓練獲取高技能，所得停滯或降低的勞動力比例得以降低；即便市場工資遭到拉低，政府也能增加高所得或所得增加者的稅收，轉移更多幫助給低收入或收入減少者，對不利的市場人力做出補貼。這麼一來，社會每個部分都能分享科技進步得到的好處。

發展的挑戰可能也會因世上一些最貧窮的國家而增加。那些國家基本上是倚靠勞力密集出口的收入，籌措未來的經濟成長，但是數位革命卻以智慧機器取代了低成本的勞工。打個比方，機器人的快速進展導致紡織與衣服工作的自動化，在過去這本是低工資國家進行經濟發展時往上爬的跳板產業。數位革命在幫助了特定區域最貧窮的國家的同時——如便宜的健保、教育機會增加、基礎建設改善——卻也切斷了傳統途徑在經濟發展上的可能。

以這個情況而言，全球團結、富有國家提供額外的發展協助，使窮困國家能投資新的數位科技與相應技術，可能就變得極為重要。

地球限度的挑戰

環境的挑戰也許更令人望之生畏，甚至在許多觀察者眼中無法可解。難道無限增長的世界經濟與有限的地球，不是根本上就有衝突嗎？世界經濟在過去兩個世紀來約增加了一百倍：大概是人口與人均GDP的十倍，可是地球本體維持不變，使得人類對環境的衝擊變得更為劇烈。

這裡可以做個基本的計算：人為衝擊等同「人口」乘以「GDP／人口」乘以「衝擊／GDP」，有時概括描述為I＝P×A×T，這裡的I代表衝擊（impact），P代表人口

（population），A是影響因子（affluence，在此指人均GDP），T是科技（衝擊／GDP）。[11]在此方程式中，可以明顯看到人均經濟成長（A的增加）或人口成長（P的增加）必定會對地球導致巨大的人類衝擊（I），除非透過科技方面的改善（T的降低），才得以抵銷，就某種意義而言，便是降低每單位的環境衝擊。

某些科技進步（例如蒸氣引擎）會在提高A的同時提高T，這是因為排放溫室氣體和空氣汙染。其他種類的科技進步，如太陽能光電的改善，則提高了A，但**降低**每單位GDP的環境衝擊（T降低），並在淨整體效果中**降低**而非提高人類對地球的衝擊，因此能使經濟成長保持在一定水平。我們應努力讓P和A的增加能充分地以T的大幅降低來抵銷，亦即透過科技降低每單位GDP對地球造成的衝擊。

壞消息是，過去兩百年來的全球成長都傾向T的不變或增加。對化石燃料的倚賴、為農耕而開墾土地、以拖網撈捕法捕魚、皆伐熱帶硬木、以水利壓裂技術開採石油天然氣，全都是因科技進步加速人類對環境衝擊的範例。我們已來到二十一世紀，因此，在兩個世紀的急速成長、外加不斷增強的環境衝擊，讓地球的居住性來到了臨界點。

好消息是，現今仍有充足的機會能透過改變主要科技來降低T。包含將化石燃料改成可再生能源（風、太陽、水、地熱與其他），這能提供更多能量與更少的溫室氣體排放。另一個機會是飲食習慣的改變，從大量肉食（尤其是牛肉）改成攝取更多植物性蛋白質，能促進人體健康，同時也降低因飼料穀物和放牧對土地帶來的壓力。第三個機會是改善建築物設計，這麼做能大大減低對暖氣和冷氣的需求，隨之降低對能源的需求。第四個機會是精準農業，亦即更精確地運用水與肥料──例如滴灌施肥法（直接透過滴灌系統注入肥料）。

簡單來說，永續的關鍵在於技術與行為的更替（以植物作為基礎的飲食，選擇走路而非開車），用較低的環境衝擊產生同樣或更高的GDP。近來在科技上的突破，例如在太陽能光電獲得極大的花費減縮、生物可分解塑膠、植物製品替代肉類，以及在農耕方法上的改善，減少使用殺蟲藥、水和化肥，都是結合了高GDP與低環境代價的範例。綜觀歷史，人類向來對自然恣意揮霍：使用、丟棄、繼續前進。然而在我們的時代，你再也不可能輕鬆離開。我們塞滿了這個星球的每個角落、每個縫隙，將環境危機推向全球的規模。永續挑戰的等級也因此史無前例，威脅到全地球，而且是以過去從未面對過的方式。正因如此，我們一定要將每單位GDP對地球帶來的衝擊降低。

〈地球限度理論〉（Planetary Boundaries）一文的架構幫助了我們記錄關鍵的環境挑戰，以及相應所需的科技和行為。關於地球限度的描述可見於圖8.10（見頁二五六），共有九個主要的地球限度，從正北逆時針轉一圈的地球限度是：氣候變遷（起因為溫室氣體排放）、生物圈完整性（遺傳多樣性與功能多樣性）、土地系統改變（特別是森林砍伐）、乾淨水源使用（與滴灌系統密切相關）、生物地球化學循環（特別是來自肥料使用的氮和磷）、海洋酸化（來自大氣層中高濃度二氧化碳）、大氣氣膠濃度（來自燃燒化石燃料與生物質）、臭氧層破壞（來自氟氯烴的使用），以及新物質（化學汙染物，包含殺蟲劑和塑膠）。

這些地球限度主要受到的威脅是溫室氣體排放、低劣的農耕與飲食方式、化學汙染物及不當廢棄物管理。上述問題其實都有科技與行為方面的解法，能在降低環境衝擊的同時提升或維持生產力。我們的挑戰在於必須小心且穩健地進行計畫，接著有條不紊地控制商業行為，以削弱或禁止會惡化環境危機的科技。

並且，全球挑戰不只在於範圍的改變，更在於它的急迫性和全球規模。我們看見地球各處充滿持續上升的威脅，例如亞洲上空的空氣逐年受化石燃料——更多是生質燃燒——的汙染。我們從圖8.11（見頁二五七）可以見到中國廣州全境被霧圍繞。威脅生命的空氣汙染困擾著世界各大主要城市。圖8.12（見頁二五七）是二〇一一年旱災時肯亞與索馬利亞邊界的畫面，提醒了我們在世上許多極窮困的旱地，發生旱災的頻率仍持續增加，並讓最窮困族群承受飢荒且必須遷徙，因此危害到他們的生存機率。圖8.13（見頁二五九）顯示農場排放過多氮和磷至沿岸所造成的災害，這個例子發生在中國東北地區，海灘覆滿藻華，造成水質缺氧與海洋生物相繼死亡。圖8.14（見頁二六〇）是由美國太空機構NASA提供的全球地圖，紅色珊瑚礁地區顯示的是海平面上升六公尺時地球會遭到淹沒的部分。不幸的是，這種規模的海平面上升正與目前全球暖化的軌跡相符合。

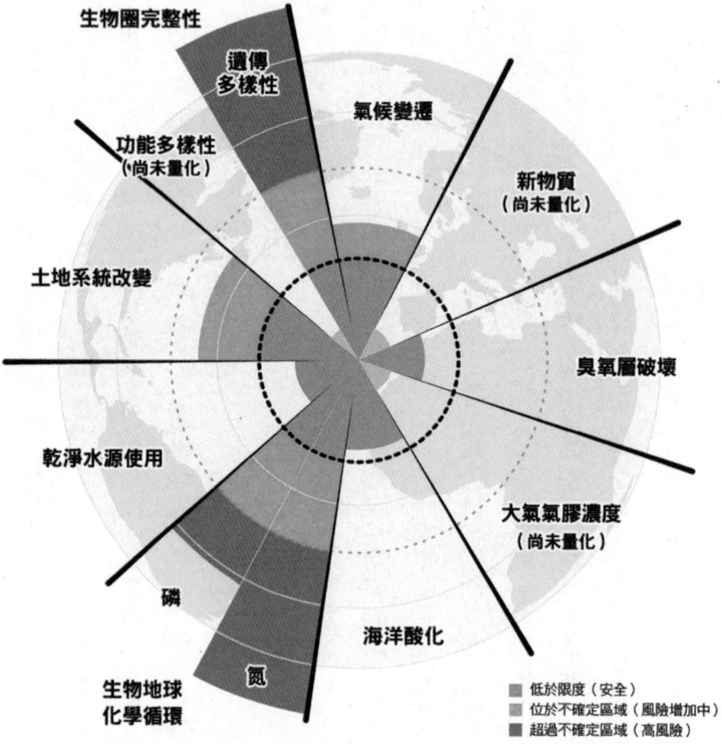

圖8.10　地球限度

資料來源：J. Lokrantz/Azote based on Will Steffen, Katherine Richardson, Johan Rockström, Sarah E. Cornell, Ingo Fetzer, Elena M. Bennett, Reinette Biggs, et al. "Planetary Boundaries: Guiding Human Development on a Changing Planet." Science 347, no. 6223 (2015): 1259855.

圖8.11　中國廣州的大霧
資料來源：Stefan Leitner. "Guangzhou," licensed under CC BY-NC-SA 2.0

圖8.12　2011年，肯亞—索馬利亞邊界區域
資料來源：Sodexo USA, "IMG_0748_JPG," licensed under CC BY 2.0

衝突的風險

從一個全球化時代轉變到下一個，往往伴隨戰爭：新石器時代進入馬背時代的里程碑，是來自大草原的騎兵戰爭；轉變為全球帝國的海洋時代，其標記是歐洲征服者對美洲當地人口與非洲奴隸所行使的暴力行為；工業時代的標記，則是來到印度的英國征服者與其對中國的戰爭，附帶還有隨該行為而來的巨大苦難。今日，轉換到數位時代可能預示了新的衝突；最大的風險便是兩個最大經濟體間可能發生摩擦，亦即中國和美國。

無庸置疑，這樣的摩擦並非不能避免。倘若發生，其後果將極度慘重，幾乎無法想像。然而，我們這個時代的結構的確正走入明顯的風險中：中國是一個崛起的大國，並將終結美國近年作為單一世界強國的狀態；如政治學家格雷厄姆．艾利森（Graham Allison）點出，就歷史經驗來看，當一個支配性強權國家受到崛起大國的挑戰，必然會增加衝突的風險。[12]不是由支配性強權（就目前例子是美國）在「一切太遲以前」毀滅競爭對手、攻擊崛起大國（就目前例子則是中國）；就是崛起大國出於恐懼，擔心若不反擊就會被支配性強權堵住成長路徑，而斷然決定出手。這些威脅並非不可能。已有許多美國政治家稱中國為對美國利益或對其「第一地位」的固有威脅，同時，中國也將美國當成試圖「抑制」中國進展的國家。

如果歷史對我們有任何教訓，那麼就是我們能想像那難以想像的最糟狀況，並努力不懈地

圖8.13　中國山東，一個小男孩在藻華中游泳

資料來源：Reuters/China Daily

設法避開。中國和美國已帶著戒心相互對峙，雙方都將彼此設想成最糟的境界。部分中國戰略家認為美國永遠不會接受強大的中國，同時，部分美國戰略家認為中國打算征服全世界。這兩個觀點都過於決定論與悲觀主義。我們應該致力在這兩大世界強國間建立起信任與和平，而非袖手旁觀，對戰事下注。如何在二十一世紀建立和平，是下一章、也是最後一章的核心問題。

數位時代的一些教誨

數位時代經濟成長的成功，替一個安於憂患的世界埋下數個陷阱。世界經濟製造出巨大財富，但在其他三個永續發展的

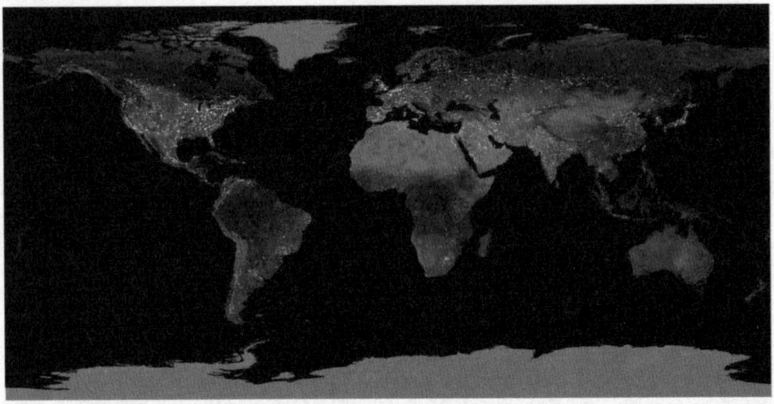

圖8.14　（紅色區域為）將被上升六公尺的海平面淹沒的地區
資料來源：NASA

方面卻遭滑鐵盧。不平等狀況飆升，其中一部分原因是數位科技對高技術和低技術勞動者產生差異。環境退化無法控制——當全球經濟幾乎來到年產量一百兆，人類卻沒有花心思將對地球的衝擊保持在安全且可承受的範圍，反映出的就是這種後果。而衝突的風險不斷上升，尤其因地緣政治的迅速轉移，以及中美與其他地區製造出的焦慮。

不過，我們仍為時未晚。人類擁有造成低衝擊的科技（例如再生能源和精準農業），以及阻止環境危機的專業策略。我們從全球經驗得利，知道能妥善使用，就能重新分配貧富收入，同時為逐漸攀升的地緣政治張力找到外交解答。甚至，我們擁有全球一致同意的新管理方式——永續發展——作為行動的路標。最後一個章節，我們要展望的是如何達成這個全世界採納的目標：繁榮、社會正義、環境永續與和平。

註釋

1 世界經濟論壇（World Economic Forum），"How Much Data is Generated Each Day?"，April 17, 2019, https://www.weforum.org/agenda/2019/04/how-much-data-is-generated-each-day-cf4bddf29f/。

2 至二〇一九年十一月20日的數據，來源為以下：

臉書登入："The Top 20 Valuable Facebook Statistics—Updated November 2019," https://zephoria.com /top-15-valuable-facebook-statistics/。

Google搜尋：https://www.internet livestats.com/google-search-statistics/。

YouTube影片：Omnicore，"YouTube by the Numbers:Stats, Demographics & Fun Facts," September 5, 2019, https://www.omnicoreagency.com/youtube-statistics/。

網路使用者，網路世界統計數據："Top 20 Countries in Internet Users vs. Rest of the World—June 30, 2019," https://www.internetworldstats.com/top20.htm。

Swift即時總額清算,：swift.com"The SWIFT-CLS Partnership in FX Reduces Risk and Adds Liquidity," April 4, 2019, https://www.swift.com/news-events/news/the-swift-cls-partnership-in-fx-reduces-risk-and-adds-liquidity。

3 參見David Silver, Thomas Hubert, Julian Schrittwieser, Ioannis Antonoglou, Matthew Lai, 以及Arthur Guez等人，"Mastering Chess and Shogi by Self-Play with a General Reinforcement Learning Algorithm," arXiv.org (2017)。

4 傑佛瑞．薩克斯（Jeffrey D. Sachs），本書作者，《終結貧窮：可以在2025年以前達成》（*The End of Poverty: Economic Possibilities for Our Time*，臉譜出版，2010）。

5 世界銀行（World Bank），《貧窮與共享繁榮二〇一八：拼湊貧窮的地圖》（*Poverty and Shared Prosperity 2018: Piecing Together the Poverty Puzzle*，華盛頓特區，世界銀行，2018）http://documents.worldbank.org/curated © COLUMBIA UNIVERSITY PRESS Notes 232 /en/104451542202552048/Poverty-and-Shared-Prosperity-

2018-Piecing-Together-the-Poverty-Puzzle。

6 編註：所謂普惠金融是二〇〇五年由聯合國提出的概念，意指普羅大眾、尤其是社會弱勢群眾，均能夠有機會獲得平等的金融服務、方案與保障措施，以有效幫助貧困者脫貧。比如短期與長期貸款、抵押、保險、養老金、信託等都在此範圍。

7 世界銀行報告指出，根據國家定義的農村貧窮區域（在二〇一〇年不變價格中，每年農村人均淨收入在二三〇〇人民幣），中國正走在終結貧窮的路上。參見 https://www.worldbank.org/en/country/china/overview, accessed November 15, 2019。

8 該數據為中國二〇一九年十月於ＩＭＦ世界經濟展望資料庫中ＧＤＰ的不變價格。

9 數據來自世界智慧財產權組織（World Intellectual Property Corporation）"World Intellectual Property Report 2018," https://www.wipo.int/export/sites/www/pressroom/en/documents/pr_2018_816_annexes.pdf#annex1。

10 參見生物多樣性和生態系統服務科學與政策平臺（Intergovernmental Science-Policy Platform on Biodiversity and Ecosystem Services，IPBES）二〇一九報告。https://ipbes.net/system/tdf/ipbes_7_10_add.1_en_1.pdf?file=1&type=node&id=35329。

11 針對該方程式的思想史，參見Marian R. Chertow, "The IPATEquation and Its Variants"《產業生態學報》（*Journal of Industrial Ecology*）第四卷第四期，二〇〇〇年，頁一三至二九。

12 參見格雷厄姆·艾利森（Graham Allison），《注定一戰？中美能否避免修昔底德陷阱？》（*Destined for War: Can America and China Escape Thucydides's Trap?*，八旗文化，2018）

Chapter 9

在二十一世紀領導全球化

每一個全球化的時代都會促使新一波的緊繃關係與戰爭。在舊石器時代，智人遇到的其他人類物種，例如尼安德塔人與丹尼索瓦人，這兩者都受他們影響進而被逼得絕種；新石器時代，遷徙的遊牧者與農人碰到了狩獵採集者，也在競爭珍稀資源的時候取代了他們（而且可能是以激烈的方式）；馬背時代，來自大草原的騎兵襲擊、掠劫了歐亞大陸溫帶氣候區的族群；古典時代，偉大的陸上帝國為了歐亞大陸的統治權征戰；海洋時代，歐洲征服者大量取代美洲原住民，使其因疫病與征服的行為幾乎滅絕；工業時代，歐洲帝國主義者拚命想以政治統御大半個非洲與亞洲區域；今日，當英美領導的世界被迫讓位給目前還不確定的勢力，我們再次進入了變動狀態。

每個時代都會發明出新的統治型態，這能夠賦予我們希望。舊石器時代使當地的遊牧民族形成強大的團結力，新石器時代帶來村落生活與地方政治，馬背時代迎來第一座城市，古典時代則帶來第一個多種族帝國，海洋時代帶來跨越海洋的全球帝國，而工業時代則帶來全球化治理的開端，包含聯合國的誕生、以及兩大霸權國家——英國和美國。如今，數位時代號召我們發明一個能有效治理相互連結的世界的方式。

前一章節，我概述數位時代的三大挑戰：加劇的不平等、退化的環境，以及因地緣政治改變而升高的風險。這些令人卻步的挑戰可能會使我們的政治機構超出負載，並引發驚人的衝突。上述一切在過去皆有模式可循。

我們這個時代最首要的任務，當然是極力避免陷入戰爭；畢竟在相互毀滅的能力上，如今我們遠遠超過歷史曾經的所有限度。而在維持和平的同時，我們的目標一定也要包括讓地球得以居住，以及社會的包容與公平。更甚，管理全球化的同時，我們必須隨時隨地將這些遠大的目標放在心中。

以下有幾個觀念能給予幫助：第一個是永續發展，這是結合了經濟、社會和環境目標的全面性治理方式；第二個是社會民主精神，亦即針對政治和經濟生活，採取有包容性、高參與度的方式；第三個是輔助原則，意思是我們必須以適當的管理程度解決問題；第四個是聯合國的改組；第五個是能夠安全容納多樣性的世界。

永續發展

在亞當．斯密的《國富論》中，他定義工業時代的精神即對國民財富的追求。從十九世紀早期，主權政府透過工業化和科技的進展相互競爭財富與權力，全球規模的市場經濟誕生，私有公司在全球規模的市場中積極追求利益，迎來兩個世紀的經濟成長（儘管中間曾受戰爭和經濟危機打斷）。今日的世界經濟至少比工業時代最初大上一百倍。全世界生產量的年成長平均落在三％左右，世界經濟持續每二十年——也就是一個世代——成長便翻倍一次。

經濟成長讓生活水準持續提升，並使終結赤貧的目標觸手可及。然而，同時也產生了兩個明顯的結果：第一，收入不平等和財富密集增加。在全球富裕的狀態下，不僅赤貧仍然存在，富有社群的不平等亦在增加，而在智能機器的時代，這可能會變得更糟糕。第二，人類造成的氣候變遷、生物多樣性流失，以及遍布各處的汙染，皆在在侵犯到地球限度，危害了數十億人類的福祉及上百萬物種的生存。

因此，福祉的關鍵在於結合多個目標，不只是財富的追求，還要**結合**繁榮、低度不平等和環境永續。經濟、社會和環境目標的三重底線，便是永續發展，並且一定要作為我們這一時代的必要概念。能與亞當．斯密對於這世紀的評語畫上等號的，應是「國家的永續發展」。

一九八〇年代的挪威前總理格羅．哈萊姆．布倫特蘭（Gro Harlem Brundtland），擔任環境與發展委員會（Commission on Environment and Development）的主席，促使全世界注意永續發展的新概念。在該委員會於一九八七年的報告《我們共同的未來》（*Our Common Future*）中，將永續發展定義為「既能滿足我們現今的需求，同時又不損及後代子孫滿足他們的需求」的發展。[1]這個新概念在一九九二年的里約地球高峰會上，受到聯合國會員國採納。

當時的里約地球高峰會被認為在全球治理上有決定性的突破。它針對氣候變遷、生物多樣性保育、以及抵禦沙漠區域擴大，提出了三個主要的環境協議，聯合國會員國採納了永續發展的概念、和為了實踐此概念所需的準則，稱為〈二十一世紀議程〉（Agenda 21）。然而，其成果卻微小得令人沮喪。環境公約並未獲得有效實行，人類造成的全球暖化持續不減，生物多樣性的毀滅持續加速，土地退化，世上乾燥地區的沙漠化也不斷加快步伐。

二〇一二年針對里約地球高峰會二十周年紀念的後續會議中，世界政府帶著沮喪的心情再次召開會議，審查世界全景。環境退化已無法控制，而〈二十一世紀議程〉淪為空談。永續發展的概念面臨前所未有的急迫性，我們必須找到新的方式，將之帶上公共政策的前線。在此脈絡下，政府決定展開一連串永續發展目標（Sustainable Development Goals，SDGs）將永續發展推到日常政治、公民社會行動主義以及商業界策略的表層。

二〇一二至二〇一五年間，聯合國會員國對SDGs進行協商，最終以顯示於圖9.1的十七個SDGs作為議定於二〇三〇年永續發展議程目標的一部分。永續發展的概念以原來的規畫經過重

圖 9.1　聯合國永續發展目標

資料來源：United Nations Department of Global Communications. "Sustainable Development Goals." 2019.

新調整，如今，比起如布倫特蘭委員會強調的現在和未來之所需，永續發展更正為更需符合經濟繁榮、社會包容與環境永續性的三重底線。

這十七個目標和隨之而來的一百六十九個詳細指標，是大部分可量化並在二〇三〇年達成的目標，它將各形各色的經濟、社會與環境目標具體化。主要的經濟目標在於終結赤貧（SDG 1）和飢餓（SDG 2）；確保全球健康保險（SDG 3）與教育（SDG 4）；並能提供安全用水（SDG 6）、電力（SDG 7）、好的工作（SDG 8）及現代基礎建設（SDG 9）的途徑。社會目標包含性別平等（SDG 5）；減少收入不平等（SDG 10）；以及和平、守法、包容的社會（SDG 16）。環境目標包括永續城市（SDG 11）、永續的生產和消費（SDG 12）、控制氣候變遷（SDG 13），以及保護海洋生態系統（SDG 14）和陸地生態系統（SDG 15）。最後一個目標，SDG 17，則是呼籲全球一同參與完成前述的十六項SDGs。

為了找出達成這十七個目標的方法，我們必須以有系統且理性的方式展望未來。最重要的是，我們需要高機動性且高適應力的計畫，亦即計畫必須清楚計算不確定性，好能邊實行邊更新政策與策略。因為我們不可能精確得知未來會出現怎樣的科技，因此儘管我們要事先計畫，但不能墨守成規。在這樣的考量下，我們應該參考艾森豪將軍（Dwight D. Eisenhower）曾經的發言，他是第二次世界大戰中盟軍的最高指揮官。艾森豪總愛說，「計畫無用，但計畫就是一切。」他的意思是，詳細且具體的計畫是不可能照表操課的，因為絕對會有意料之外的狀況，然而，計畫（在系統化的情況中合理推測未來走向）對成功至關重要。

若要讓計畫能夠成功，我們就必須有多面向的系統性思考，也必須更完善地理解以下事務：農業、健康保險、土地使用、碳管理制度、能源系統及保育生物多樣性，並重新思考土地該如何利用。除此之外，全世界也必須積極交換各種想法，協力進行研究發展，並迅速將最佳方式傳播至各個國家。讓全球知識網路有巨大的獲益。全球研究議程應採納**導向型技術革新**的概念，亦即設定研發目標的優先順序，比如低成本且充足的零碳能源、可生物降解產品、能抒解環境壓力使其恢復的糧食作物、更有效的灌溉方式，更佳的氣候模式與預測等。

永續發展的治理方式必須建立大量共識，因此這會是一條艱辛的路。由於既得利益、相異的觀點與文化，以及必要的改變（能源系統、土地使用和都市計畫等），都在國家共識的執行上有困難了，更別說是全球共識；因此為了將透過研究發展而產生的想法付諸實行，必須經過多方利害關係人的審議，並為建立共識付出龐大的努力。

我們也需要讓政府和企業針對SDGs付出承諾，他們的負責程度端看是否精確且及時地追上SDGs的進展。投資者也必須對於將新投資基金導入永續計畫負起責任。所幸，「環境、社會、企業管治投資」（ESG Investing），亦即在投資配置中納入環境、社會和企業管理指標的風潮正在攀升。事實上，在未來，所有投資都應滿足ESG的標準。

最後，我們需要刺激與鼓舞。永續發展必須成為我們這一世代的登月行動，一項齊聚天才、資源和全副精力才得以完成的任務。我仍記得年少時代因登陸月球感到的激動，當時美國總統甘迺迪是如何召喚美國人一同支援這場高風險且大膽的太空冒險。一九六一年五月，甘迺迪發表聲明：「我相信，我們國家應在這一個十年結束前，投身將人送上月球、再讓他安全返回的任務。在此時期，這將會是讓人類永遠銘記於心的太空計畫，也是對宇宙遠程探索最重要的太空計畫，更是最為困難、昂貴的計畫。」這些激動人心的字句讓美國踏上登月之路，在不到八年之後，甘迺迪達成了目標。

世界人口的未來軌跡同時也會帶來影響。根據聯合國最近的預測，二一〇〇年世界人口可能會落在七十到一百六十億之間不等，取決於生育率（見圖9.2，頁二七二）的未來走向。如果世界人口飆升到一百億甚至以上，永續發展將更難達成。所幸，如果我們能實踐全民健保（SDG 3）、全民教育（SDG 4）、以及性別平等（SDG 5），便能預期一個朝低人口邁進的軌跡。以上加總結果的意思是，無論男孩女孩都能在學校待久一點、晚一點結婚，大量投入勞動力，並得以自發地選擇小一點的家庭，同時在衛生、營養與教育方面對於每個孩子投入更多。這所謂的人口轉型也許能使這世紀的世界人口高峰導向約九十億，比起經過一整個世紀持續增加到超越一百億，這是能較快減少貧窮、大大減少對自然環境有害壓力的人數。

社會民主精神

對於符合永續發展路線和投入程度，一百九十三個聯合國會員國可說天差地別。有些國家不偏不倚地持續走在達成大部分或全部SDGs的路上，包含能源系統減碳、減少不平等；其餘國家則持續著高汙染化石燃料及增加不平等的老路。檢視不同國家的相對進展與投入程度便能夠證實，若要達成SGDs，究竟有「哪些方式」是有效的。

全球前幾名達成SDGs的國家皆在北歐。二〇一九年，根據SDG進程顯示的國家排名，世界前五名國家為丹麥、瑞典、芬蘭、法國和奧地利。[2]有趣的是，二〇一九年，各國對於生活滿意程度（亦即幸福感）的自我報告中，排名看起來相當類似：芬蘭、丹麥、挪威、冰島以及荷蘭。[3]的確，當我們拿這兩者來比較，可以發現強大的關連性，北歐國家在兩組世界排名都名列前茅。

永續發展和生活滿意度雙雙獲得成功，其關鍵在於北歐國家存在已久的治理方式和社會精神。這些名列前矛的國家都有一種「社會民主」的哲學，包含過去一世紀長期由社會民主派的政黨主政。在此脈絡下，擁有社會民主精神，意味擁有一個能將政治與經濟組織起來的概念。包含保證市場經濟中的私有制，加上高度的工會組織、勞工權利、健康的工作生活平衡（包含帶薪家事假及充足的休假時間），還有普及的公共服務，優良的健保，有預算經費資助的教育。這項策略有時被稱為「中間路線」（the middle way）：一邊是自由市場資本主義，另一邊則是國家所有產業。

從各方面來說，這個中間路線在今日全球任一個政治經濟體系的繁榮性、社會包容及環境永續上，皆創造出最成功的結果。當更多工作機會遭到智能機器取代，社會民主精神在數位時代的重要性將會更大。

擁有許多工作技巧的勞動者——基本上是受更多教育的人——將會發現他們的工作藉著智能機器更為加分；同時技能較不足的勞動者則被機器取代。其結果將進一步增加低技能勞動者的收入不平等和經濟不安全感。為了確保社會的每一分子都能從持續進步的科技中得利，公共政策

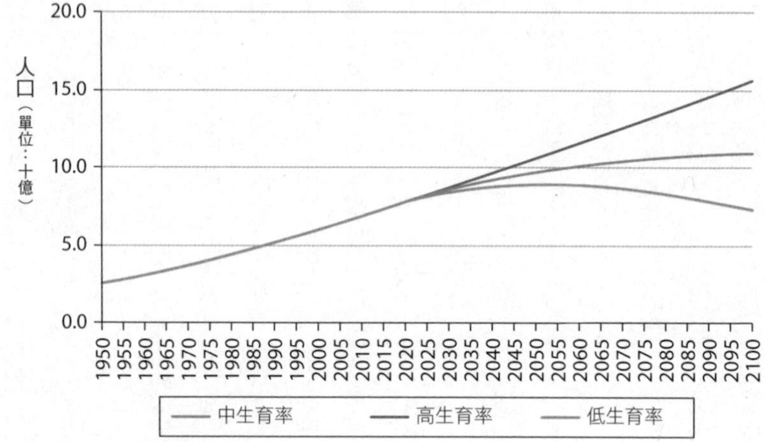

圖9.2　低、中、高生育率推測

資料來源：United Nations, Department of Economic and Social Affairs, Population Division (2019). World Population Prospects 2019, Online Edition

必須對「勝利者」徵稅，並使用其收益，站在基本人權的立場，確保全體人民得到優良的健保、教育和社會保護。這便是社會民主精神的核心概念。

輔助性與公共領域

制訂財貨政策的關鍵在於清楚分辨私人財與公有財。私人財是在利潤最大化的刺激下以高效率提供的財貨，公共財則是市場因盈利動機傳達的訊息錯誤，因此供給不足的財貨。公共財包括全民擁有優良的教育和健康保險、新科學知識、得以使用新科技、環境保護、基礎建設（如公路），以及能長距離運輸電力的管線。私人財（如住宅、家具、車輛、個人用品、旅行等等）大多以市場為基本運作。大抵上，每個家庭花費自己的收入，從盈利性企業購買商品；相對而言，公共財基本上透過公共預算提供，使用政府收入來承擔公共投資和公共服務的花費。

最主要的政策挑戰是在私部門與公部門間、以及在政治等級程度不一的公部門之間設下正確界線。有些公共財屬於地方，表示它們能有效地由當地政府提供，如城市或鄉鎮的學校、健康中心、警力及當地道路都是當地公共財的範例。其他公共財在特性上屬於國家，如國防或州際公路系統。然而，其他公共財中也有屬於跨國或者跨區域者，至少跨越兩個國家以上，比如流經數國的河流管理。河流改道、洪水控制、水力發電及河道航行權，基本上都該由所有受影響國家中選出代表組成的跨國管理機構處理。但是，某些其他公共財就規模而言是一整塊大陸，例如主要運輸系統（橫越歐洲亞洲的公路和鐵路）、長距離電力傳輸管線、跨國界汙染控制，以及由多個國家（例如亞馬遜盆地，其中包含九個國家的領土）共享的生物多樣性和生態系統之保護。不斷增加的公共財在本質上都屬於全球，比如終結人類造成的氣候變遷、流行性疾病控制、對赤貧國家的開發援助、打擊國際租稅規避行為，以及核武禁擴等。

輔助原則為公共財提供了一個重要框架。它抱持的態度是公共財（和服務）之提供應該在最低限度的管理下進行，並能實踐上述提及的特定財貨與服務。當財貨和服務能有效留給市場，當然很好；但針對這些特質上天生屬於公共的財貨，最好在適合當地治理且可實行的程度予以提供。例如國家級管理組織，原則上可掌控學校、健康中心的運作，但通常不會有強制性，因為如此一來當地管理機構才能將每個當地社群的具體需求納入考慮，更有效地提供學校和健康中心的服務。當地管理機構可使在地民眾更積極地參與決策制定，並對當地狀況付出更多關心。同時，對於只能在更大地理規模下提供服務或者解決問題的事項，指派當地管理機構並不合理（例如流域管理或跨國境汙染），這些問題需要的是跨國境的管理機構。同理，要由單一城市甚至單一國家，靠各自努力控制人類造成的氣候變遷，卻沒有能支配一切、擁有全球架構，亦即聯合國氣候變遷綱要公約（UNFCCC）和巴黎協定的幫助（兩者都包含世界上所有國家）[4]，是完全不可能的。

若無法理解輔助原則，會導致公共政策陷入無止境的混亂。例如部分自由市場倡導者全然不重視私人和公共財之間的差異，反對政府在經濟中扮演的角色；當地管理機構的擁護者時常不能理解特定公共財無法單獨由當地政府提供；反對國際法和聯合國規章的國家主義者往往假設，所有必須的公共財都可由國家政府提供，並未深思跨國界挑戰的現實面，諸如跨國基礎建設和氣候變遷等全球環境管理。

在二十一世紀，永續發展在許多面向上都需要增加由多國家管理或全球規模的公共財。河流、生態系統、汙染、氣候控制、國際資金流動、網路、電力傳輸、公路系統、鐵路網絡及航空，都需要強大的區域和國際合作。上述一切都無法在單一國家獲得有效管理。國家的區域集團，如歐盟、非洲聯盟（African Union）、東南亞國家聯盟（ASEAN）、南方共同市場

（Mercosur）、上海合作組織（Shanghai Cooperation Organization）、亞洲區域全面經濟夥伴關係協定（Regional Comprehensive Economic Partnership in Asia）及其他，在未來的重要性也將更甚今日。

中國一直透過兩個主要倡議來推廣大規模的基礎建設及跨國合作。第一個是一帶一路（BRI），為連接亞洲和歐洲的「帶」提供以土地為本的基礎建設，以及連接亞洲、歐洲和透過印度洋連接非洲的海「路」合作。第二個是全球能源互聯網（GEI），最初由稱為全球能源互聯網發展合作組織（GEIDCO）所主導。全球能源互聯網設定的目標是透過長距離電力傳輸，連接全世界高品質的再生能源（風，太陽和水力）地點。一帶一路與全球能源互聯網兩者都是二十一世紀管理跨國境基礎建設十分有創意的方式。這兩個倡議確實應該結合。如果它要為相關國家和全世界提供真正的利益，一帶一路就應該奠基於再生能源。圖9.3（見頁二七六）顯示一帶一路倡議中必須做到、現行的與已計畫的基礎建設地圖。

當區域公共財的重要性上升，歐盟、非洲聯盟和東南亞國家聯盟等區域集團的地位也更加提升。我們可以想像，二十一世紀的治理方式會大量牽涉到多國家集團的合作，而非單一國家與國家。於此我們可以推測，有八個主要的**區域集團**：北美、南美、歐盟、非洲聯盟、南亞、東亞、獨立國協、以及西亞。這八個區域集團將開始構成全球外交的核心。目前而言，聯合國是一個由獨立會員國組成的組織，共有一百九十三個國家。一百九十三個國家表示有超過一萬八千個

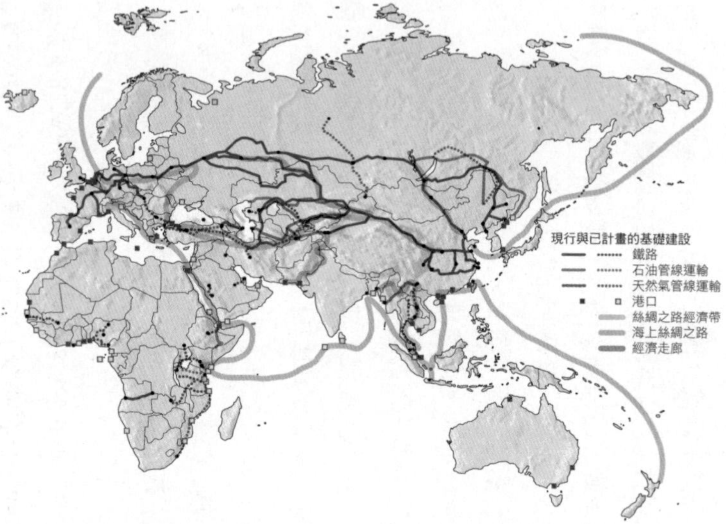

圖 9.3　一帶一路倡議地圖

資料來源：Map adapted from Mercator Institute for China Studies (MERICS), May 2018

國家的配對組合；若改為八個區域，只會有二十八個區域的配對組合。若要進行有效的國際合作，這會是個管理起來比較容易的數量。

改組聯合國

歷史學家馬克・馬卓爾（Mark Mazower）在其充滿知識性的著作《治理世界》（*Governing the World*）中描述，治理全球的概念初次出現於歐洲是在啟蒙時代。[5]德國哲學家康德預見了一個奠基於共和國家全球聯邦的「永久和平」（perpetual peace）。拿破崙戰爭之後，歐洲保守派進入歐洲協調狀態（Concert of Europe），試圖維持和平與穩定，特別要避免革新的想法，例如議會民主制和共和主義。在十九世紀下半，歐洲列強齊心合作，避免在將非洲和亞洲的大塊沃土併吞進各自的帝國時，在自己人之間造成衝突。它們也建立了新的國際組織，來管理相互關連性不斷增加的世界，包含一八六五年的國際電信聯盟（International Telegraph Union，1865）以及一八七四年萬國郵政聯盟（International Postal Union，1874）。

針對世上民族國家，全球治理進行的第一個全面性嘗試是在一戰後發生的。一九二〇年，國際聯盟建立，總部設於日內瓦。就概念上來說，該聯盟可說是一次破天荒的突破。為了維持和平，各國派代表出席，原本有四十二個創始成員國，之後又加入二十一個國家。雖然該聯盟是在美國總統威爾遜（Woodrow Wilson）的要求下創立，美國卻因參議院反對，自己沒有加入。沒有美國，又得面對歐洲與鄰近西亞和非洲經濟、政治上不間斷的騷亂，最後證明該聯盟無法應對一九三〇年不斷增強的地緣政治與社會經濟危機。當二戰爆發，聯盟中的技術人員多半遷移到美國，聯盟本身則在一九四六年解散，功能由新的聯合國取代。

聯合國一詞原先使用在由美國、英國和蘇聯領導的二戰反法西斯同盟，後來變成國際聯盟後繼組織的名稱。新的聯合國組織依照聯合國憲章於一九四五年創立，並在次年將總部設在紐約。聯合國的精神憲章，《世界人權宣言》（*Universal Declaration of Human Rights*）在一九四八年通過。

回顧稍稍先前的章節便能發現，聯合國代表的是二戰後美國外交政策國際主義者的一面。

從一九四〇到一九六〇年代，美國都強烈支持該組織的創立，主要原因有三個：第一，這能用來當作推進美國外交政策的工具——例如，在韓戰中，美國和盟軍以聯合國委任軍力之名義開戰；第二，在美國庇護下，讓聯合國針對經濟發展的全球議題提出有效方法；第三，聯合國為正在和蘇聯競爭的美國提供重要的立場，亦即希望贏得那些新獨立後殖民國家的「民心」。

當聯合國的權力、聲量及對發展中國家的影響逐漸增加，同時美國與蘇聯的競爭逐漸隨冷戰終結而衰減，美國對聯合國的態度轉而變得矛盾，甚至有時懷著敵意。當發展中國家在一九七〇年代呼籲「國際經濟新秩序」，美國則表示反對，甚至要求那些國家加入由美國領導的全球資本主義系統陣線。

自從一九九〇年代，美國便持續對將權力割讓給聯合國的倡議做出抵抗，未得到美國簽署或批准的聯合國協定開始堆積如山。

時至今日，聯合國的會員國共有一百九十三個，幾乎涵蓋全世界的人口。然而就至關重要的運作方式而言，聯合國卻一直是個遵守由美國在一九四五年制訂規則的二十世紀組織。更重要的是，二戰結束後，勝利的五個同盟國家（蘇聯、英國、美國、法國和中國）在聯合國安全理事會中以五個永久會員的資格，獲得了特別的地位。這所謂的五大常任理事國，不只在安理會獲得永久席次，更能對於聯合國的決定、以及在聯合國憲章中隨之而來的改變，行使否決權。

問題在於整個世界從一九四五年、也就是美國仍擁有至高無上的統治權至今，已有大幅改

表 9.1　2018 年，依人口和生產量排行的十大國家

（占全世界百分比）

國家	生產量份額	人口份額	平均份額
中國	17.2	18.7	17.9
美國	19.7	4.4	12.0
印度	5.5	17.9	11.7
日本	5.0	1.7	3.3
印尼	1.9	3.5	2.7
巴西	2.3	2.8	2.6
德國	3.9	1.1	2.5
俄國	2.5	2.0	2.3
英國	2.8	0.9	1.8
法國	2.7	0.9	1.8

資料來源：IMF World Economic Outlook, October 2019. Output share is the simple average of the share of national output measured in world output at U.S. dollars and at international dollars.

變。五大常任理事國在地緣政治上再也不是決定性的力量，或在全球治理中能握有特權的明顯候選者。表9.1可作為參考原因之一，該表格根據一個國家在世界人口和世界生產量的份額來衡量國家的大小。就統計學目的而言，世界生產量份額可以簡單定義為兩種數值的平均值：以市場價格衡量的世界生產量份額，以及受購買力影響的價格衡量的份額。

表中顯示二〇一八年十個最大的國家。雖然五大國都名列十大國家之一，但其中三國（英國、法國和俄羅斯）實際卻比其他五國要小，亦即：印度、日本、德國、巴西和印尼。因此，安理會永久席次的分配，代表的與其說是今日的現實，不如說是一九四五年的決定。而我們能特別注意的是：未獲永久席次的五大國家中，有三個位於亞洲，即印度、日本和印尼。

聯合國安理會目前有十五個成員國：五大國家再另加十個國家，每兩年任期輪替一次，且沒有否決權。輪替的會員國由五個區域集團推選：亞洲（兩個席次）、拉丁美洲（兩個席次）、非洲（三個席次）、西歐和其他國家集團（Western European and Others Group，WEOG）（兩個席次），以及東歐（一個席次）。因此，若綜合永久與輪替會員，亞洲目前握有三個席次，或勉強說占安理會的二〇％，但事實上亞洲擁有六〇％的世界人口，並占幾乎五〇％的世界GDP。亞洲在聯合國安理會中未能受充分代表，是今日的聯合國體系最無法忽視的缺陷之一。聯合國是專為北大西洋的領導者所設計，然而，人口、經濟和地緣政治的世界重心，已轉往亞洲和非洲。

表9.2呈現的，是一個能夠試著平衡聯合國安理會的改革建議。在我所建議的改革中，安理會將擴展為二十一個成員，亞洲握有六個席次，或占約三〇％；增加六個新的永久會員國，前述所提及未能受充分代表的五個大國（巴西、德國、印度、印尼和日本）加上奈及利亞（非洲最大國家）。這裡的問題在於，即使進行這麼適量的改變，也會牽涉到美國和其他五大國握有的權力相對縮小，而且它們可以對此行使否決權，將之擋下。事實上，聯合國安理會的改革確實就因為五大國的反對而多年來不斷遭到妨礙。並且也因為這個組織在全球處境下其影響力相對持續衰

表 9.2　對聯合國安理會的建議改革

地區	目前席次	修定席次	永久國	輪替國
拉丁美洲與加勒比海地區	2	3	巴西	2
東歐	2	2	俄羅斯	1
亞洲太平洋	3	6	中國、印度、日本、印尼	2
非洲	3	4	奈及利亞	3
西歐與其他國家集團	5	6	美國、英國、法國、德國	2
全世界	15	21	11	10

弱，在未來幾年中，也許美國會寧可艱難地前進，也不願改革聯合國；也許，必須等到美國和其他五大國成員終於理解，健全且有活力的聯合國對全球和平與安全的重要性（其中當然也包含五大國自身的和平與安全），改革的一天才會到來。

共同計畫的倫理行動

天主教教宗方濟各於二〇一五年通諭《願祢受讚頌》（*Laudato si'*）中寫到：

國際間的互相依賴催促我們構想一個世界的共同計畫。人的睿智雖然已帶來極大的科技進步，但是仍不足以找到有效處理嚴峻的全球環境和解決社會問題的方法。單憑各個國家獨自行動，無法解決更深層次的問題，所以全球性的共識是必要的。例如，此一共識將有助於訂定可持續和多元的農業計畫、發展可再生和汙染性較低的能源種類、鼓勵更有效益地使用能源、促進海洋和森林資源的良好管理，並確保所有人可取得飲用水。[6]

早期人類的全球化挑戰在於缺少共識。為了在部落氏族裡齊心合作，我們這個種族巧妙地進行了演化；然而，也同樣對於和「外人」起衝突做好準備。如同甘迺迪在就職演講中的聲明，在一個有能力「終結所有形態的人類貧窮，以及所有形態的人類生命」的世界，我們能否積極、主動地為未來找到共識呢？

為了承接教宗方濟各的挑戰，並探索共識的各種可能性和極限；近來，我嘗試在多宗教信仰的共同努力之下擔任協同領導，想為全球永續發展的行動找到共識基礎。遍及世界主要信仰的宗教領袖和修行者——基督教、什葉教、遜尼教、猶太教、印度教、儒教，以及第一民族信仰——外加非屬宗教的哲學家，每兩年齊聚一堂，為永續發展尋求倫理行動的執行方法。我們自問：有沒有一個共通框架，能使分割成不同信仰、文化、人種和族群的群體跨越歧異、一同投入呢？

暫且來說，我們算是有答案的。宗教領袖不斷責備政治家常為了一己之私尋求權力而濫用宗教，並且針對恐懼與隔閡火上加油。但事實上，宗教領袖能不費吹灰之力找到永續發展的關鍵準則的一致之處，因此，此處的挑戰並非人類信仰無法跨越的裂痕，而是利益與野心的衝突。問題在於政治，而非人類的差異無法化解。

信仰領導者和倫理學家一致認同，有三項在全世界信仰中十分常見的道德準則。第一個是黃金準則，互惠原則：己所不欲，勿施於人。黃金準則可見於孔子和耶穌的教誨，以及印度教經文，與康德的定言令式概念。第二個準則是優先選擇窮人——亦即對赤貧者給予應有的關注。倫理的組成因素之一，便是守護人類尊嚴，而人類尊嚴則必須讓社會上的每一個人都擁有能滿足基本需求的經濟手段。依照聯合國的說法，這是「不遺漏任何人」（leave no one behind）。第三個準則是對萬物的保護——包含我們生活的地球本身，以及上百萬其他物種賴以生存的地方。這些準則可作為永續發展共同全球計畫的砌牆磚，只要我們能跨越政治因素的話。

政治確實有其兩面性。對古希臘哲學家亞里斯多德來說，政治是對公民共同福祉的追求，這裡的公民指的是**城邦**（polis，也就是政治）的成員。亞里斯多德將此定義為對**幸福**（eudaimonia，也就是豐足的人生）的追尋。對文藝復興時期的政治哲學家馬基維利（Niccolò Machiavelli）來說則是相反，政治是君王的權力鬥爭。康德認為，只有在君王再也無法送他們的人民上戰場時，全球和平才有可能。康德將戰爭描述為無法對自己國民負責的君王的玩物：

> 在一個非共和體制的憲法中，其下的國民也並非公民，那麼，宣戰將會是全世界最容易做

的決定，因為戰爭不需要統治者參與，統治者是國家的所有者，而非國家的一員，此行為最不會犧牲其桌上的美食、打獵、鄉間度假與他的朝廷，諸如此類。因此，君王也許會在玩樂的派對上，因為微不足道的理由便決定開戰，帶著漠不關心的態度，將戰爭不可或缺的正當性，留給向來做好收拾殘局準備的外交使團去解決。[7]

康德之後的一百五十年，憤世嫉俗的納粹戰爭領袖戈林（Hermann Goering），因戰爭罪被囚於紐倫堡，他敘述了如何使用煽動式的宣傳發動戰爭——悲哀的是，即便在民主體制裡也能做到。他在牢中受訪，並這麼對訪問者說：

人們當然不想要戰爭。當你能從中得到的最好回報只是完好無缺地再回到農場，那些可悲的懶蟲為什麼會想冒著生命危險上戰場？一般人自然不想要戰爭，無論在俄羅斯、英格蘭甚至美國，就連在德國也是一樣。這是可以理解的。但話說回來，決定政策的畢竟是國家元首，而要拖著人民一起下水總是非常容易。無論是民主國家、法西斯獨裁政權或者國會，甚至共產主義專制政權。[8]

「但是有一個差別，」訪問戈林的人表示，「在民主國家，人民能夠透過他們選出的代表者傳達意見。而且在美國，只有國會能夠宣戰。」戈林回答：

噢，那麼的確不錯。但是，不管有沒有辦法發聲，人民永遠都受領導者操縱。這非常容易。你只要告訴他們國家正在遭受攻擊，然後指責和平主義者缺乏愛國情操，使國家暴露在危險之中。這個方法無論在哪個國家都一樣有用。

最終，我們剩下一個必須、一個希望，以及一個難解之題。所謂的「必須」，指得是必須領導新的全球化時代，這麼一來，我們才能將精力集中在終結人類貧窮，而非人類生命。所謂的「希望」，則是在全世界的社會和宗教中，能讓共通的倫理成為基礎。所謂「難解之題」，是我們總是極容易受彼此之間小小差異的影響，當碰到煽動人心的領袖在追逐權力，我們容易被撩撥而發展成致命的敵意。

在本書中，我曾多次提到一位現代領導者，美國總統甘迺迪活在我們從未經驗過的時期，那是距離全球核戰滅種浩劫僅毫釐之隔的年代：一九六二年的古巴飛彈危機。在那回僥倖逃過一劫後，甘迺迪極力促成美蘇之間的和平，並在一九六三年協商了部分禁止核試驗條約（Partial Test Ban Treaty），完成走向和平的第一步。

為了說服眾人和平更勝戰爭，甘迺迪解釋全人類的共同利益，直至今日，他的話語仍適用於我們這個相互依賴的世界：

不要被我們的差異蒙蔽——要將注意力放在我們的共同利益，以及能夠解決這些差異的方式上。如果我們無法立刻解決差異，至少要讓這個世界成為能夠容許多樣性的所在。歸根究底，我們最基本的共同連結，就是都居住在這個小小的星球上，呼吸著一樣的空氣，都珍惜我們子孫的未來，而我們的生命，都是有限的。[9]

全球化反映出一個最根本的事實。打從我們在非洲的共同根源至今，人類的旅程從來都是共享共有。我們作為全球性的物種，在大部分的歷史中並非總能不證自明，因為生命的在地性似乎更強，也因為其他部落、種族和帝國，彷彿是難以消解的仇敵。然而，偉大的宗教描繪了人類共同的根源與命運。今日，透過由軌道衛星繪製且每日傳送至家中的地球影像，我們能比從前更清晰地展望人類共同的命運。我們的共同命運並不表示同質性，或者表示能夠終結差異，而是因為一個能包容多樣性的世界裡，有各形各色的文化能使全球社會變得更強。

在我們這個種族漫長且傳奇的冒險中，此時正面對著地理、技術與制度間的互動。演化生物學家愛德華．威爾森所言極是，他點出我們是帶著「石器時代的情緒、中世紀的制度，神一般的科技」，跌跌撞撞地步入二十一世紀。我們並未同步發展，狀態也不甚良好；然而，我們仍然擁有超過十萬年前在非洲大草原上形成的推理力和協調力。今日，我們能更清楚了解共同利益。最大的希望便是利用歷史的教訓，以及共同的人類天性，以全球為規模，打造一個全新的協力合作時代。

註釋

1 世界環境與發展委員會（World Commission on Environment and Development），《我們共同的未來》（*Our Common Future*，Oxford University Press，1987）。

2 SDG排名可於Jeffrey Sachs, Guido Schmidt-Traub, Christian Kroll, Guillaume Lafortune, and Grayson Fuller的聯合國報告中參見，二〇一九年永續發展報告：《Transformations to Achieve the Sustainable Development Goals》，紐約：Bertelsmann Stiftung and Sustainable Development Solutions Network [SDSN]，2019。

3 生活滿意度排名可參照二〇一九年聯合國《世界幸福指數報告》（*The UN World Happiness Report*, 2019），John F. Helliwell, Richard Layard, Jeffrey D. Sachs (New York: SDSN, 2019)。

4 二〇一九年，美國總統川普宣布打算退出巴黎氣候協定，但不會退出聯合國氣候變遷綱要公約（UNFCCC）。

5 馬克・馬卓爾（Mark Mazower）《治理世界：思想的歷史，一八一五年至今》（*Governing the World: The History of an Idea, 1815 to the Present*, New York: Penguin, 2013）。

6 教宗方濟各（Pope Francis），《願祢受讚頌》（*Laudato si'*），(Vatican City: Vatican Press, 2015,) sec. 23。

7 伊曼努爾・康德（Immanuel Kant），《論永久和平》（*Perpetual Peace: A Philosophical Sketch*, 1795）（Cambridge: Cambridge University Press, 1970）。

8 G・M・吉伯特（G. M. Gilbert）一九四六年四月十八日與赫爾曼・戈林（Hermann Goering）的訪問，《紐倫堡日記》（*Nuremberg Diary*，New York: Farrar, Strauss, 1947），頁二七八。

9 約翰・甘迺迪（John F. Kennedy），〈美國大學畢業典禮致詞〉（Commencement Address at American University, 華盛頓特區，一九六三年六月十日）。https://www.jfklibrary.org/archives/other-resources/john-f-kennedy-speeches/american-university-19630610。

致謝

這本書源自二〇一七年五月牛津大學地理與環境學院Gordon L. Clark教授主持一系列三門的授課。我十分感謝Clark教授和他同事與學生的溫暖招待、激勵且具啟發性的環境，以及對我在那裡發表的想法給出獨到的回應。

在將授課內容轉化為書籍的過程中，我特別感謝Ismini Ethridge女士對草稿的研究與面面俱到的協助。在每一階段，都由她帶著這項計畫不斷往前，若是沒有她的大力相助，這本書絕無完成的可能。在成書的最後階段，她也獲得Juliana Bartels女士強力的協助。

聖地牙哥加州大學的Gordon McCord教授也針對地理分析分享了他的洞見、想法及無價的援助。當然，若有任何錯誤，責任都在我個人。

哥倫比亞大學出版社再次出版我的著作，我感到受寵若驚。社方對於細節的無微不至、編務上一流的協助，以及持續不斷的鼓勵，可說是作者的夢想成真。在此我要特別感謝Bridget Flannery-McCoy對於這項計畫的信心，與Caelyn Cobb女士在本書的每一階段都提供了編務支援。

無論在哪一方面，我的妻子Sonia Ehrlich Sachs都是我最睿智的夥伴，而且一如往常，對本書來說不可或缺。感謝她的智慧、無盡的耐心，以及對此主題展現出的深刻興趣。

參考資料

這些數據在本書主要用於估算、繪製圖表與地圖。

氣候帶

本書使用的氣候分類為柯本氣候分類系統，此分類系統以氣溫與降雨量將全球畫分為五大主要氣候區，第六大高地氣候區則以海拔高度區分。

本書使用地理資訊系統（Geographic Information System）氣候檔案經數位化，氣候區地圖原始資料來自A. Strahler, and A. H. Strahler. 1992. *Modern Physical Geogra- phy*, 4th ed. New York: Wiley. The data set can be found at https://sites.hks .harvard.edu/cid/ciddata/geog/gisdata.html。

該地圖基礎則源自：

柯本氣候分類系統摘要

類型	描述
A	熱帶氣候區
Af	赤道雨林區，全年潮濕
Am	赤道季風區
As	赤道莽原區，旱夏
Aw	赤道莽原區，旱冬
B	乾燥氣候區
Bs	半旱草原氣候區
Bw	沙漠氣候區
C	溫帶氣候區
Cs	溫帶氣候區，旱夏
Cw	溫帶氣候區，旱冬
Cf	溫帶氣候區，全年潮濕
D	寒帶氣候區
Ds	寒帶氣候區，旱夏
Dw	寒帶氣候區，旱冬
Df	寒帶氣候區，全年潮濕
E	極地氣候區
Ft	凍原氣候區
Ef	冰凍氣候區
H	高地氣候區（氣候多元）

資料來源：Markus Kottek, Jürgen Grieser, Christoph Beck, Bruno Rudolf, and Franz Rubel, "World Map of the Köppen-Geiger climate classification updated," *Meteo- rologische Zeitschrift* 15, no. 3 (2006): 259–63. https://doi.org/10.1127/0941-2948 /2006/0130.

R. Geiger and W. Pohl. 1954. Revision of the Köppen-Geiger *Klimakarte der Erde Erdkunde,* Vol. 8: 58–61.

由於氣候會隨時間變遷，因此以今日氣候地圖回推千年前的氣候條件，僅能是大致估算。

人口統計數據

歷史人口統計數據

本書許多歷史人口統計數據倚靠基斯・克萊恩・戈爾德維克（Kees Klein Goldewijk）、亞瑟・彼森（Arthur Beusen）與彼得・楊森（Peter Janssen）於HYDE 3.1計畫的研究成果。此研究估算「全新世整體與城鄉的人口數、密度與比例（包括建造區），時間大約介於西元前一萬年至西元二〇〇〇年，空間解析度為五分經緯度」。詳情應能在以下文獻找到：

Kees Klein Goldewijk, Arthur Beusen, and Peter Janssen. "Long-Term Dynamic Modeling of Global Population and Built-up Area in a Spatially Explicit Way: HYDE 3.1." *The Holocene* 20, no. 4 (2010): 565–73. https://doi.org/10.1177/0959683609356587.

全球人口統計、國內生產總值與人均所得，西元一年至二〇〇八年

歷史經濟數據資料則是依據麥迪遜計畫資料庫（Maddison Project Database）。雖然此資料庫在過去十年之間已經過修改與更新，但我依舊選擇取用二〇一〇年的版本，因為其提供了國家、區域與年分最全面的資訊。二〇一〇年的版本也是已逝經濟歷史學家安格斯・麥迪遜提供的最後一個版本，此版本涵蓋了西元一年至二〇〇八年世界人口統計、國內生產總值與人均所得。關於此計畫詳細內容，請參考：

麥迪遜計畫資料庫，二〇一〇年版。Jutta Bolt, Robert Inklaar, Herman de Jong and Jan Luiten van Zanden (2010), “Rebasing ‘Maddison’: new income comparisons and the shape of long-run economic development,” Maddison Project Working paper 10

二〇一五年人口網格資料

二〇一五年人口空間分布的詳盡數據資料，源自哥倫比亞大學（Columbia University）國際

地球科學資訊網絡中心二〇一六年的全球人口網格資料第四版（Gridded Population of the World, Version 4，GPWv4）：Population Count. Palisades, NY: NASA Socioeconomic Data and Applications Center (SEDAC). http://dx.doi.org/10.7927/H4X63JVC。

古城市數據資料

此份古城市資料的基礎源自：Meredith Reba, Femke Reitsma, and Karen C. Seto,"Spatializing 6,000 Years of Global Urbanization from 3700 BC to AD 2000," *Scientific Data* 3 (2016): 160034. https://doi.org/10.1038/sdata .2016.34。深深感謝梅雷迪絲．雷巴（Meredith Reba）博士協助我取得如此深具洞見的資料。

地圖與地理空間分析繪製資料

利用shapefile（.shp）檔案繪製地圖的資料來源：

海岸與河川邊界

利用網站「Natural Earth」（naturalearthdata.com）繪製。請留意，我將古文明繪於現今海岸與河川邊界地圖，由於海岸線與河流會有所變遷，因此僅是約略參考。

古帝國與區域範圍

worldmap.harvard.edu

圖 5.2 亞歷山大大帝帝國

http://awmc.unc.edu/awmc/map_data/shapefiles/cultural_data/political _shading/alexander_extent/

圖 5.3 羅馬帝國

http://worldmap.harvard.edu/geoserver/wfs?outputFormat=SHAPE -ZIP&service=WFS&request=GetFeature&format_options=charset 3AUTF-8&typename=geonode 3Aroman_empire_117_ce_9sa&version=1.0.0

圖 5.4 中國漢朝

http://worldmap.harvard.edu/geoserver/wfs?outputFormat=SHAPE -ZIP&service=WFS&request=GetFeature&format_options=charset 3AUTF-8&typename=geonode 3Aeastern_han_dynasty_in_73_ce _lg4&version=1.0.0

圖 5.6 絲路

https://worldmap.harvard.edu/data/geonode:silk_road_8h3

圖 5.8 伍麥葉帝國

http://worldmap.harvard.edu/geoserver/wfs?outputFormat=SHAPE -ZIP&service=WFS&request=GetFeature&format_options=charset 3AUTF-8&typename=geonode 3Aumayyad_caliphate_6ds&version =1.0.0

圖 5.9 鄂圖曼帝國

http://worldmap.harvard.edu/geoserver/wfs?outputFormat=SHAPE -ZIP&service=WFS&request=GetFeature&format_options=charset 3AUTF-8&typename=geonode 3Aottomans_4ra&version=1.0.0

圖 5.10 中國宋朝

http://worldmap.harvard.edu/geoserver/wfs?outputFormat=SHAPE -ZIP&service=WFS&request=GetFeature&format_options=charset 3AUTF-8&typename=geonode 3Asongdynasty_m0o&version=1.0.0

圖5.12帖木兒帝國

http://worldmap.harvard.edu/geoserver/wfs?outputFormat=SHAPE -ZIP&service=WFS&request=GetFeature&format_options=charset 3AUTF-8&typename=geonode 3Atimurid_empire_7s0&version=1.0.0

表

我在本書不斷談論以下七個大陸地區，非洲、亞洲、獨立國協、歐洲、拉丁美洲、北美洲與大洋洲。請留意，因本書目標為分析，所以將獨立國協從歐洲與亞洲抽出，但在標準地理分野裡，獨立國協應屬於這兩塊大陸。

以下表中收錄本書內文提到的數據計算。

表 1.3a　距河川一百公里以內的現今陸地面積與人口

大陸（洲）	距河川 100 公里以內的陸地面積占比（%）	距河川一百公里以內的人口數占比（%）			
		西元前 3000 年	西元 100 年	西元 1400 年	西元 2015 年
非洲	9.7	36.8	37.8	25.9	25.2
亞洲	22.4	28.6	29.0	33.6	39.3
獨立國協	15.8	9.8	9.5	10.6	14.0
歐洲	51.3	56.1	52.0	45.0	50.6
拉丁美洲	17.2	29.1	28.3	28.4	43.7
北美洲	29.5	26.8	31.4	41.4	49.4
大洋洲	23.8	51.6	64.1	69.5	81.8
總計	20.0	32.4	32.6	32.8	38.0

資料來源：亞瑟以HYDE與國際地球科學資訊網絡中心的資料計算。詳細資料請參見「歷史人口統計數據」、「二〇一五年人口網格資料」與「地圖與地理空間分析繪製資料」。

表 1.3b　距河川二十公里以內的現今陸地面積與人口

大陸（洲）	距河川 100 公里以內的陸地面積占比（%）	距河川一百公里以內的人口數占比（%）			
		西元前 3000 年	西元 100 年	西元 1400 年	西元 2015 年
非洲	11.8	33.6	31.7	25.2	21.9
亞洲	17.9	29.5	29.6	32.2	28.6
獨立國協	18.9	35.0	31.6	34.2	38.7
歐洲	25.0	29.3	31.3	35.4	35.0
拉丁美洲	17.0	27.3	26.3	26.3	21.4
北美洲	20.1	51.5	43.9	33.9	28.9
大洋洲	4.3	13.3	11.9	11.1	8.9
歐亞大陸（亞洲、獨立國協、歐洲）	18.4	30.3	30.4	33.5	30.3
總計	16.3	30.1	29.9	31.1	27.7

資料來源：亞瑟以 HYDE 與國際地球科學資訊網絡中心的資料計算。詳細資料請參見「歷史人口統計數據」、「二〇一五年人口網格資料」與「地圖與地理空間分析繪製資料」。

表 1.3c　距河川二十公里與／或距海岸一百公里以內的現今陸地面積與人口

大陸（洲）	距河川 100 公里以內的陸地面積占比（%）	距河川一百公里以內的人口數占比（%）			
		西元前 3000 年	西元 100 年	西元 1400 年	西元 2015 年
非洲	20.0	60.5	59.2	45.4	42.1
亞洲	36.4	52.6	53.0	58.6	59.8
獨立國協	33.2	43.0	39.5	42.5	48.8
歐洲	69.0	76.4	74.5	71.3	74.0
拉丁美洲	32.3	51.6	50.0	50.0	57.3
北美洲	46.8	70.9	67.9	68.6	68.6
大洋洲	27.0	60.5	70.8	75.3	84.4
總計	33.8	56.3	56.2	57.1	58.0

資料來源：亞瑟以HYDE與國際地球科學資訊網絡中心的資料計算。詳細資料請參見「歷史人口統計數據」、「二〇一五年人口網格資料」與「地圖與地理空間分析繪製資料」。

表 3.1 舊世界幸運緯度的現今陸地面積與人口

大陸（洲）	幸運緯度區的陸地面積占比（%）	幸運緯度區的人口數占比（%）			
		西元前 3000 年	西元 100 年	西元 1400 年	西元 2015 年
非洲	14.2	48.1	51.5	14.6	15.0
亞洲	57.8	73.3	70.6	63.1	56.8
獨立國協	10.1	49.1	47.6	27.9	32.2
歐洲	29.8	51.4	47.7	32.3	28.7
舊世界總計	28.1	65.7	63.8	49.2	45.4

資料來源：亞瑟以HYDE與國際地球科學資訊網絡中心的資料計算。詳細資料請參見「歷史人口統計數據」、「二〇一五年人口網格資料」與「地圖與地理空間分析繪製資料」。

Further Reading

延伸閱讀

第一章

Davis, Mike. *Late Victorian Holocausts: El Nino Famines and the Making of the Third World.* Brooklyn: Verso, 2001.

Diamond, Jared. *Guns, Germs, and Steel.* New York: Norton, 1997.

《槍炮、病菌與鋼鐵：人類社會的命運》，賈德·戴蒙著，時報出版，二〇一五。

賈德·戴蒙的書籍可說集簡潔、洞悉觀察，與針對發現而生的純然喜悅於一身，他以優美的筆觸，解釋了自然地理在形塑世界過程中扮演的不可或缺角色。

Kordsmeyer, Tobias L., Padraig Mac Carron, and R. I. M. Dunbar. "Sizes of Permanent Campsite Communities Reflect Constraints on Natural Human Communities." 《當代人類學》（*Current*

Anthropology）58, no. 2 (2017.): 289–94。

Morris, Ian. *Why the West Rules—For Now: The Patterns of History, and What They Reveal About the Future.* New York: Picador, 2011

《西方憑什麼：五萬年人類大歷史，破解中國落後之謎》，伊安．摩里士著，雅言文化，二〇一五。

針對過去一千年來形塑出全球化的地理、技術以及地緣政治，伊安．摩里士提供了一個頗為迷人且稍帶挑釁的說法。

Wilson, Edward O. *The Social Conquest of Earth.* New York: Liveright, 2012。

《群的征服：人的演化、人的本性、人的社會，如何讓人成為地球的主導力量》，愛德華．威爾森著，左岸文化，二〇一八。

第二章

Davis, Loren G., David B. Madsen, Lorena Becerra-Valdivia, Thomas Higham, David A. Sisson, and Sarah M. Skinner. "Late Upper Paleolithic Occupation at Cooper's Ferry, Idaho, USA, ~16,000 Years Ago."《科學》（*Science*）365 (2019): 891–97。

van der Kaars, Sander, Gifford H. Miller, Chris S. M. Turney, Ellyn J. Cook, Dirk Nurnberg,

Joachim Schonfeld, *et. al.* "Humans Rather than Climate the Primary Cause of Pleistocene Megafaunal Extinction in Australia."《自然通訊》(*Nature Communications*) 8, no. 14142 (2017). https://doi.org/10.1038/ncomms14142。

Bar-Yosef, Ofer. "The Upper Paleolithic Revolution."《人類學年度評論》(*Annual Review of Anthropology*) 31, no. 1 (2002): 363–93. https://doi.org/10.1146/annurev.anthro.31.040402.085416。

Reich, David. *Who We Are and How We Got Here.* New York: Random House, 2018。

大衛・萊許是遺傳學革命中的領導者，該學說解開人類人口歷史及史前的遷徙之謎。他在科學上呈現出才智煥發的成果，並揭露許多最近的研究結果。

Wilson, Edward O. *Genesis: The Deep Origin of Societies.* New York: Liveright, 2019。

愛德華・威爾森是全世界最偉大的演化生物學家，我們這時代最重要的達爾文傳人，也是關於人類天性、知識融匯，以及塑造我們行為的文化交流及遺傳學的先驅。

第三章

Macklin, Mark G, and John Lewin. "The Rivers of Civilization."《第四紀科學評論》(*Quaternary Science*) Reviews 114 (2015): 228–44。

Morris, Ian. *Why the West Rules – for Now: The Patterns of History, and What They Reveal About the Future*. New York: Picador, 2011。

《西方憑什麼：五萬年人類大歷史，破解中國落後之謎》，伊安・摩里士著，雅言文化，二〇一五年。

Pulleyblank, EG. "Karl S. Wittfogel: Oriental Despotism: A Comparative Study of Total Power. New Haven: Yale University Press; London: Oxford University Press, 1957. 60s." *Bulletin of the School of Oriental and African Studies* 21, no. 3 (1958): 657–60。

Robinson, Andrew. *The Story of Writing*. London: Thames & Hudson, 2007。

《文字的祕密：從甲骨文、羅賽塔石碑到表情符號，重新認識文字穿越時空的演變史》，安德魯・羅賓森著，聯經出版，二〇一七年。

安德魯・羅賓森的文字幫我們了解「西元前三千年的網路」（Internet of 3000 BCE），亦即早期書寫系統這樣的突破性技術，在橫跨歐亞大陸的文明興起中扮演關鍵地位。

Smith, Richard L. *Premodern Trade in World History*. New York: Routledge, 2009。

理查・史密斯為我們打開眼界，看見人類史前歷史中遠距交易的關鍵角色與手段，以及交易長期下來如何塑造社會。

第四章

Cunliffe, Barry. *By Steppe, Desert, and Ocean*. Oxford: Oxford University Press, 2015。

巴瑞・坎利夫為人類生物群落在塑造早期歷史時的互動提供了精彩的觀點——大草原、沙漠和海洋在何處落腳。

Kelekna, Pita. *The Horse in Human History*. Cambridge: Cambridge University Press, 2009。

皮塔・柯利納針對馬在早期歷史扮演的角色做出許多極為廣泛且可信賴的研究，此外也暗示了早期美洲缺乏馴養馬匹的情況。

Peter Mitchell. "Why the Donkey Did Not Go South: Disease as a Constraint on the Spread of Equus Asinus into Southern Africa."《非洲考古評論》（*African Archaeological Review*）34, no. 1 (2017): 21–41. https://doi.org/10.1007/s10437-017-9245-3。

第五章

Beard, Mary. *SPQR: A History of Ancient Rome*. New York: Norton, 2015。

重要的古典學者瑪麗・畢爾德對羅馬帝國崛起提出了新穎、清晰且迷人的闡述。若要了解過去兩千五百年的西方歷史與思想史，絕對是一大重要作品。

Harris, W. V. *Roman Power: A Thousand Years of Empire*. Cambridge: Cambridge University Press, 2016。

W・V・哈里斯，研究希臘羅馬世界的偉大歷史學家，他以專業、詳盡且洞察力深刻的文字闡述羅馬帝國的興衰，亦清楚地討論了政治、人口統計、軍事、科技以及文化間的互動。

Frankopan, Peter. *The Silk Roads: A New History of the World.* New York: Knopf, 2017。

《絲綢之路：從波斯帝國到當代國際情勢，橫跨兩千五百年人類文明的新世界史》，彼德・梵科潘著，聯經出版，二〇二〇年。

彼德・梵科潘巧妙地呈現出絲路交易與草原帝國在世界歷史中的勢力消長。

Moller, Violet. *The Map of Knowledge: A Thousand-Year History of How Classical Ideas Were Lost and Found.* New York: Doubleday, 2019。

《知識地圖：古典理念的遺失與發現》，廣場出版，二〇一九年。

紫兒・莫勒以精妙文筆描述古希臘羅馬的知識透過無數文明，包含阿拉伯王朝、拜占庭帝國、阿摩哈王朝、威尼斯共和國及其他，傳播至現代世界。

第六章

Beckert, Sven. *Empire of Cotton: A Global History.* New York: Knopf, 2014。

《棉花帝國：資本主義全球化的過去與未來》，斯溫・貝克著，天下文化，二〇一七。

斯溫・貝克特針對可能是世上第一個真正橫跨海洋的產業，以及早期當代資本主義其貪婪性、帝國與打造帝國的蓄奴行為展現的強大力量，寫出一本傑出且獨創的作品。

Dalrymple, William. *The East India Company, Corporate Violence, and the Pillage of an Empire*. London: Bloomsbury, 2019。

Hugill, Peter J. *World Trade Since 1431: Geography, Technology, and Capitalism*. Baltimore: Johns Hopkins University Press, 1993.

彼得・哈格爾對於海軍科技、自然地理學以及全球商務機構的互動提出極度清楚易懂的敘述。

Levathes, Louise. *When China Ruled the Seas: The Treasure Fleet of the Dragon Throne, 1405–1433*. New York: Simon and Shuster, 1994。

Mann, Charles C. *1491: New Revelations of the Americas Before Columbus*. New York: Knopf, 2005。

《一四九一：重寫哥倫布前的美洲歷史》，查爾斯・曼恩著，衛城出版，二〇一六年。

Mann, Charles C. *1493: Uncovering the New World Columbus Created*. New York: Random House, 2011。

《一四九三：物種大交換丈量的世界史》，查爾斯・曼恩著，衛城出版，二〇一三年。

查爾斯・曼恩的著作焦點在於闡明哥倫布發現由歐洲前往美洲的海路後，為全世界帶來多麼深刻的改變。亞當・斯密表示這是人類歷史上諸多重要事件之一，而曼恩精彩絕倫的作品幫助我們用更深入的觀點，理解亞當・斯密為何做出此評價。

Parthasarathi, Prasannan. *Why Europe Grew Rich and Asia Did Not: Global Economic Divergence, 1600–1850.* Cambridge: Cambridge University Press, 2011。

普拉桑南・帕塔薩拉蒂從印度角度對大英帝國崛起提供寶貴的觀點。西方崛起絕非必然，也絕非公平。英國是透過貿易保護主義以及武力，才在早期現代紡織業與交易上勝過印度的領導地位。

第七章

Landes, David. *The Unbound Prometheus: Technological Change and Industrial Development in Western Europe from 1750 to the Present.* Cambridge: The Cambridge University Press, 1969。

Pollard, Sidney. *Peaceful Conquest: The Industrialization of Europe 1760–1970.* Oxford: Oxford University Press, 1981。

席尼・波拉德以出色的文筆描寫瓦特的蒸汽機及英國其他科技突破之後的兩個世紀，橫跨歐洲的工業化其由西到東的傳播。該作品鮮明地記述地理、技術和制度間的交流，規模不僅限英國，也橫跨整個歐洲。

Statistical Division of UNESCO. *World Illiteracy Mid-Century: A Statistical Study*。

Paris: United Nations Educational, Scientific, and Cultural Organization, 1957。

Wrigley, E. A. *Energy and the English Industrial Revolution.* Cambridge: Cambridge University Press, 2010。

E．A．里格利是歷史上極有影響力的一位人士，清楚表明煤炭確實能改變世界經濟的一切，並促使人類從「有機經濟」的限制中掙脫。可說是歷史詮釋最淋漓盡致的篇章。

第八章

Allison, Graham. *Destined for War: Can America and China Escape Thucydides's Trap?* Boston: Houghton Mifflin Harcourt, 2017。

《注定一戰？中美能否避免修昔底德陷阱？》，格雷厄姆．艾利森著，八旗文化，二〇一八年。

Chertow, Marian. "The IPAT Equation and Its Variants."《產業生態學報》（*Journal of Industrial Ecology*）4, no. 4 (2000): 13–29。

Sachs, Jeffrey D. *The Age of Sustainable Development.* New York: Columbia University Press,2015。

《永續發展新紀元》，傑佛瑞．薩克斯著，天下文化，二〇一五年。

我在此引用了自己的書。因為在書中，有無數個試圖以開創性科技、越來越嚴重的生態與社會危機之間的互動，來詮釋我們這個時代的行動，而我努力想將這些教誨融會貫通。

第九章

Sachs, Jeffrey D. *A New Foreign Policy: Beyond American Exceptionalism*. New York: Columbia University Press, 2018。

針對我們目前的全球困境做出闡述的優秀的作品之多，自不在話下。困境包括不斷高升的地緣政治張力，結合增加的生態與人口挑戰（包含高齡化、都市化，以及大規模遷移）。若要我簡單評論，我會懇請美國人認清，在二十一世紀，美國不該再將目標放在「第一」，而該放在全球合作、法治，以及聯合國憲章下所有國家的安全。

——. *The Social Conquest of Earth.* New York: Liveright, 2012.

World Bank. "Poverty: Overview." 2019, accessed November 11, 2019, 2019, https://www.worldbank.org/en/topic/poverty/overview.

World Bank, Poverty and Shared Prosperity 2018: Piecing Together the Poverty Puzzle (Washington, D.C.: World Bank, 2018), http://documents.worldbank.org/curated/en/104451542202552048/Poverty-and-Shared-Prosperity-2018-Piecing-Together-the-Poverty-Puzzle.

World Economic Forum."How Much Data is Generated Each Day?," April 17, 2019, https://www.weforum.org/agenda/2019/04/how-much-data-is-generated-each-day-cf4bddf29f/.

World Intellectual Property Corporation, "World Intellectual Property Report 2018," https://www.wipo.int/export/sites/www/pressroom/en/documents/pr_2018_816_annexes.pdf#annex1.

——. "*Poverty and Shared Prosperity 2018: Piecing Together the Poverty Puzzle.*" Washington, DC: World Bank, 2018.

——. "The World Bank in China: Overview." 2019, accessed November 15, 2019, https://www.worldbank.org/en/country/china/overview.

World Commission on Environment and Development. *Our Common Future.* Oxford:

Oxford University Press, 1987.

Wrigley, E. A. *Energy and the English Industrial Revolution.* Cambridge: Cambridge University Press, 2013.

Yam, Barat ali Zarei, and Morteza Khomeiri. "Introduction to Camel Origin, History, Raising, Characteristics, and Wool, Hair and Skin: A Review." *Research Journal of Agriculture and Environmental Management* 4, no. 11 (2015): 496–508.

pnas.1504020112.

Thayer Mahan, Alfred. "*The Influence of Sea Power upon History.*" 1900.

Thucydides. *The History of the Peloponnesian War.* Trans. Richard Crawley, rev. Donald Lateiner. New York: Barnes and Noble Classic, 2006.

Troncoso, Victor Alonso. "The Hellenistic gymnasium and the pleasure of 'paideia.' " *Symbolae Philogorum Posnaniensium* 19 (2009): 71–84.

Turse, Nick. "U.S. Military Says It Has a "Light Footprint" in Africa. These Documents Show a Vast Network of Bases." *The Intercept*, December 1, 2018.

UNESCO, Statistical Division *World Illiteracy Mid-Century: A Statistical Study.* Paris: UNESCO, 1957.

United Nations, Department of Economic and Social Affairs, Population Division (2019). World Population Prospects 2019, Online Edition.

U.S. Bureau of Labor Statistics. "Table 2.1 Employment by Major Industry Sector." Office of Occupational Statistics and Employment Projections, 2019.

van der Kaars, Sander, Gifford H. Miller, Chris S. M. Turney, Ellyn J. Cook, Dirk Nurnberg, Joachim Schonfeld, A. Peter Kershaw, and Scott J. Lehman. "Humans Rather than Climate the Primary Cause of Pleistocene Megafaunal Extinction in Australia." *Nature Communications* 8, no. 14142 (2017). https://doi.org/10.1038/ncomms14142.

Vine, David. *Base Nation: How U.S. Military Bases Abroad Harm America and the World.* New York: Metropolitan Books, 2015.

Violatti, Cristian. "Indus Valley Civilization." In *Ancient History Encyclopedia*, 2013. https://www.ancient.eu/Indus_Valley_Civilization/.

Weitzman, Martin. "Recombinant Growth." *Quarterly Journal of Economics* 113, no. 2 (May 1998): 331–60.

Wilenius, Markku, and Sofi Kurki. "Surfing the Sixth Wave: Exploring the Next 40 Years of Global Change." In *6th Wave and Systemic Innovation for Finland: Success Factor for the Years 2010–2050 Project.* University of Turku: Finland Futures Research Centre, 2012.

Wilson, Edward O. *Genesis: The Deep Origin of Societies.* New York: Norton, 2018.

Wittfogel, Karl S. *Oriental Despotism: a Comparative Study of Total Power.* New Haven, CT: Yale University Press, 1957.

Columbia University Press, 2018.
Sachs, Jeffrey, Guido Schmidt-Traub, Christian Kroll, Guillaume Lafortune, and Grayson Fuller. *Sustainable Development Report 2019: Transformations to Achieve the Sustainable Development Goals.* (New York: Bertelsmann Stiftung and Sustainable Development Solutions Network [SDSN]: 2019).
Schlebusch, Carina M., Helena Malmstrom, Torsten Gunther, Per Sjodin, Alexandra Coutinho, Hanna Edlund, Arielle R. Munters, et al. "Southern African Ancient Genomes Estimate Modern Human Divergence to 350,000 to 260,000 Years Ago." *Science* 358, no. 6363 (2017): 652–55. https://doi.org/10.1126/science.aao6266.
Schwab, Klaus. *The Fourth Industrial Revolution.* New York: Crown Business, 2016.
Sikora, Martin, Andaine Seguin-Orlando, Vitor C. Sousa, Anders Albrechtsen, Thorfinn Korneliussen, Amy Ko, Simon Rasmussen, et al. "Ancient Genomes Show Social and Reproductive Behavior of Early Upper Paleolithic Foragers." *Science* 358, no. 6363 (2017): 659–62.
Silver, David, Thomas Hubert, Julian Schrittwieser, Ioannis Antonoglou, Matthew Lai, and Arthur Guez *et. al.* "Mastering Chess and Shogi by Self-Play with a General Reinforcement Learning Algorithm." *arXiv.org* (2017), https://arxiv.org/abs/1712.01815.
Smith, Adam. *The Wealth of Nations* [1776]. (1937).
Smith, Richard. *Premodern Trade in World History.* New York: Routledge, 2008.
Spickler, AR. *African Animal Trypanosomiasis: Nagana, Tsetse Disease, Tsetse Fly Disease, African Animal Trypanosomosis.* Iowa State University (The Center for Food Security and Public Health: 2018).
Stahl, P. W. "Animal Domestication in South America." In *The Handbook of South American Archaeology*, 121–30. New York: Springer, 2008.
Stringer, Chris. "Evolution: What Makes a Modern Human." *Nature* 485, no. 7396 (2012): 33.
Surovell, Todd A., Spencer R. Pelton, Richard Anderson-Sprecher, and Adam D. Myers. "Test of Martin's Overkill Hypothesis Using Radiocarbon Dates on Extinct Megafauna." *Proceedings of the National Academy of Sciences* 113, no. 4 (2016): 886–91. https://doi.org/10.1073/

Economic Divergence, 1600–1850. Cambridge: Cambridge University Press, 2011.

Pederson, N., A. E. Hessl, N. Baatarbileg, K. J. Anchukaitis, and N. Di Cosmo. "Pluvials, Droughts, the Mongol Empire, and Modern Mongolia." *Proceedings of the National Academy of Sciences* 111, no. 12 (2014): 4375–79. https://doi.org/10.1073/pnas.1318677111.

Piperno, Dolores R. "A Model of Agricultural Origins." *Nature Human Behaviour* 2, no. 7 (2018): 446–47. https://doi.org/10.1038/s41562-018-0390-8.

Pollard, Sidney. *Peaceful Conquest: The Industrialization of Europe 1760–1970.* Oxford: Oxford University Press, 1981.

Pulleyblank, EG. "Karl S. Wittfogel: Oriental Despotism: A Comparative Study of Total Power" (review). *Bulletin of the School of Oriental and African Studies* 21, no. 3 (1958): 657–60.

Reba, Meredith, Femke Reitsma, and Karen C. Seto. "Spatializing 6,000 Years of Global Urbanization from 3700 BC to AD 2000." *Scientific Data* 3 (2016): 160034. https://doi.org/10.1038/sdata.2016.34.

Reich, David. *Who We Are and How We Got Here.* New York: Random House, 2018

Riley, James C. "Estimates of regional and global life expectancy, 1800–2001." *Population and Development Review* 31, no. 3 (2005): 537–43.

Rito, Teresa, Daniel Vieira, Marina Silva, Eduardo Conde-Sousa, Luisa Pereira, Paul Mellars, Martin B. Richards, and Pedro Soares. "A Dispersal of Homo Sapiens from Southern to Eastern Africa Immediately Preceded the Out-of-Africa Migration." *Scientific Reports* 9, no. 1 (2019): 4728. https://doi.org/10.1038/s41598-019-41176-3.

Robinson, Andrew. *The Story of Writing.* London: Thames & Hudson, 2007.

Rossel, Stine, Fiona Marshall, Joris Peters, Tom Pilgram, Matthew D. Adams, and David O'Connor. "Domestication of the Donkey: Timing, Processes, and Indicators." *Proceedings of the National Academy of Sciences* 105, no. 10 (2008): 3715–20. https://doi.org/10.1073/pnas.0709692105.

Sachs, Jeffrey. *The End of Poverty.* New York: Penguin, 2006.

——. *The Age of Sustainable Development.* New York: Columbia University Press, 2014.

——. *A New Foreign Policy: Beyond American Exceptionalism.* New York:

Morris, Ian. *Why the West Rules–for Now: The Patterns of History, and What They Reveal About the Future.* New York: Picador, 2011.

Naish, Darren. "Domestic Horses of Africa." *Scientific American Blog Network.* 2015. https://blogs.scientificamerican.com/tetrapod-zoology/domestic-horses-of-africa/.

National Science Board. Science and Engineering Indicators 2018. Alexandria, VA: National Science Foundation, 2018.

Naundrup, Pernille Johansen, and Jens-Christian Svenning. "A Geographic Assessment of the Global Scope for Rewilding with Wild-Living Horses (Equus Ferus)." Ed. Marco Festa-Bianchet. *PLoS ONE* 10, no. 7 (2015): e0132359. https://doi.org/10.1371/journal.pone.0132359.

Neubauer, Simon, Jean-Jacques Hublin, and Philipp Gunz. "The Evolution of Modern Human Brain Shape." *Science Advances* 4, no. 1 (2018): eaao5961. https://doi.org/10.1126/sciadv.aao5961.

Northrup, David. "Globalization and the Great Convergence: Rethinking World History in the Long Term." *Journal of World History* 16, no. 3 (2005): 249–67. https://doi.org/10.1353/jwh.2006.0010.

Norwich, John Julius. *A Short History of Byzantium.* New York: Vintage, 1999.

Nunn, Nathan, and Nancy Qian. "The Columbian Exchange: A History of Disease, Food, and Ideas." *Journal of Economic Perspectives* 24, no. 2 (2010): 163–88.

O'Connell, James F., Jim Allen, Martin A. J. Williams, Alan N. Williams, Chris S. M. Turney, Nigel A. Spooner, Johan Kamminga, Graham Brown, and Alan Cooper. "When Did Homo Sapiens First Reach Southeast Asia and Sahul?" *Proceedings of the National Academy of Sciences* 115, no. 34 (2018): 8482–90.

O'Malley, John W. *The Jesuits: A History from Ignatius to the Present.* Lanham, MD: Rowman & Littlefield, 2014.

Orlando, Ludovic. "Back to the Roots and Routes of Dromedary Domestication." *Proceedings of the National Academy of Sciences* 113, no. 24 (2016): 6588–90. https://doi.org/10.1073/pnas.1606340113.

Paine, Lincoln. *The Sea and Civilization: A Maritime History of the World.* New York: Knopf, 2013.

Parthasarathi, Prasannan. *Why Europe Grew Rich and Asia Did Not: Global*

"Mobile Phone Market Forecast - 2019." areppim: information, pure and simple, 2019, https://stats.areppim.com/stats/stats_mobilex2019.htm
——. *1493: Uncovering the New World Columbus Created.* New York: Random House, 2011.
Marin, Juan C., Romina Rivera, Valeria Varas, Jorge Cortes, Ana Agapito, Ana Chero, Alexandra Chavez, Warren E. Johnson, and Pablo Orozco-terWengel. "Genetic Variation in Coat Colour Genes MC1R and ASIP Provides Insights into Domestication and Management of South American Camelids." *Frontiers in Genetics* 9 (2018): 487. https://doi.org/10.3389/fgene.2018.00487.
Martinon-Torres, Maria, Xiujie Wu, Jose Maria Bermudez de Castro, Song Xing, and Wu Liu. "*Homo Sapiens* in the Eastern Asian Late Pleistocene." *Current Anthropology* 58, no. S17 (2017): 434–48. https://doi.org/10.1086/694449.
Mazower, Mark. *Governing the World: The History of an Idea, 1815 to the Present.* New York: Penguin, 2013.
McGee, David, and Peter B. deMenocal. "Climatic Changes and Cultural Responses During the African Humid Period Recorded in Multi-Proxy Data." In *Oxford Research Encyclopedia of Climate Science*, ed. Matthew C. Nisbet, Shirley S. Ho, Ezra Markowitz, Saffron O'Neill, Mike S. Schafer, and Jagadish Thaker. Oxford: Oxford University Press, 2017.
Metcalf, Jessica L., Chris Turney, Ross Barnett, Fabiana Martin, Sarah C. Bray, Julia T. Vilstrup, Ludovic Orlando, et al."Synergistic Roles of Climate Warming and Human Occupation in Patagonian Megafaunal Extinctions During the Last Deglaciation." *Science Advances* 2, no. 6 (2016): e1501682. https://doi.org/10.1126/sciadv.1501682.
Mitchell, Peter. "Why the Donkey Did Not Go South: Disease as a Constraint on the Spread of Equus Asinus into Southern Africa." *African Archaeological Review* 34, no. 1 (2017): 21–41. https://doi.org/10.1007/s10437-017-9245-3.
Moller, Violet. *The Map of Knowledge: A Thousand-Year History of How Classical Ideas Were Lost and Found.* New York: Doubleday, 2019.
Morris, E. "From Horse Power to Horsepower." 2007. https://www.accessmagazine.org/wp-content/uploads/sites/7/2016/07/Access-30-02-Horse-Power.pdf.

Landes, David. *The Unbound Prometheus: Technological Change and Industrial Development in Western Europe from 1750 to the Present.* Cambridge: Cambridge University Press, 1969.

Larson, Greger, Dolores R. Piperno, Robin G. Allaby, Michael D. Purugganan, Leif Andersson, Manuel Arroyo-Kalin, Loukas Barton, et al. "Current Perspectives and the Future of Domestication Studies." *Proceedings of the National Academy of Sciences* 111, no. 17 (2014): 6139–46. doi: 10.1073/pnas.1323964111.

Levathes, Louise. *When China Ruled the Seas: The Treasure Fleet of the Dragon Throne, 1405–1433.* New York: Simon and Shuster, 1994.

Lokrantz, J./Azote based on Will Steffen, Katherine Richardson, Johan Rockstrom, Sarah E. Cornell, Ingo Fetzer, Elena M. Bennett, Reinette Biggs, et al. "Planetary Boundaries: Guiding Human Development on a Changing Planet." *Science* 347, no. 6223 (2015): 1259855.

Macintosh, Alison A, Ron Pinhasi, and Jay T Stock. "Early Life Conditions and Physiological Stress Following the Transition to Farming in Central/ Southeast Europe:

Skeletal Growth Impairment and 6000 Years of Gradual Recovery." *PloS one* 11, no. 2 (2016): e0148468.

Macklin, Mark G, and John Lewin. "The Rivers of Civilization." *Quaternary Science*

Reviews 114 (2015): 228–44.

Maddison Project Database, version 2010. Bolt, Jutta, Robert Inklaar, Herman de Jong, and Jan Luiten van Zanden (2010). "Rebasing 'Maddison': New Income Comparisons and the Shape of Long-Run Economic Development." Maddison Project Working Paper 10.

Maddison, Angus. "Statistics on World Population, GDP and Per Capita GDP, 1–2008 AD." *Historical Statistics* 3 (2010): 1–36.

Mahan, Alfred Thayer. *The Influence of Sea Power Upon History, 1660–1783.* Boston: Little, Brown, 1890.

Malthus, Thomas Robert. *An Essay on the Principle of Population.* Edinburgh and London: Ballantyne and Company, 1872.

Mandeville, Bernard. *The Grumbling Hive: or, knaves Turn'd Honest.* 1705.

Mann, Charles C. *1491: New Revelations of the Americas Before Columbus.* New York: Knopf, 2005.

University Press, 2009.

——. "The Politico-Economic Impact of the Horse on Old World Cultures." *Sino-Platonic Papers* 190 (2009).

Kennedy, John F. "Commencement Address at American University." Washington DC, June 10, 1963.

Keynes, John Maynard. *The Economic Consequences of Peace.* London: Routledge, 2017.

Kirby, Richard Shelton. *Engineering in History.* Mineola, NY: Dover, 1990.

Klein Goldewijk, Kees, Arthur Beusen, and Peter Janssen. "Long-Term Dynamic Modeling of Global Population and Built-up Area in a Spatially Explicit Way: HYDE 3.1." *The Holocene* 20, no. 4 (2010): 565–73. https://doi.org/10.1177/0959683609356587.

Knoppers, Gary, and Bernard M. Levinson. *The Pentateuch as Torah: New Models for Understanding Its Promulgation and Acceptance.* Winona Lake, IN: Eisenbrauns, 2007.

Ko, Kwang Hyun. "Hominin Interbreeding and the Evolution of Human Variation." *Journal of Biological Research-Thessaloniki* 23, no. 1 (2016): 17. https://doi.org/10.1186/s40709-016-0054-7.

Koch, Alexander, Chris Brierley, Mark M. Maslin, and Simon L. Lewis. "Earth System Impacts of the European Arrival and Great Dying in the Americas after 1492." *Quaternary Science Reviews* 207 (2019): 13–36. https://doi.org/10.1016/j.quascirev.2018.12.004.

Kordsmeyer, Tobias L., Padraig Mac Carron, and R. I. M. Dunbar. "Sizes of Permanent Campsite Communities Reflect Constraints on Natural Human Communities." *Current Anthropology* 58, no. 2 (2017.): 289–94.

Kottek, Markus, Jurgen Grieser, Christoph Beck, Bruno Rudolf, and Franz Rubel. "World Map of the Koppen-Geiger climate classification updated." *Meteorologische Zeitschrift* 15, no. 3 (2006): 259–63. https://doi.org/10.1127/0941-2948/2006/0130.

Kuhn, Dieter. *The Age of Confucian Rule.* Cambridge, MA: Harvard University Press, 2009.

Lane, Kevin. "Through the Looking Glass: Re-Assessing the Role of Agro-Pastoralism in the North-Central Andean Highlands." *World Archaeology* 38, no. 3 (2006): 493–510. https://doi.org/10.1080/00438240600813806.

Network: 2019.

Helpman, Elhanan, ed. *General Purpose Technologies and Economic Growth.* Cambridge, MA: MIT Press, 1998.

Henn, B. M., L. L. Cavalli-Sforza, and M. W. Feldman. "The Great Human Expansion." *Proceedings of the National Academy of Sciences* 109, no. 44 (2012): 17758–64.

Hershkovitz, Israel, Gerhard W. Weber, Rolf Quam, Mathieu Duval, Rainer Grun, Leslie Kinsley, Avner Ayalon, et al. "The Earliest Modern Humans Outside Africa." *Science* 359, no. 6374 (2018): 456–59.

Hoffman, Phillip. *Why Did Europe Conquer the World?.* Princeton, NJ: Princeton University Press, 2017.

Hofmanova, Zuzana, Susanne Kreutzer, Garrett Hellenthal, Christian Sell, Yoan Diekmann, David Diez-del-Molino, Lucy van Dorp, et al. "Early Farmers from Across Europe Directly Descended from Neolithic Aegeans." *Proceedings of the National Academy of Sciences* 113, no. 25 (2016): 6886–91. https://doi.org/10.1073/pnas.1523951113.

Huerta-Sanchez, Emilia, Xin Jin, Asan, Zhuoma Bianba, Benjamin M. Peter, and Nicolas Vinckenbosch, *et. al.* "Altitude Adaptation in Tibetans Caused by Introgression of Denisovan-Like DNA." *Nature* 512 (2014).

Hugill, P. J. *World Trade Since 1431: Geography, Technology, and Capitalism.* Baltimore: Johns Hopkins University Press, 1995.

Iliffe, John. *Africans: The History of a Continent.* New York: Cambridge University Press, 1995.

International Monetary Fund, World Economic Outlook Database, October 2019.

International Monetary Fund. "China: Gross domestic product based on purchasing-powerparity (PPP) share of world total (Percent)." World Economic Outlook (April 2019).

Jandora, J. W. "Developments in Islamic Warfare: The Early Conquests." *Studia Islamica*, no. 64 (1986): 101. https://doi.org/10.2307/1596048.

Jaspers, Karl. *The Origin and Goal of History.* London: Routledge, 1953. Reprint, New York: Routledge, 2010.

Kant, Immanuel. *Perpetual Peace: A Philosophical Sketch.* Cambridge: Cambridge University Press, 1970.

Kelekna, Pita. *The Horse in Human History.* Cambridge: Cambridge

010-9042-2.

Gilbert, G.M. Interview with Hermann Goering. April 18, 1946, in *Nuremberg Diary* (New York: Farrar, Strauss, 1947), 278.

Gilpin, William, Marcus W. Feldman, and Kenichi Aoki. "An Ecocultural Model Predicts Neanderthal Extinction Through Competition with Modern Humans." *Proceedings of the National Academy of Sciences* 113, no. 8 (2016): 2134–39. https://doi.org/10.1073/pnas.1524861113.

Gintis, H., C. van Schaik, and C. Boehm. "Zoon Politikon: The Evolutionary Origins of Human Socio-Political Systems." *Behavioural Processes* 161 (2019): 17–30.

Goldfield, Anna E., Ross Booton, and John M. Marston. "Modeling the Role of Fire and Cooking in the Competitive Exclusion of Neanderthals." *Journal of Human Evolution* 124 (2018): 91–104. https://doi.org/10.1016/j.jhevol.2018.07.006.

Goodrich, Luther Carrington. *A Short History of the Chinese People.* New York: Courier, 2002.

Guilmartin, John. "Military Technology." *Encyclopadia Britannica*. 2019. https://www.britannica.com/technology/military-technology.

Gregory, Michael D., J. Shane Kippenhan, Daniel P. Eisenberg, Philip D. Kohn, Dwight Dickinson, Venkata S. Mattay, Qiang Chen, Daniel R. Weinberger, Ziad S. Saad, and Karen F. Berman. "Neanderthal-Derived Genetic Variation Shapes Modern Human Cranium and Brain." *Scientific Reports* 7, no. 1 (2017): 6308. https://doi.org/10.1038/s41598-017-06587-0.

Haak, Wolfgang, Iosif Lazaridis, Nick Patterson, Nadin Rohland, Swapan Mallick, Bastien Llamas, Guido Brandt, et al. "Massive Migration from the Steppe Is a Source for Indo-European Languages in Europe." *bioRxiv* (2015): 013433. doi:10.1101/013433.

Hare, Brian. "Survival of the Friendliest: Homo Sapiens Evolved via Selection for Prosociality."*Annual Review of Psychology* 68, no. 1 (2017): 155–86. https://doi.org/10.1146/annurev-psych-010416-044201.

Harris, W. V. *Roman Power: A Thousand Years of Empire.* Cambridge: Cambridge University Press, 2016.

Helliwell, John F., Richard Layard, and Jeffrey D. Sachs, eds. *The UN World Happiness Report 2019.* New York: Sustainable Development Solutions

& Organization 119 (2015): 56–71. https://doi.org/10.1016/j.jebo.2015.07.007.

d'Errico, F., and C. B. Stringer. "Evolution, Revolution or Saltation Scenario for the Emergence of Modern Cultures?" *Philosophical Transactions of the Royal Society B: Biological Sciences* 366, no. 1567 (2011): 1060–69. https://doi.org/10.1098/rstb.2010.0340.

Eltis, David, and David Richardson. *Atlas of The Transatlantic Slave Trade.* New Haven, CT: Yale University Press. Map 1 from accompanying web site, Overview of Slave Trade out of Africa, 1500–1900. Reproduced with the permission of Yale University Press.

Everson, S. ed. *Aristotle: The Politics and the Constitution of Athens.* Cambridge: Cambridge University Press, 1996.

Fernihough, Alan, and Kevin HjortshOj O'Rourke. *Coal and the European Industrial Revolution.* No. w19802. National Bureau of Economic Research, 2014.

Findlay, Ronald, and Kevin H. O'Rourke. *Power and Plenty: Trade, War, and the World Economy in the Second Millennium.* Princeton, NJ: Princeton University Press, 2009.

Food and Agriculture Organization of the United Nations, 1998, G. Uilenberg, A Field Guide for the Diagnosis, Treatment and Prevention of African Animal Trypanosomosis. www.fao.org/3/X0413E/X0413E00.htm#TOC. Reproduced with permission.

Francis. *Laudato Si'*. Washington DC: United States Conference of Catholic Bishops, 2015.

Frankopan, Peter. *The Silk Roads: A New History of the World.* New York: Knopf, 2015.

Geiger, R. and W. Pohl. 1954. Revision of the Koppen-Geiger *Klimakarte der Erde.* Darmstadt: Justus Perthes.

Gibbs, Kevin, and Peter Jordan. "A Comparative Perspective on the 'Western' and 'Eastern'Neolithics of Eurasia: Ceramics; Agriculture and Sedentism." *Quaternary International* 419 (2016): 27–35. https://doi.org/10.1016/j.quaint.2016.01.069.

Gifford-Gonzalez, Diane, and Olivier Hanotte. "Domesticating Animals in Africa: Implications of Genetic and Archaeological Findings." *Journal of World Prehistory* 24, no. 1 (2011): 1–23. https://doi.org/10.1007/s10963-

185–89.
Chan, K. S. "Foreign Trade, Commercial Policies and the Political Economy of the Song and Ming Dynasties of China." *Australian Economic History Review* 48, no. 1 (2008): 68–90.
Chepkemoi, Joyce. "Largest Empires in Human History by Land Area." worldatlas. com May 11, 2017. Accessed July 27, 2019. https://www.worldatlas.com/articles/largest-empires-in-human-history-by-land-area.html.
Cieslak, Michael, Melanie Pruvost, Norbert Benecke, Michael Hofreiter, Arturo Morales, Monika Reissmann, and Arne Ludwig. "Origin and History of Mitochondrial DNA Lineages in Domestic Horses." *PLoS ONE* 5, no. 12 (2010): e15311. https://doi.org/10.1371/journal.pone.0015311.
Comin, Diego, William Easterly, and Erick Gong. "Was the Wealth of Nations Determined in 1000 BC?" *American Economic Journal: Macroeconomics* 2, no. 3 (2010): 65–97.
Crosby, A.W. *Germs, Seeds and Animals: Studies in Ecological History: Studies in Ecological History.* New York: Routledge, 2015.
Cunliffe, Barry. *By Steppe, Desert, and Ocean.* Oxford: Oxford University Press, 2015.
Dalrymple, William. *The Anarchy: The East India Company, Corporate Violence, and the Pillage of an Empire.* New York: Bloomsbury, 2019.
Davis, Loren G., David B. Madsen, Lorena Becerra-Valdivia, Thomas Higham, David A. Sisson, and Sarah M. Skinner. "Late Upper Paleolithic Occupation at Cooper's Ferry, Idaho, USA, ~16,000 Years Ago." Science 365 (2019): 891–97.
Davis, Mike. *Late Victorian Holocausts: El Nino Famines and the Making of the Third World.* New York: Verso, 2000.
Defense Manpower Data Center. "DoD Personnel, Workforce Reports & Publications." DMDC.osd.mil: USA.gov, 2019.
Defense Manpower Data Center, "DoD Personnel, Workforce Reports & Publications," DMDC.osd.mil: USA.gov, 2019. der Erde Erdkunde, Vol. 8: 58–61.
Diamond, Jared. *Guns, Germs, and Steel.* New York: Norton, 1997.
Dow, Gregory K., and Clyde G. Reed. "The Origins of Sedentism: Climate, Population, and Technology." *Journal of Economic Behavior*

Beckert, Sven. *Empire of Cotton: A Global History.* New York: Knopf, 2014.
Benitez-Burraco, A. "Commentary: Ancient Genomes Show Social and Reproductive Behavior of early Upper Paleolithic Foragers." *Frontiers in Psychology* 8, no. 2247 (2017). https://doi.org/10.3389/fpsyg.2017.02247.
Bolt, J., R. Inklaar, H. de Jong, and J. L. van Zanden. "Rebasing 'Maddison': New Income Comparisons and the Shape of Long-Run Economic Development." *GGDC Research Memorandum* 174 (2018).
Bouckaert, R., P. Lemey, M. Dunn, S. J. Greenhill, A. V. Alekseyenko, A. J. Drummond, R. D. Gray, M. A. Suchard, and Q. D. Atkinson. "Mapping the Origins and Expansion of the Indo-European Language Family." *Science* 337, no. 6097 (2012): 957–60. https://doi.org/10.1126/science.1219669.
Bourguignon, Francois and Christian Morrisson. "Inequality Among World Citizens: 1820–1992." *American Economic Review* 92, no. 4 (2002): 727–44.
Brauer, Ralph W. "The Camel and Its Role in Shaping Mideastern Nomad Societies." *Comparative Civilizations Review* 28, no. 28 (1993): 47.
Bresnahan, Timothy F., and Manuel Trajtenberg. "General Purpose Technologies 'Engines of growth'?." *Journal of Econometrics* 65, no. 1 (1995): 83–108.
Broughton, Jack M. and Elic M. Weitzel, "Population Reconstructions for Humans and Megafauna Suggest Mixed Causes for North American Pleistocene Extinctions." *Nature Communications* 9, no. 1 (2018): 5441.
Browning, Sharon R., Brian L. Browning, Ying Zhou, Serena Tucci, and Joshua M. Akey. "Analysis of Human Sequence Data Reveals Two Pulses of Archaic Denisovan Admixture." *Cell* 173, no. 1 (2018): 53–61. https://doi.org/10.1016/j.cell.2018.02.031.
Bulliet, Richard. *The Camel and the Wheel.* Cambridge, MA: Harvard University Press, 1975.
Carter, William, Ramesh Shrestha, and Juan Fernandez-Diaz. "Estimating Ancient Populations by Aerial Survey." *American Scientist* 107, no. 1 (2019): 30. https://doi.org/10.1511/2019.107.1.30.
Chan, Eva K.F., Axel Timmermann, Benedetta F. Baldi, Andy E. Moore, Ruth J. Lyons, Sun-Seon Lee, et al. "Human Origins in a Southern African Palaeo-Wetland and First Migrations." *Nature* 575 (2019):

參考書目

Allison, Graham. *Destined for War: Can America and China Escape Thucydides's Trap?* New York: Houghton Mifflin Harcourt, 2017.

Almathen, Faisal, Pauline Charruau, Elmira Mohandesan, Joram M. Mwacharo, Pablo Orozco-terWengel, Daniel Pitt, Abdussamad M. Abdussamad, et al. "Ancient and Modern DNA Reveal Dynamics of Domestication and Cross-Continental Dispersal of the Dromedary." *Proceedings of the National Academy of Sciences* 113, no. 24 (2016): 6707–12. https://doi.org/10.1073/pnas.1519508113.

Andrade, Tony. *The Gunpowder Age: China, Military Innovation, and the Rise of the West in World History*. New Jersey: Princeton University Press, 2017.

Barros Damgaard, Peter de, Rui Martiniano, Jack Kamm, J. Victor Moreno-Mayar, Guus Kroonen, Michael Peyrot, Gojko Barjamovic, et al. "The First Horse Herders and the Impact of Early Bronze Age Steppe Expansions into Asia." *Science* 360, no. 6396 (2018): eaar7711. https://doi.org/10.1126/science.aar7711.

Bar-Yosef, Ofer. "The Upper Paleolithic Revolution." *Annual Review of Anthropology* 31, no. 1 (2002): 363–93. https://doi.org/10.1146/annurev.anthro.31.040402.085416.

Beard, Mary. *SPQR: A History of Ancient Rome.* New York: Norton, 2015.

國家圖書館出版品預行編目 (CIP) 資料

全球化的過去與未來 : 從舊石器時代到數位時代 , 地理、
技術與制度如何改寫人類萬年的歷史 / 傑佛瑞 . 薩克斯
(Jeffrey D. Sachs) 著 ; 魏嘉儀 , 洪世民 , 林琳譯 .
-- 初版 . -- 臺北市 : 大塊文化 , 2020.11
面 ; 公分 . -- (from ; 136)
譯自 : The ages of globalization : geography, technology, and
institutions
ISBN 978-986-5549-15-2(平裝)

1. 經濟史 2. 世界史

550.9 109014591

LOCUS

LOCUS

LOCUS

LOCUS